예수님의 행적 8

예수님의 행적 8

발행일 초판 발행 1993년 10월 30일
초판 8쇄 2022년 5월 30일

지은이 김홍전

펴낸이 홍승민

펴낸곳 성약출판사

서울특별시 용산구 한강대로 104길 14(우 04334)

전화 02-754-8319 팩스 02-775-4063

www.sybook.org

How Christ Walked on Earth:

His Words and Works (10 Volumed)

by Rev. D.D. Hong Chun Kim

ISBN 978-89-7040-021-1 33230
978-89-7040-903-0(전10권)

성약 성약출판사는 역사적인 개혁 신앙과 그 신학을 오늘날 이어받고 전파하며 전수하는 일에 작은 도움이라도 되기 위하여 서적을 출판하고 있습니다.

일러두기

1. 이 책에서 성경 말씀을 인용할 때에는 주로 "개역 한글판 성경전서"(1961년 대한 성서공회 발행)를 사용하였습니다. 그러나 설명의 편의를 위해서 구역(舊譯)을 인용하기도 하고, 낱말이나 구절을 다시 번역하거나 설명을 더하는 일을 제한하지 않았습니다.

2. 특히 성삼위의 한 위(位)의 성호(聖號) '성령'은 1930년 이전에 한국에서 신·구약을 통하여 널리 쓰이던 '성신'(聖神)이라는 성호를 주로 사용하였습니다. 이 성호가 신·구약의 성구나 설명문에 나올 때에 그 낱말을 '성령'이라고 고쳐 읽으시는 것은 독자의 자유입니다. 어느 음(音)으로 읽으시든지 주께로부터 더욱 은혜 받으시기를 원합니다.

3. 목차에 각 강설에서 다루어진 문제들을 요약하여 수록하였습니다.

目　　次

제89강　예수님의 예루살렘 입성 ……………………………… 11

예루살렘을 향한 마지막 여행 /12
주께서 예루살렘 성으로 들어오시는 광경 /14
"호산나 다윗의 자손이여!" /15
바리새인들의 항의 /16
예루살렘 입성의 이유 /17
대중이 바라던 메시야 /18
나귀 새끼를 타신 의미 /20
예수님을 죽이려는 원안을 변경케 하다 /21
창세기의 메시야 예언 /22
잘못된 메시야관을 고집한 유대인들 /24
무력을 가진 메시야로 생각하다 /25
천박한 찬송 /26
성을 보시며 우신 예수님 /27
기 도 /28

제90강　두번째 성전 숙정 ……………………………………… 33

무화과나무를 저주하심 /33
성전 안의 광경 /34
두번째의 성전 숙정 /35
두 사건은 서로 다른 시기의 사건임 /36
대제사장직 /36
안나스 일가의 독성적 행위 /38
첫번째 성전 숙정 /41
두번째 숙정 /42
성전의 의의 /43
거룩한 것을 범하는 죄에 대한 면역성 /44
사탄의 흉계 /46
악의 반복 /47
하나님이 죄를 책망하시는 법칙 /48
주후 70년의 대참사 /49
숙전의 큰 의미 /50

회개를 촉구할 여지도 없는 상태 /52
구약 교회의 개혁을 방기하다 /52
마귀의 도구로 쓰인 이스라엘의 지자들 /53
기 도 /55

제91강 무화과나무를 저주하심 ……………………………………59

사건이 일어난 순서 /59
기록상의 차이점 /61
왜 무화과나무를 저주하셨는가 /62
주님이 하시는 모든 것은 하나님의 계시 /63
무화과나무의 결실 /64
제자들도 훗날 이 기적의 의미를 깨닫다 /65
겉모양만 훌륭한 교회의 종말을 예시함 /67
열매로 그들을 알지니 /68
이스라엘의 멸망을 거듭거듭 말씀하심 /69
제자들의 고정 관념 /71
유대주의의 악영향 /73
예루살렘 종교 회의와 바울의 공헌 /74
하나님 나라 사상을 전파한 바울의 서신들 /75
하나님 나라에 대한 제자들의 확신 /76
히브리적 구산업의 멸망에 대한 예언 /78
기 도 /79

제92강 예수님의 권위에 대한 질문 ……………………………83

마태복음 21장의 내용 구분 /84
은혜의 왕국 /84
백성의 어른들의 힐문 /86
백성의 어른들이 따져 물은 이유 /87
힐문이 내포하고 있는 악의 /90
두려움을 가진 백성의 어른들 /92
신적인 능력의 실증 /93
로마가 준 대제사장의 권위 /95
간단하게 부인할 수 없는 예수님의 권위 /96
목자 없는 양과 같은 이스라엘 백성 /98
역사의 방향을 잃고 있는 종교 /100
가르치는 바와 행하는 것이 서로 다른 사람들 /101

예루살렘의 멸망을 예언하심 /102
예수님 승천 후 40년간의 의미 /103
기 도 /104

제93강 두 아들의 비유 ……………………………………109

예수께 힐문을 한 사람들 /110
그들의 위장적인 답변 /111
공회의 대표자들 /112
먼저 세례 요한의 선지자권을 인정하라 하심 /114
그들의 무자격을 척결해 내심 /115
세 개의 비유의 뜻 /116
첫째 비유 : 두 아들의 비유 /118
전통이란 문제 /121
한국 교회의 고질적인 병폐 /122
세계 교회의 또 하나의 고질 /124
은혜의 방도로서의 성경 말씀 /126
우리는 어떤가 /127
기 도 /129

제94강 악한 농부들의 비유 ……………………………………133

포도원의 노래 /134
악한 농부들의 비유 /136
이 비유의 특별한 성격 /137
별다른 해석들 /139
세 복음서의 내용상 차이 /140
공관복음이 공통으로 말하는 것 /142
포도원 주인과 농부들의 대조적인 성격 /143
비유의 해석 /144
지도자의 우매 /146
교회 위에 역사하는 사탄의 힘 /147
원가지를 꺾으시다 /149
그 나라의 열매 맺는 백성들이 얻으리라 /151
기 도 /151

제95강 왕자의 혼연 비유(1)……………………………………155

세 비유 /155
첫째 비유 /156
둘째 비유 /157
셋째 비유 : 부왕이 왕자의 혼연을 벌이는 비유 /158
누가복음의 유사한 비유 /159
내용 구분 /161
특권 계급의 폐해 /162
선지자의 역할 /164
교회의 역할 /166
마귀의 역사 /167
기 도 /169

제96강 왕자의 혼연 비유(2) ……………………………… 173

누구를 상대로 말씀하시는가 /173
혼인 잔치의 의미 /174
하나님 나라와 혼인 잔치 /176
책임을 저버린 이스라엘의 지도자들 /178
반역자들의 최후 /180
반역 세력들의 집결 /181
잔치에 참석할 자들 /182
예복을 입지 않은 손 /183
자기의 의를 족한 것으로 여기는 자 /185
예복 : 예수 그리스도의 속죄의 공로 /186
날마다 성신으로 새사람을 입으라 /187
천국의 능력을 맛보고 살아 가야 /188
요약 /189
기 도 /191

제97강 가이사에게 세금 바치는 문제 ……………………… 195

모든 지배 세력이 음모에 가담하다 /196
예수님을 정치적으로 책잡으려는 질문 /197
있는 사실을 그대로 말한 것일 뿐 /198
세금에 대한 두 가지 입장 /200
양쪽에 다 함정이 있는 질문 /202
종교상 문제와도 관련시켜 생각하는 광신자들 /203
질문자들의 무책임한 태도 /205

로마의 지배에 의한 평화의 시대 /206
예수님의 질문에 내포된 의미 /208
강자의 포학을 참고만 있어야 하는가 /210
은혜의 왕국을 다스리려고 오신 예수님 /212
각각 하나님께서 주신 임무를 충실히 감당해야 /213
모든 권세는 하나님께로서 나옴 /214
안녕 · 질서의 중요성 /215
기 도 /217

제98강 사두개인의 부활에 대한 질문 ……………………………221

사두개인 /221
사두개인들의 시험 /222
사두개인들의 사상 /224
사두개인들의 물질주의적인 독단 /226
사두개인들의 사상적인 오류 /227
현대의 사두개인들 /228
예수님의 두 가지의 지적 /229
아브라함의 하나님, 이삭의 하나님, 야곱의 하나님 /230
부활의 세계 /233
낙원에서의 영혼의 기능 /234
기 도 /236

제99강 큰 계명에 대한 질문 ……………………………………239

바리새인들의 시기 /239
계명의 경중에 대한 서기관의 질문 /241
두 계명의 특수한 상태 /242
하나님을 사랑하라 /244
마음을 다하라 /245
목숨을 다하라 /245
뜻을 다하여, 힘을 다하여 /247
하나님이 인격적인 존재인 것을 먼저 알아야 /247
전적인 헌신, 절대적인 순종을 의미함 /248
생명의 성신의 법에 의존해야 /250
이웃을 네 몸같이 사랑하라 /252
사랑이 제물을 드림보다 낫다 /252
인간 생활의 정점 : 사랑 /254

진정한 하나님 나라의 자태 /255
인간의 노력으로 율법을 지키려 하다 /256
이웃 사랑에 필요한 분별 /257
기 도 /259

제100강 바리새인을 꾸짖으심(1) ……………………………263

바리새인들과 서기관들 /264
의식을 위한 의식 /265
외식 /266
차는 경문과 옷에 다는 수술 /269
바리새인들과 서기관들의 맹목 /270
교회의 개혁 /271
바리새인들을 인정하신 부분 /272
예수께서 오신 목적 /273
바리새인들과 서기관들이 지닌 문제점 /275
이스라엘 백성을 뽑으신 목적 /276
가르치는 자를 세우심 /278
예수님이 엄책하신 이유 /281
예수께서 보시는 이스라엘 백성 : 목자 잃은 양 /282
기 도 /284

제101강 바리새인을 꾸짖으심(2) ……………………………289

제자들을 가르치시기 위한 말씀 /290
'화 있을진저' /291
중요한 단어 : 외식하는 자, 소경 된 인도자 /294
바리새 운동의 유래 /296
바리새인들의 종교적 성격 : 외식 /298
결례에서의 외식 /299
금식에서의 외식 /301
기도, 십일조, 자기 전시 등에서의 외식 /301
예수님의 평가 /302
헤브레이즘의 부족한 점 /303
외식의 유래 /307
외형주의의 종국 /309
기 도 /310

第 89 講

예수님의 예루살렘 입성

감람원이라는 산의 벳바게와 베다니에 가까이 왔을 때에 제자 중 둘을 보내시며 이르시되 너희 맞은편 마을로 가라 그리로 들어가면 아직 아무 사람도 타보지 않은 나귀 새끼의 매여 있는 것을 보리니 풀어 끌고 오너라 만일 누가 너희에게 어찌하여 푸느냐 묻거든 이렇게 말하되 주가 쓰시겠다 하라 하시매 보내심을 받은 자들이 가서 그 말씀하신 대로 만난지라 나귀 새끼를 풀 때에 그 임자들이 이르되 어찌하여 나귀 새끼를 푸느냐 대답하되 주께서 쓰시겠다 하고 그것을 예수께로 끌고 와서 자기들의 겉옷을 나귀 새끼 위에 걸쳐 놓고 예수를 태우니 가실 때에 저희가 자기의 겉옷을 길에 펴더라 이미 감람산에서 내려가는 편까지 가까이 오시매 제자의 온 무리가 자기의 본 바 모든 능한 일을 인하여 기뻐하며 큰 소리로 하나님을 찬양하여 가로되 찬송하리로다 주의 이름으로 오시는 왕이여 하늘에는 평화요 가장 높은 곳에는 영광이로다 하니 무리 중 어떤 바리새인들이 말하되 선생이여 당신의 제자들을 책망하소서 하거늘 대답하여 가라사대 내가 너희에게 말하노니 만일 이 사람들이 잠잠하면 돌들이 소리지르리라 하시니라 가까이 오사 성을 보시고 우시며 가라사대 너도 오늘날 평화에 관한 일을 알았더면 좋을 뻔하였거니와 지금 네 눈에 숨기웠도다 날이 이를지라 네 원수들이 토성을 쌓고 너를 둘러 사면으로 가두고 또 너와 및 그 가운데 있는 네 자식들을 땅에 메어치며 돌 하나도 돌 위에 남기지 아니하리니 이는 권고받는 날을 네가 알지 못함을 인함이니라 하시니라 성전에 들어가사 장사하는 자들을 내어쫓으시며 저희에게 이르시되 기록된 바 내 집은 기도하는 집이 되리라 하였거늘 너희는 강도의 굴혈을 만들었도다 하시니라 예수께서 날마다 성전에서 가르치시니 대제사장들과 서기관들과 백성의 두목들이 그를 죽이려고 꾀하되 백성이 다 그에게 귀를 기울여 들으므로 어찌할 방침을 찾지 못 하였더라 (눅 19:29-48)

제 89 강

예수님의 예루살렘 입성

눅 19 : 29-48

이제는 주님의 지상 생애 가운데 마지막 주간의 일들만이 남아 있습니다. 이제부터 우리는 이 마지막 한 주간, 즉 일요일로부터 월요일, 화요일, 수요일, 목요일, 금요일의 엿새 동안의 일을 생각하겠습니다.

이 마지막 주간이 시작되기 바로 전날은 안식일이었습니다. 안식일은 금요일 석양이 진 때로부터 시작해서 토요일 해 질 때에 끝납니다. 예수님께서는 그 안식일 저녁에 베다니 시몬의 집에서 주님을 위해 베푼 잔치에 참석하셨다가, 다시 주님의 제자들과 같이 어디에선가 유숙(留宿)을 하시고, 다음날 일요일에 예루살렘을 향한 그의 길을 떠나셨습니다. 어디셔 유숙을 하셨는지 기록이 안 되어 있으나, 생각건대 마르다의 집에서 유숙하셨을 것입니다. 주께서는 제자들을 데리고 예루살렘을 향한 그 길고 긴 여행을 계속하셨는데, 물론 이 여행은 마지막으로 나귀를 타고 예루살렘 성으로 들어가시는 것으로 끝이 납니다. 여행 그 자체는 예루살렘에 들어오셨으니까 끝난 것 같지만, 예루살렘에 들어오신 목적은 그것으로 끝나지 않습니다. 이 한 주간 끝에 주님은 고난을 받으시고 그리고 영혼을 아버지께 부탁하고 운명하십니다. 그리고 장사 지낸 바 되었다가 사흘 만에 부활하십니다. 이로써 주께서 예루살렘에 들어오신 거룩하신 목적은 찬연히 영광스럽게 이루어집니다.

예루살렘을 향한 마지막 여행

주께서 이 땅 위에서, 인류의 역사 위에서 그 거룩하신 사명을 완성하기 위하여 예루살렘으로 여행하기 시작하신 때는 주님의 공생애 제3년 가을입니다. 지금 우리가 대체로 계산해서 주후 29년 10월 초에 갈릴리를 영구히 작별하시고 나오셨습니다. 예수께서는 메시야로서 또한 천하 만민의 죄를 속해 주시는 구속주로서 예루살렘에 들어가십니다. 그 여행의 최종 목표는 속죄를 위해 죽으시고 장사 지낸 바 되셨다가 죽은 자 가운데서 다시 살아나시는 큰일을 이루시는 것입니다. 그러니까 예수께서는 옛날같이 예루살렘에 가셔서 성전에 들르셨다가 돌아오시는 것이 아니고, 빌라도의 법정 즉 프래토리움(praetorium)이라는 데를 거쳐서 결국은 골고다 언덕 위로 가시는 것입니다. 이 긴 여행 길은 꼭 6개월이 걸려서 완결됩니다. 누가는 주께서 예루살렘을 향해 가시는 그 여로의 독특한 의미를 우리로 하여금 다시 깊이 생각하도록 그 글 속에서 적어도 여섯 번이나 이에 대해서 표현하고 있습니다.

첫번째는, 예수님의 공생애 제3년 초막절 바로 전, 양력으로는 10월 상순(上旬)의 일입니다. 이때의 일을 표현할 때, "예수께서 승천하실 기약이 차 가매 예루살렘을 향하여 올라가기로 굳게 결심하셨다"(눅 9:51)고 했습니다.

두번째는, 이미 갈릴리를 영별하시고 사마리아 지경 어디를 지나가실 때의 이야기올시다. 누가복음 17장을 보면 "예수께서 예루살렘으로 가실 때 사마리아와 갈릴리 사이로 지나가시다가 한 촌에 들어가시니 문둥병자 열 명이 예수를 만나 멀리 서서 소리 높여 가로되 예수 선생님이여 우리를 긍휼히 여기소서 하므로 그들을 고쳐 주셨다"(11-14절)고 했습니다.

세번째는, 마지막 달들이 시작된 지 얼마 안 되어서 베레아에서의 이야기입니다. "예수께서 각 성과 각 촌으로 다니사 가르치시며 예루살렘으로 여행하시더니 혹이 여짜오되 구원받는 자의 수가 적으니이까" 하고 물으니까 "좁은 문으로 들어가기를 힘쓰라"고 말씀하셨습니다(눅 13:22-24).

네번째는, 누가복음 18:31-33에 "예수께서 열두 제자를 데리시고 이르시되 보라 우리가 예루살렘으로 올라가노니 선지자들로 기록된 모든 것이 인자에게 응하리라. 인자가 이방 사람들에게 넘기워 희롱을 받고 능욕을 받고 또 침 뱉음을 받겠으며 저희는 채찍질하고 죽일 것이니 인자는 삼 일 만에 살아나리라"고 했습니다. 그렇게 말씀을 하시되, 이런 말에 대해서 제자들이 매번 하나도 깨닫지 못하였습니다. 그것은 그 말씀이 감취어 있으므로 저희가 그 이르신 바를 알지 못한 것이라고 했습니다(눅 18:34). 그리고는 여리고에 가까이 오셔서 소경을 고치셨습니다.

그 다음 다섯번째는 누가복음 19:11에 있고, 여섯번째는 같은 장 28절에 있는 말씀입니다. 이것은 이미 베레아 여행도 거의 다 끝나고 삭개오의 집에서 그 집안에 구원이 이른 것을 말씀하신 직후의 일입니다. "저희가 삭개오의 집에서 이 말씀을 듣고 있을 때 비유(은 열냥쭝의 비유)를 더하여 말씀하시니, 이는 자기가 예루살렘에 가까이 오셨고 저희는 하나님 나라가 당장에 나타날 줄로 생각함이러라"(눅 19:11) 해서 예루살렘에 가까이 오신 것을 표시했습니다. 이 므나 비유를 다 끝내신 다음에 또 "예수께서 이 말씀을 하시고 예루살렘을 향하여 앞서서 가시더라"(눅 19:28)고 했습니다.

주께서 예루살렘 성으로 들어오시는 광경

베다니에서 마리아가 예수님께 기름을 부어 드린 일이 있은 다음, 예수께서는 거기를 떠나셔서 오늘 우리가 배우는 베다니와 벳바게 사이 감람산 밑에까지 오셨습니다. 거기서 어떤 나귀 하나를 풀어 오도록 분부해서 그것을 타시고 이제 예루살렘에 들어가시는 것입니다. 이 나귀 새끼를 타시고 입성하신 이야기가 네 복음에 다 기록되어 있습니다. 그런데 마가복음, 누가복음, 요한복음에는 아직 사람이 타보지 않은 나귀 새끼 한 마리만 풀어 온 것같이 되어 있습니다. 그러나 마태복음을 볼 것 같으면 어미와 새끼가 같이 매여 있었고 그 두 마리를 함께 풀어 온 것으로 되어 있습니다. 아마 어미가 없어지면 새끼가 이리저리 방황할 터이니까 두 마리를 함께 풀어 온 것 같기도 합니다.

제자들은 자기들의 겉옷을 벗어서 이 두 마리의 나귀 위에다 올려놓았습니다. 예수께서는 그중에 아직 사람이 타보지 않은 나귀 새끼 위에 올라타셨습니다. 타시고 예루살렘을 향해서 들어오시는 것입니다. 거기에는 제자들과 함께 예수님을 따라오는 베다니 사람이나 벳바게 사람들이 있었을 것입니다. 또 유월절이 가까워진 그때 예루살렘에는 많은 사람들이 타지방으로부터 와 있었을 터인데, 그들도 나사렛 예수께서 지금 이 성으로 입성하신다는 소식을 들었을 것입니다. 그리고 행렬 가운데 있는 사람들은 종려나무 가지를 베어서 예수님이 지나가시는 그 길 위에다 깔고, 또 저희의 겉옷을 벗어서 길 위에 깔았습니다. 겉옷이 큰 홑이불같이 되어 있어서 그것을 깐 것입니다. 그리고서는 '호산나'를 부르며 환영하고 찬송했습니다.

"호산나 다윗의 자손이여!"

여기서 호산나를 부르면서 찬양했다는 말을 했는데, 이것은 누가복음에는 나와 있지 않고 다른 3복음에만 나와 있습니다. 가령 여기 마태복음 21 : 9을 보면 "호산나 다윗의 자손이여! 찬송하리로다 주의 이름으로 오시는 이여! 가장 높은 곳에서 호산나" 했습니다. 마가복음 11 : 9-10을 보면 "호산나 찬송하리로다! 주의 이름으로 오시는 이여! 찬송하리로다 오는 우리 조상 다윗의 나라여! 가장 높은 곳에서 호산나" 했고, 요한복음 12 : 13을 보면 "호산나 찬송하리로다! 주의 이름으로 오시는 이 곧 이스라엘의 왕이여"라고 했습니다. 누가복음에는 호산나라는 말은 없지만 그러한 뜻이 들어 있는 말이 있습니다. "찬송하리로다. 주의 이름으로 오시는 왕이여! 하늘에는 평화요 가장 높은 곳에는 영광이로다"(눅 19 : 38).

그러면 이런 말들 속에는 무슨 뜻이 들어 있는고 하니 '지금 오시는 이분은 왕이시다' 하는 것입니다. 그런고로 그들은 지금 예수님을 메시야로 맞아들이는 것입니다. 호산나라는 말은 옛날에는 '이제 구원하소서' 하는 말로서 씌었지만, 예수님 당시에는 벌써 이 말이 점점 전화(轉化)해서 환영한다든지 높인다든지 하는 뜻의 구호가 되었습니다. 마치 '할렐루야'가 하나님을 찬송한다, 즉 야훼를 찬송한다는 뜻이었지만, 그런 뜻은 어렴풋하게 속에만 들어 있고 그것이 구호가 된 것과 같습니다. 여기도 보면 "가장 높은 곳에서도 호산나" 이렇게 해서 찬양하는 용어로 쓰인 것입니다. 그렇게 부르는 당시 이 사람들도 어원을 따져가면서 부른 것이 아니고 단지 찬양한다는 의미로 그 말을 쓴 것입니다. 여기서 그렇게 왕을 찬양한 것은 '자, 이제 왕이여 우리를 구원하소서' 하는 의미가 되겠지만, 특별히 그 구원은 메시야의 구원을 뜻하는 것이었습니다.

많은 사람들이 이렇게 외치면서 행렬을 지어 갔습니다. 그러자 그 때 예루살렘 성 안 사방에 흩어져 있던 순례자들, 먼 곳으로부터 모인 사람들이 이 소리를 들었습니다. 오순절 때도 얼마나 많은 사람들이 각국에서 예루살렘으로 모여들었는가를 우리는 사도행전을 통해 알고 있습니다. 그렇게 많은 사람들이 메시야가 들어온다는 소리를 듣고 '아, 메시야가 조금 있으면 무슨 일을 할 것인가 보다' 하면서 자기네도 종려나무 가지를 가지고 마중을 나와서 예수님의 일행과 마주쳤습니다. 예수님 일행은 무리가 앞에 서고 제자들이 나귀를 타신 예수님을 옹위한 형태로 들어오고 있었습니다. 또 그 뒤로도 많은 제자들과 사람들이 따라오면서 "호산나 호산나" 하고 소리를 크게 외치면서 성으로 들어왔습니다.

바리새인들의 항의

이렇게 떠들썩하게 들어오니까 바리새인들은 그 소리가 듣기 싫었습니다. 그래서 예수님한테 "아 선생님, 제발 당신의 제자들이 저런 소리를 좀 하지 말게 해주십시오" 하고 간청했습니다. 그 이튿날에도 보면 아이들이 성전에서 또 그 소리를 외치니까 바리새인들은 예수께 "아니, 아이들이 외치는 소리를 못 듣습니까" 하고 힐난했습니다. 그러자 예수께서는 "만일 저들이 소리를 안 지르면 돌들이 소리를 지를 것이다"고 하셔서 당신 자신이 메시야이신 사실을 밝히셨습니다. "나를 찬양하는 이 소리는 필연적으로 나오는 것이다. 막을 길이 없다. 막을 이유도 없다"라고.

예수께서는 저들이 예수님을 메시야로 승인하고 기리는 그 찬양의 소리, "호산나 주의 이름으로 오시는 이여" 혹은 "오시는 다윗의 나라여" 하는 이런 말들에 대해서 이번에는 옛날과 같이 '잠잠하라'든지 '말하지 말라'든지 해서 금하지 않으셨습니다. 이제는 때가 되었으므로 예수님 당신이 메시야이신 것을 확고하게 표시하시는 것입니다.

예루살렘 입성의 이유

여기서 이제 몇 가지를 주의해서 생각하십시다. 먼저 왜 예수님께서 예루살렘에서 이렇게 들어오시는가 하는 것입니다. 예수께서는 이때 군중이 예수님을 메시야로 승인하고 환호하는 그것을 물리치지 아니하셨습니다. '과연 내가 메시야다' 하는 뜻으로 그것을 받아들이면서 들어오셨습니다. 그러나 무엇보다 중요한 것은 구약에 있는 예언들이 여기서 성취되어야 한다는 것입니다. 메시야시요 또한 하나님의 아드님이신 예수께서는 구약의 예언이 도무지 땅에 떨어짐이 없이 이뤄지도록, 빈틈이 없이 구약의 예언을 다 이루기 위해서, 그리고 인류를 구속하는 큰일을 치르시기 위해서 예루살렘으로 들어오시는 것입니다. 이곳이 이제 메시야가 아주 방대한 역사적인 일을 치를 자리이기 때문입니다.

예수께서 메시야로 오시되 예언대로 다윗의 자손으로서 다윗의 보좌가 있다고 상징되는 예루살렘으로 들어오십니다. 이것은 다윗의 왕위를 계승한 그분이 지금 왕으로 입성한다는 것을 표시하는 것입니다. 유대 사람들은, 다윗이 수도로 만든 곳으로서 다윗의 보좌가 있는 예루살렘에 메시야가 등극하시고 거기서 통치하실 것이라고 기대했습니다. 그 기대가 전연 무근지설(無根之說)이 아니고 오해가 아닙니다. 왜냐하면 다윗은 거기에다가 도읍을 세웠고 또 통치하였기 때문입니다. 다윗이 그곳을 여부스 사람의 손에서 빼앗아 가지고 도읍으로 정했습니다(대상 11 : 4-8). 그러니까 다윗 왕국이라는 구체적인 사실 가운데서 메시야 왕국을 추출하고 추리하였다는 의미로서도 예루살렘으로 들어오신 것입니다. 그러나 그보다 더 강력한 의미는 메시야가 인류 역사상 가장 큰 대업을 이루어 나가실 때, 그 일이 발생할 장소가 적어도 예루살렘을 중심으로한 자리인 까닭에 그리로 가신 것입니다. 죽기까지 복종하신 예수님은 거기서 빌라도의 법정에 서신 것입니다. 처음에는 안나스의 집으로 갔다가, 다시 가야바와 공회 앞에 서셨고, 그 다음에 빌라도의 법정으로 가셨다가, 헤롯의 정청으로 가셨고, 결국 나중에 빌라도의 법정으로 다시 오셔서 이 프래토리움이라는 데서 사형 선고를 받으셨습니다. 그 다음에 십자가에 달려서 돌아가시는 골고다의 언덕까지 가신 것입니다.

이것이 다 역사적인 대사실입니다. 그것이 예루살렘에서 있었습니다. 인류의 구속을 위해서 그리고 구원을 위해서는 이 큰 역사적인 사실을 이루어 나가셔야 할 것이므로 그것을 이루시기 위해서 예루살렘에 입성하셨습니다. 이제 그것을 이루실 인물이 누구냐? 그것을 이루실 인물의 자격으로 그러한 형식의 입성을 요했던 것입니다. 나귀를 타시고 환호를 받으며 메시야라고 추대를 받으면서 오시는 그 형식이 필요했습니다. 이는 '예수께서 참 메시야시다. 그 참 메시야는 이제 무엇을 하려고 여기 들어오신다' 하는 그 사실들을 우리에게는 계시하는 것입니다. 이런 형식으로 입성하시는 것이 우리에게는 하나님의 계시로 비취는 것입니다.

대중이 바라던 메시야

동시에 그것은 많은 대중이 생각하고 있고 바라고 있던 바 메시야관이 그릇된 것임을 표시하는 것입니다. '메시야가 너희들이 원하는 그대로 하지는 않는다' 하는 것이 들어 있습니다. 그것은 나귀를 타고 들어오신다는 점에서도 그러합니다. 그때 사람들은 모두 예수께서 나귀를 타고 들어오시는 것을 환영했습니다. 그분이 메시야니까 나귀를 탔든지 뭘 탔든지 그것은 상관이 없다고 생각한 것입니다.

그러나 그들이 메시야에게 원하는 것은 무엇입니까? 메시야가 이제는 무엇을 해야 할 것이라고 생각하고 있습니까? 그것은 이스라엘이 로마라는 큰 세력을 대상으로 싸우는 일입니다. 즉 지상의 메시야, 정치적인 메시야의 지도를 받아 대적과 싸우는 것입니다. 무서운 전쟁, 말하자면 대전(大戰)을 일으켜서 다시는 이방(異邦)이 이스라엘 백성들의 땅을 넘보지 못하게 하고 정복하지 못하게 하기 위해서 결판을 내는 것입니다. 이 큰 무력의 발휘, 능력의 발휘가 있을 것을 다 기대하고 있는 것입니다.

여기서 한 가지 우리가 주의해야 할 것은 예수님이 들어오시는 이 행렬이 로마 군대의 주목을 받지 않았다는 사실입니다. 대중이 일어나서 로마에 대항하는 불온한 기세를 형성했다면 댓바람에 빌라도나 누가 명령을 하든지 해서 로마의 군대가 소집되어 백부장이나 천부장이 군대를 이끌고 와서, "이 일이 무엇이냐"고 취체(取締)를 했을 것입니다. 만일 소동의 기미가 있었다 할 것 같으면 사람들을 검속(檢束)하여 무리를 해산시켰을 것입니다. 그러나 그런 일이 발생하지 않았습니다. 그런 것으로 미루어 볼 때 그 환영의 규모가 크지 않았던 것으로 보입니다. 환영의 물결이 그런 일이 발생할 만큼 긴 시간 계속되지도 않은 듯합니다. 원래 그것이 불온한 의미를 가진 조직적인 운동으로 시작된 것이 아닙니다. 모두 불기이기(不期而起)로, 아무도 기약하지 않았다가 그냥 일어나서 찬양을 하고 환영을 한 것입니다. 그것도 예수님이 예루살렘 성으로 들어오시는 그 시각에만 그러했고, 들어오신 다음에는 환영하던 일을 다 그만두고 제각기 자기 볼일을 보러 간 것 같습니다. 이런 점을 우리가 여기서 주의해야 할 것입니다.

나귀 새끼를 타신 의미

주께서 예루살렘에 이렇게 들어오시는 상황을 다시 생각해 보십시다. 메시야 곧 왕으로서 수도에 입성하는 위의(威儀)로 나귀를 타셨으나, 그 나귀라는 것은 전쟁 때 무기(武器)도 되는 말[馬]이 아닙니다. 대개 어떤 왕이나 국가의 원수(元首) 혹은 통수권자가 자기가 통솔할 군대를 일으키기 위해서 대중 앞에 나타날 때는 늘 말을 타고 나오는 것입니다. 옛날에도 그러했고 현대까지라도 이와 유사한 경우에 큰 말을 타고 나타나서 돌아보는 것입니다. 그런데 예수님은 나귀 새끼를 타셨습니다. 전투용이 아닌 새끼 나귀입니다. 왕의 위의를 나타내 뵈기에는 초라한 짐승입니다. 전쟁에 나갈 때는 조랑말일지라도 견인(牽引)을 잘하고 잘 달리며 그리고 힘이 있는 것을 타고 다니지, 이런 약한 것을 타고 다니는 일은 없습니다. 그러기에 왕의 위의를 나타내기 위해서는, 즉 왕의 위의로 나타내 뵈는 장신구의 하나로는 말과 같은 힘 있는 짐승을 거용하는 것이지, 나약한 새끼 나귀를 쓰지 않는 것입니다. 그러나 예수께서는 그렇게 하지 않으셨습니다. 왕의 위의는 나타내시되, 큰 무력을 배경으로 하여 통솔의 권위를 지니고 있다는 것을 표시하는 아무런 형식도 취하지 아니하셨습니다.

이 나귀는 다른 사람이 타 본 일이 없는 새끼 나귀라고 했습니다. 민수기 19 : 2에나 신명기 21 : 3에 보면, 하나님 앞에 드릴 제물이나 혹은 거룩한 목적을 위해서는 헌것을 쓰지 않고 새것을 쓴다고 했습니다. 그런 의미에서 아무도 타 보지 아니한 나귀 새끼를 타는 것은 예수님의 그 신성한 몸이 이제 하나님의 영광과 그 크신 목적을 위해서 처음으로 멍에를 메지 아니한 나귀를 쓰신다는 것을 나타내는 것입니다. 그와 동시에 이것은 예수님이 전투가 아닌 평화를 위해

오셨다는 것을 의미합니다. 예수님은 평화의 왕이시다 하는 것을 이사야 9 : 6에 말씀했는데, 그렇게 당신은 평화의 목적을 위해 오신 것입니다. 또 스가랴 9 : 9에 보면 "시온의 딸아 크게 기뻐할지어다 (시온의 딸은 곧 예루살렘을 의미합니다) 예루살렘의 딸아 즐거이 부를지어다 (이것은 다시 이스라엘 백성을 의미합니다) 보라 네 왕이 네게 임하나니 그는 공의로우며 구원을 베풀며 겸손하여서 나귀를 타나니 나귀의 작은 것 곧 나귀 새끼니라"고 했습니다. 그 말씀대로 예수께서는 나귀 새끼를 타신 것입니다.

그리고 민중의 환호성은 그들이 어떻게 알았든지간에 좌우간 예수님을 메시야로 알았다는 것을 나타내는 사실입니다. 그것을 예수님은 배척하지도 않으시고 부인하지도 않으시고 그냥 받아들이셨습니다. 이것은 '과연 너희가 생각한 대로 내가 메시야다' 고 인정하시는 것입니다.

예수님을 죽이려는 원안을 변경케 하다

그러면 이러한 사실들이 어떠한 사태를 일으켰던가? 이 사건은 예수님을 미워하는 대제사장이나 바리새인이나 서기관들 같은 적당들을 자극하였고, 그 자극은 그들이 더욱 예수님께 대해서 적대를 하게 했습니다. 분노를 일으키게 한 것입니다. 그들은 큰 분노 속에서 예수님을 더욱 서둘러서 죽이고자 하였습니다. 그 악당들은 원래 예수님을 죽이려는 음모를 이미 세우고 있었습니다. 그런데 이 일 때문에 예수님을 죽이려는 그 음모의 원안(原案)을 긴급히 시행할 안으로 변경하게 된 것입니다.

그 원안은 무엇이었나요? 마태복음 26 : 3-5을 보면, 마지막 주간 중에 이 적당들이 예수님을 어떻게 하면 죽일꼬 하고 의논을 하다가 명절에는 민요가 날 것 같으니 못 한다고 결론을 내렸습니다. 그래서 사실은 예수님을 죽이기는 죽이되 이번 유월절 때는 말자는 것이 본래의 안이었습니다. 마태복음 21 : 26을 보더라도 "모든 사람이 요한을 선지자로 여기니 백성이 무섭다"고 했듯이 백성들이 예수님을 선지자 내지는 메시야로 알고 있으므로 그들은 백성을 두려워한 것입니다. 또 오늘의 본문 누가복음 19 : 47-48을 보면 "예수께서 날마다 성전에서 가르치시니 대제사장들과 서기관들과 백성의 두목들이 그를 죽이려고 꾀하되 백성들이 그에게 귀를 기울여 들으므로 어찌할 방침을 찾지 못하였더라"고 했습니다. 또 누가복음 22 : 2을 보면 "무슨 방책으로 죽일꼬 연구하니 이는 저희가 백성을 두려워함이더라"고 했습니다. 그리고 요한복음 11 : 53을 보면 "(나사로를 살려내신) 이날부터는 저희가 예수를 죽이려고 모의하니라"고 했는데, 이 나사로를 살린 일은 마지막 달들의 시초에 있었던 일입니다.

이렇게 그들은 적어도 마지막 3개월간 이리저리 음모를 해왔던 것이고 또 마지막 주간 중에는 명절을 비켜서 죽여야겠다고 하던 처지였는데, 이제 그만 조급하게 돼서 그 원안을 변경하고 마침내 비상하게 책략을 베풀기 시작했습니다. 그래 '자, 일이 이렇게 되면 천하가 다 그리로 휩쓸려서 나중엔 우리가 아무것도 하지 못하고 쫓겨나게 되겠다. 이제 우리는 우리에게 기력이 남아 있는 동안에 빨리 대항해야겠다'고 마음을 바꿔 먹었습니다.

창세기의 메시야 예언

예수님은 스가랴의 예언을 성취시키기 위해서 나귀를 타고 들어오셨는데, 이런 예언은 스가랴뿐만 아니라 창세기에도 있습니다. 야곱이 그의 열두 아들들에 대해서 예언하는 노래를 부를 때 유다를 향해 부르는 그 부분이 창세기 49 : 8-12에 있습니다.

"유다야, 너는 네 형제의 찬송이 될지니라. 네 손이 네 원수의 목을 잡을 것이요 네 아비의 아들들이 네 앞에 절하리로다." 이렇게 유다의 권위를 먼저 노래했습니다. 결국 유다의 지파에서 다윗도 나오고, 우리 주님도 나오신 것입니다. "유다는 사자 새끼로다." 짐승 가운데서도 왕자라는 것입니다. "내 아들아, 너는 움킨 것을 찢고 또 올라갔도다. 그의 엎드리고 웅크림이 수사자 같고 암사자 같으니 누가 그를 범할 수 있으랴." 큰 권위를 가진 것을 사자에 비교했습니다. 그 다음에 보면 "홀(笏)이 유다를 떠나지 아니하며." 임금이 이 홀, 셉터(scepter)를 가지고 필요할 때 지시도 하고, 또 용납하는 자에게는 그 홀의 끝을 잡게도 하는 것입니다. 에스더도 바사 왕의 홀을 잡았다고 했습니다. 또 "치리자의 지팡이가 그 발 사이에서 떠나지 아니하기를 실로가 오실 때까지 (결국은 멀리서 어떤 특별한 분, 신비한 분, 곧 메시야가 오실 때까지) 미치리니 그에게 모든 백성이 복종하리로다." 최종에 모든 백성을 통치할 그분이 올 때까지 유다의 집안에서는 그 통치권이 떠나지 아니할 것이다고 한 것입니다. "그의 나귀를 포도나무에 매며 그 암나귀 새끼를 아름다운 포도나무에 맬 것이며 또 그 옷을 포도주에 빨며 그 복장을 포도즙에 빨리로다. 그 눈은 포도주로 인하여 붉겠고 그 이는 우유로 인하여 희리로다."

자, 여기 포도나무에다 나귀를 맨다는 이야기가 있는데 적어도 이 나귀 새끼를 타고 들어올 때는 그 예언도 거기서 성취되는 것입니다. 우리 주님께서는 그 예언도 생각하셨을 것입니다. 우리 주님은 평화로운 분인 까닭에 처음에 평화로서 오셨을 때는 신원(伸怨)의 해[年]를 전파하려고 하시지 않고, 복스러운 해를 전파하셨습니다. 주님은 상한 갈대를 꺾지 아니하며 꺼져 가는 등불도 끄시지 않는, 최상의 유순과 평화 가운데 오신 분입니다.

잘못된 메시야관을 고집한 유대인들

그런고로 이스라엘 사람들은 그분이 메시야로서 여러 가지를 나타내 보일 때, 그들은 그것을 자세히 보았어야 했고 또 그분이 나타낸 성격과 하시는 일들에 대한 자료를 바로 수집해서 바르게 추리하고 논리를 해갔어야 했습니다. 그러나 그들은 그렇게 하지 못했습니다. 그분에게서 메시야로서의 여러 사실들을 보고서도 그들은 '그러나 메시야는 이러이러해야 한다'고 자기네의 메시야관을 고집했습니다. 예수님이 참 메시야로서 하시는 일 가운데 하나가 이스라엘 백성으로 하여금 그들이 가지고 있던 그릇된 메시야관을 정정시키는 것인데도 불구하고, 그들은 자기들의 메시야관을 수정한 일이 없습니다.

나중에 여리고의 삭개오 집에 예수님이 오셨을 때 일을 보면, 그들은 이제 예루살렘이 얼마 안 남았다고 해서 하나님의 나라가 당장에 나타날 것으로 기대했습니다. 그래서 거기서 예수님은 므나의 비유를 또 하신 것입니다. 그들은 그분에게서 참 메시야 상(像)을 보아야만 할 텐데도, 예수님께로부터 메시야 상만을 간취(看取)했을 뿐 어떤 메시야여야 할 것인가에 대해서는 '메시야는 이래야 한다'는 자기들의 전통적 생각만을 고집했습니다.

이러한 형편에서 예수님은 나귀를 타고 들어오시는 것입니다. "시온의 딸에게 이르기를 네 왕이 네게 임하나니 그는 겸손하여 나귀 곧 멍에 메지 않은 짐승의 새끼를 탔도다"(슥 9:9). 이 스가랴서의 예언의 말씀이 이미 어떤 메시야일 것인가를 상징으로 보여 주었으면, 그들은 '왜 나귀 새끼일까? 왜 전투할 때 쓰는 힘센 말을 타고 오시는 것이 아닐까' 하는 생각을 했어야 했지만, 그런 것은 그들에게 상관이 없었습니다. 그들은 그렇게 거칠고 완고한 태도로 암매하게 가지고 있던 고집을 버리지 못했던 것입니다.

지금 이 왕은 가장 겸손한 종의 형상으로 오셔서 그 행적으로써 스스로 참 메시야이심을 드러내십니다. 물론 지금으로서는 충만한 영광과 충만한 공의를 직접 행사하시는 자태로 나타내 보이시지는 않습니다. 바로 그 자리에서 천하를 심판하시는 그런 왕의 거룩한 자태가 아닙니다. 그는 훨씬 겸손한 자태로 오신 것입니다. 빌립보서 2:6-8을 보면 "그리스도는 근본 하나님의 본체시나 하나님과 동등됨을 취할 것으로 여기지 아니하시고 오히려 자기를 비워 종의 형상을 가져 사람들과 같이 되었고 또 사람의 모양으로 나타나셨으매 자기를 낮추시고 죽기까지 복종하셨으니 곧 십자가에 죽으심이라"고 했습니다. 메시야는 지금 이러한 단계를 거쳐서 들어오시는 까닭에 그가 예루살렘으로 입성하는 자태도 거기에 합당한 분으로 입성하시는 것입니다. 그는 유대 사람들의 중망(衆望)과는 아주 다른 분이시나, 참 메시야 상을 스스로 명확하게 드러내셨습니다.

무력을 가진 메시야로 생각하다

벳바게에서부터 예수님을 수행하여 오던 행렬과 더불어 유월절로 인해 예루살렘에 모인 대군중이 예수님을 찬양하며 맞이했습니다. 그들은 자기네가 바라고 기다리던 메시야가 지금 왕위에 등극하시려고 수도 다윗의 성으로 들어오신다고 생각하고 환영했던 것입니다. 이제 압제를 해오던 이방의 세력을 메시야의 군세가 당장에 멸망시킬 것입니다. 그것은 전쟁을 의미합니다. 그러려면 메시야는 지금 무력의 배경을 가지고 들어오셔야 합니다. 줄리어스 시이저와 같은 이 세상의 대정복자와 같이 뒤에 무력의 배경을 가지고 당당하게 들어가서 최고의 권위의 위치를 차지하는 것입니다. 거기에는 물리력을 가지고 적을 제압하는 것이 있습니다. 그런고로 거기에는 전쟁

이 있고, 파멸이 있고, 원망이 있고, 증오와 압박이 있고, 그로 말미암아 거기에는 다시 갈등이 생기는 것입니다.

그때 이스라엘의 대중은 물론 그 교사들과 지도자들이 생각하는 메시야의 세력은 이방의 물리적인 세력에 대립하는 세력이로되, 이방의 세력과 비교할 수 없는 무섭고 큰 신통력을 가진 세력이었습니다. 그러한 세력을 가지고 이방의 압제를 다 제거해 버리고 제압해 버리는 과정을 겪을 것입니다. 저들은 그런 영웅, 대정복자, 전쟁의 대지휘자로서의 메시야를 생각하고 그를 맞아들인 것입니다. 저들은 그래서 호산나의 대환호성으로 우리 주님을 맞았습니다.

천박한 찬송

그러나 우리 주님이 들으시는 그러한 소리는 반갑고 기쁜 소리가 아니었습니다. 너무나도 천박한 소리였습니다. 그 소리는 이 세상에 있는 정복자의 물리력에 대한 찬양의 소리였기 때문입니다. 그런 정도의 감정에서 벗어나지 아니한 하나님께 대한 찬송은 천박한 것입니다. 이 대중이 지금은 이렇게 하고 있지만 며칠 사이에 제사장들이나 또한 바리새인들의 부추김에 따라 '우리가 예수에게 속았다'는 생각으로 환멸을 느끼고 실망하기 시작합니다. 그러한 나머지 오히려 그들 중에는 갑자기 뒤집혀서 분을 내며 "예수를 십자가에 못박으소서" 하고 소리지르는 사람들이 나올 것입니다. 오늘 환호하는 사람들 속에는 그런 사람들이 다 섞여 있는 것입니다. 예수님께서 예루살렘에 들어오는 이 모습에서 그들은 진정한 메시야의 상을 보았어야 할 터인데, 그것을 못 본 것입니다. 주님은 아직 사람이 타지 않은 새끼 나귀를 타심으로써 일면 왕자의 위의를 갖추시되, 또 일면 가장 겸손하고 평화로운 메시야, 상한 갈대도 꺾지 아니하고 꺼져가는 심지도 끄지 아니하는 그러한 참 메시야 상(마 12:20; 사

42 : 3)을 보이신 것입니다. 그러나 군중은 자기들식의 메시야관에 눈이 어두워서 그가 메시야인 줄만 알았지, 메시야가 이렇게 돼야 할 것에 대해서는 전연 생각지도 않고 덮어놓고 환영하며 맞이했습니다. "시온의 딸에게 이르기를 네 왕이 네게 임하나니 그는 겸손하여 나귀 곧 멍에 메지 않은 짐승의 새끼를 탔도다" 하는 말씀의 뜻을 지금 시온의 딸 곧 이스라엘 백성은 알지 못하고 있습니다. 제자들도 지금으로서는 주께서 왜 나귀 새끼를 타고 들어오시는지 그 이유를 알지 못하는 상태입니다. "제자들은 처음에 이 일을 깨닫지 못하였다가 예수께서 영광을 얻으신 후에야 그것이 예수께 대하여 기록된 것임과 사람들이 예수께 이같이 한 것인 줄 생각났더라"(요 12 : 16).

성을 보시며 우신 예수님

예수께서는 예루살렘에 가까이 오셔서 성을 보시며 우셨습니다. 더 큰 무력과 폭력으로, 즉 더 큰 인간적인 힘으로 저희의 왕국을 거기다가 세울 것으로 생각하고 있는 이 백성의 그릇된 메시야관을 보시고 우셨습니다. 큰 정복자의 자세로 메시야 왕국을 거기다가 세울 것으로 기대하는 그 답답하고 완고한 생각을 절대로 버리지 않는 백성들을 보시고 우신 것입니다. 그들은 예수님을 메시야로는 맞이했지만 평화의 왕으로 맞이한 것은 아닙니다. 그런 것을 보실 때 '이제 이들에게 필지(必至)할 대멸망을 어떻게 하랴' 하신 것입니다. 대멸망에서 벗어날 수 없는 이 백성과 예루살렘 성을 보시고 우신 것입니다. 이들 몰이해의 대군중, 완고 불명(頑固不明)의 대중은 멸망의 길로 가고 있을 뿐입니다. 하나님과의 화해로 말미암아 가지게 되는 참 평화의 길은 알지 못하고 있습니다. 주께서는 그것을 보시고 우셨던 것입니다. 오늘 우리가 읽은 누가복음 19장을 보면 예수께서 우시면서 말씀하십니다. "너도 오늘날 평화에 관한 일을 알았더면 좋을 뻔하였거니와 지금 네 눈에 숨기웠도다." 너는 평화라는 것이 무엇인지 모르고 힘, 정복, 타파, 멸망, 이것만을 알고 있구나 하신 것입니다. "날이 이를지라. 네 원수들은 토성을 쌓고 너를 둘러 사면으로 가두고 또 너와 및 그 가운데 있는 네 자식들을 땅에 메어치며 돌 하나도 돌 위에 첩놓이지 않게 하리니 이는 권고 받는 날을 네가 알지 못함을 인함이니라"(42-44절).

주께서는 그 다음에 성전으로 가셔서 성전에 있는 것들을 다 돌아보시고, 예루살렘에서 다시 떠나사 베다니로 가셔서 그날을 거기서 유하셨습니다. 예수께서 예루살렘에 입성하신 때 백성들의 상태는 이러했습니다.

기 도

사랑하시는 주님, 주께서는 하나님의 말씀에 이미 보여 주신 대로 이스라엘 백성들에게 바른 도리를 가르쳐 주시고, 또 바른 메시야가 어떠한가를 보이시고자 예루살렘에 입성하시사 바른 것을 깨닫도록 하셨지만, 사람들은 항상 자기의 그릇된 종교관을 절대 진리인 것같이 완고하게 붙들고, 평화의 왕으로 오시는 그분을 권위의 정복자로 알아 환영하고 떠들어 대다가 마침내는 며칠 지나서 주님을 십자가에 못박는 데까지 가담하고 분풀이를 하였나이다. 이런 일을 볼 때 사람이 천박하고 완고하고 암매한 것에 의해 지배될 때는 결국 이렇게 되고마는 것을 깨닫게 되나이다.

주여, 주께서는 오늘날에도 그리스도를 믿는다는 많은 사람들이 이러한 암매와 천박과 완고 가운데서 헤어나지 못하고 살아 가고 있는 것을 보실 것으로 아나이다. 저희들이 이와 같은 데서 눈을 떠서 바로 깨달아 알게 하여 주시고, 그리하여 주님을 참으로 바로 맞이

하게 합소서.

구주 예수 그리스도의 이름으로 기도하옵나이다. 아멘.

第 90 講
두번째 성전 숙정

예수께서 예루살렘에 이르러 성전에 들어가사 모든 것을 둘러보시고 때가 이미 저물매 열두 제자를 데리시고 베다니에 나가시다 이튿날 저희가 베다니에서 나왔을 때에 예수께서 시장하신지라 멀리서 잎사귀 있는 한 무화과나무를 보시고 혹 그 나무에 무엇이 있을까 하여 가셨더니 가서 보신즉 잎사귀 외에 아무것도 없더라 이는 무화과의 때가 아님이라 예수께서 나무에게 일러 가라사대 이제부터 영원토록 사람이 네게서 열매를 따먹지 못하리라 하시니 제자들이 이를 듣더라 저희가 예루살렘에 들어가니라 예수께서 성전에 들어가사 성전 안에서 매매하는 자들을 내어쫓으시며 돈 바꾸는 자들의 상과 비둘기 파는 자들의 의자를 둘러엎으시며 아무나 기구를 가지고 성전 안으로 지나다님을 허치 아니하시고 이에 가르쳐 이르시되 기록된 바 내 집은 만민의 기도하는 집이라 칭함을 받으리라고 하지 아니하였느냐 너희는 강도의 굴혈을 만들었도다 하시매 대제사장들과 서기관들이 듣고 예수를 어떻게 멸할까 하고 꾀하니 이는 무리가 다 그의 교훈을 기이히 여기므로 그를 두려워함일러라 매양 저물매 저희가 성 밖으로 나가더라 (막 11:11-19)

제 90 강

두번째 성전 숙정

막 11 : 11-19

무화과나무를 저주하심

우리 주님께서 지상에서 보내시는 생애의 정점은 십자가를 지시는 일입니다. 오늘은 그 일이 있기 나흘 전에 발생한 사실을 생각하겠습니다.

주께서 십자가에 달리신 날은 금요일인데, 그것이 니산 14일이나 15일이 됩니다. 요한이 사용한 달력으로 보면 니산 14일이 되고, 또 바리새인들이나 혹은 예수께서 갈릴리에서 쓰시던 달력대로 계산하면 15일이 됩니다. 그 전날 14일 저녁이 유월절 절기로서 이날 양을 잡아서 유월절 잔치를 합니다. 그 날짜야 어떻게 됐든, 우리 주님이 십자가에 달리신 날이 요일로 말하면 틀림없이 금요일이므로 그 나흘 전이라고 하면 월요일이올시다.

이 월요일 이른 아침에 베다니에 계시던 주께서 제자들을 데리고 예루살렘 성으로 들어가시는 도중이었습니다. 성으로 들어가시는 도중에 예수께서는 시장하시므로 잎사귀가 무성한 한 무화과나무를 보시고 혹시 잡수실 것이 있는가 해서 가까이 가 바라보셨지만 잡수실 만한 열매가 하나도 없었습니다. 이때는 무화과 때가 아니니까 먹을 만한 익은 열매를 낼 수 없을 법도 하지만, 무화과나무가 잎사귀만 무성하고 전연 열매가 없다는 것은 제 노릇을 하지 못하고 있다는 것을 뜻합니다. 그래서 예수께서는 나무에게 일러 가라사대 "이제 후로는 다시는 사람이 네게서 열매를 따먹지 못하리라"고 하셨습니다. 이 말씀으로 인하여 무화과는 곧 근저(根底)로부터 말랐지만, 제자들이 그 사실을 깨닫고 그 이유를 주께 물은 것은 그 다음날 화요일 아침이었습니다. 이날 발생한 무화과나무의 사실이 나타내는 어떤 성격과 또 그 일에 관한 주님과 제자들간의 문답에 대해서 우리가 알아야 합니다. 이것은 예수님의 평소의 성격과는 별다른 것이었습니다. 여러분이 만일 이것을, 예수께서 잡수실 것이 있는가 하고 보셨다가 아무것도 없으니까, "에이 이놈, 너 죽어버려라"고 저주하셨다는 식으로 생각한다면 크게 잘못 생각하는 것입니다. 예수께서는 성격상 그렇게 하실 수가 없습니다. 무화과나무가 열매가 없으면 없는 것이지, 열매가 없다고 해서 예수님이 돌아다니시면서 열매 없는 무화과나무마다 다 저주하여 마르게 하실 까닭이 없습니다. 다만 이 무화과나무에 한해서는 별다른 문제가 있어서 그렇게 하신 것입니다. 순서상으로 이 문제가 월요일에 제일 먼저 일어났지만 제자들이 이를 물어 보기는 화요일에 하였으므로 우리가 이 문제에 대해서는 다음 강설에서 배우기로 하고, 오늘은 그 일이 있은 다음에 예수께서 성전에 들어가셔서 하신 일을 생각하겠습니다.

성전 안의 광경

예수께서 성전에 들어가셨을 때에 사람들이 거기서 소나 양이나 혹은 비둘기를 팔고 있었습니다. 그뿐 아니라 돈 바꾸는 자들도 있었습니다. 사람들은 성전에 헌금을 드릴 때 유대인이 지정한 돈으로 드려야 했습니다. 그렇게 헌금을 드리되 반 세겔에 해당하는 금액을 드려야 했고, 제물을 살 때에도 돈을 바꾸어 가지고 사야 했습니다. 로마 사람들이 만든 돈으로 그 값어치만 주면 된다는 식의 환산을 허용하지 않았습니다. 그러한 까닭에 거기에는 돈을 바꾸는 양체가(兩替家)들이 있었습니다. 그래서 이 업자에게 가서 요즈음 말하는 수수료를 내고 유대인의 돈으로 바꾸어 가지고 거기서 소나 양이나 또는 비둘기와 같은 제물을 사야 했습니다.

소나 양이나 비둘기를 갖다 놓고 파니까 그것들이 우는 소리도 들리고, 그것들이 피우는 냄새도 나고, 또 그것들을 이리저리 끌고 다니기도 하고, 또 사람들은 이게 얼마요 저건 얼마요 하면서 서로 흥정을 하고 해서, 성전 안은 몹시 소란스러웠습니다. 그래서 성전의 이방인의 뜰은 시끌벅적한 장터가 되어 버렸습니다.

두번째의 성전 숙정

이런 기록이 우리 주님의 생애 가운데 두번째로 나온 것인데, 첫번째의 기록은 예수님의 공생애 제1년 유월절 때입니다. 예수님이 제1년에 세례 받으시고 그 다음에 광야에 가서 시험 받으시고, 벧다바라에서 다섯 사람의 제자를 얻으신 다음에, 그들과 함께 갈릴리로 올라가셔서 가나에서 물로 포도주를 만드시고, 거기서 가버나움으로 가셨다가 유월절을 지키려고 다시 예루살렘으로 올라오십니다. 이것이 제1년 유월절 때까지의 일인데, 이 유월절 때 갈릴리의 일개 무명의 청년이 예루살렘의 성전 안에서 이런 만성적인 큰 악을 숙청(肅淸)했습니다(요 2:14-17). 예수님은 당신의 생애의 시작을 성전을 깨끗게 하시는 데서부터 시작하시고, 그리고 이제 당신의 생애를 마치시려는 때에 임해서 다시 한 번 성전을 깨끗게 하십니다. 이 두 가지의 성전 숙정(肅淨)의 일 가운데 예수님의 생애 시작 때 하신 것은 요한복음에만 기록되어 있고, 생애의 종결 때 하신 것은 공관복음에만 기록되어 있습니다. 오늘 우리는 마가복음을 읽었는데, 이것이 마태와 누가의 기록에도 있으되(마 21 : 12-13; 눅 19 : 45-46) 요한의 기록에는 빠져 있습니다.

두 사건은 서로 다른 시기의 사건임

그런데 이 두 개의 기록은 외면적으로 볼 때 대단히 비슷합니다. 그래서 근래에 소위 고등 비평가나 파괴적인 비판자들은 이것이 한 이야기인데 나중에 나누어 썼다고도 합니다. 즉 하나의 이야기를 공관복음 기자들은 예수님의 생애 마지막에 일어난 것으로 쓰고, 요한은 원래 공관복음 기자들과는 다른 것을 쓰려고 했는데 여백이 없는 터에 이것을 공생애 처음에 일어난 것같이 썼다는 것입니다. 이런 되지 않는 말들을 우리가 일일이 상대할 것은 없습니다. 다만 우리는 이 두 개의 기록을 각각 주의해서 보아야 할 것입니다. 개연적으로 '아, 예수님이 채찍을 가지고서 소도 몰아내고 양도 몰아내고 상도 엎어 버리고 막 분노하셨다더라. 예수님도 폭력을 썼다더라' 하는 식으로 막연하게 생각지 말고, 두 개의 기록이 각각 무엇을 의미하는가를 바로 생각해야 할 것입니다.

우리가 첫번째의 성전 숙정에 대해서는『예수님의 행적』제1권 5강에서 이야기했습니다. 오늘은 그때 요한이 보고한 기록과, 오늘 마태, 마가, 누가가 같이 보고한 두 기록을 대조해 가면서, 즉 공관복음 기록과 요한복음의 기록을 대조해 가면서 각각 어떤 차이점과 특색이 있는가를 보고자 합니다.

대제사장직

성전의 이방인의 뜰까지 잠식해 들어오는 이 독성(瀆聖)의 행위,

거룩한 것을 모독하는 이런 행위마저 감연히 행하는 모리자(謀利者)들은 안나스와 그 일당이라고 지난번에 얘기했습니다. 그때 안나스가 현직 대제사장은 아니었습니다. 주후 7년에 수리아의 총독, 대총독이었던 구레뇨(Quirinius)가 안나스를 대제사장으로 세웠다가 그 후 유대의 총독, 말하자면 대총독 아래 있던 하관(下官), 그라투스(Gratus, Valerius)가 15년에 그를 면제(免除)했어요. 그리고서는 18년에 그의 사위 가야바를 또 대제사장으로 임명했어요. 대제사장이란 원래 아론의 남계(男系) 자손들 가운데 일생을 제사장으로 복무해 온 사람들 중 제일 어른이 대제사장 노릇을 하는 것입니다. 그는 모든 제사장을 대표할 뿐 아니라, 일 년에 한 번 성전의 지성소에 들어갈 권리를 가지고 있습니다. 그는 대속죄일에 피를 가지고 지성소에 들어가는 것입니다(레 16 : 34). 성전의 지성소 안에는 포로 이전까지 분명히 법궤가 있었습니다. 이 법궤 위에 시은좌(施恩座), 즉 속죄소(贖罪所)가 있고 그 위에 그룹 둘이 서로 날개를 펴고 마주 바라봅니다(출 25 : 18-22). 거기는 여호와 하나님의 찬란한 영광의 빛이 비취는 곳입니다. 주께서 거기 '거하신다'는 샤칸(שָׁכַן), 그런 의미로 쉐키나 구름이 찬란히 공중으로 올라가는 바로 그곳입니다. 대제사장은 쉐키나 구름이 찬란하게 올라가는 거기 지성소에 들어가되, 자기와 백성의 죄를 속하는 거룩한 피를 가지고 일 년에 한 번 들어가서 속죄소 앞에 이르러 엎드려 경배하고 나오는 신령한 특권을 가지고 있습니다. 이렇게 대제사장의 위치는 하나님께서 주신 큰 특권의 자리입니다.

그런데 그때 이 로마 시대는 대제사장권에 대한 하나님의 법이라든지 전통의 법은 하나도 따지지 않는, 어두운 죄악이 만연한 상태였습니다. 물론 바벨론 포수(捕囚) 이후에는 언약궤가 어디로 갔는지 없어지고 말았습니다. 성전도 다 훼파되어 버렸습니다. 에스라와 느헤미야가 다시 돌아와서 성전을 중수하여 제2의 성전을 세웠고, 그 후에 헤롯이 그것을 46년 동안이나 보수를 해 장려하게 만들어 놓았습니다. 물론 그것이 솔로몬 때의 성전만은 못해도, 다시 장려하게 만들어 놓은 것입니다.

그 성전 안에는 몇 개의 뜰이 있습니다. 당번 제사장이나 대제사장이 자유로 드나들 수 있고 또 성전 기구의 관리나 성전의 사무를 맡은 레위 사람들이 들어갈 수 있는 뜰(court)이 있고, 그 다음에 이스라엘의 남자들이 설 수 있는 뜰이 있고, 그 다음에 다시 이스라엘의 여자들이 주님을 경배하기 위해서 들어갈 수 있는 뜰이 있으며, 그리고 이방 사람이라도 주를 사모하여 와서 경배하고자 하는 사람들을 위한 마당이 또 하나 있습니다. 성전의 경내(precinct)로 썩 들어서면 제일 먼저 이 이방인의 뜰로 들어서게 되고, 이스라엘 사람들은 그곳을 지나서 저 안으로 들어가서 경배를 하게 됩니다. 그런데 이 이방인의 뜰에다가 제수로 쓸 것들을 갖다 놓고 팔고 사고 한 것입니다.

안나스 일가의 독성적 행위

안나스라는 자는 총독으로부터 파면을 받았어도 여전히 실권을 쥐고 있었습니다. 그의 사위 가야바가 대제사장이 된 것은 말할 것도 없고 그의 아들 다섯이 다 대제사장 노릇을 했습니다.

대개 주전 36년경 헤롯이 이스라엘 땅을 점령해 가지고, 제가 로마에 가서 왕권을 받아서 왕이 된 그때 이래로, 즉 하스모니안 왕조의 마지막 사람을 죽여 버린 다음에는 대제사장을 제 마음대로 임명했습니다. 그리고 지배권을 가지고 있는 로마측에서도 자기들이 필요할 때는 헤롯에게서 그 임명권을 빼앗었습니다. 헤롯은 자기 당대에는 로마에게서 많은 권리를 받고 왕이라는 이름까지 듣고 있었습니다. 그는 가장 잔혹하고 탐학(貪虐)한 자임에도 불구하고 역사상 대왕이라는 잘못된 칭호까지 붙어 다닙니다. 그리고 대개 폭군들이 그러하듯 헤롯은 또한 대건축가이기도 합니다. 그는 이스라엘 사람들의 환심을 사기 위해서 인력을 마구 동원해 가지고 스타디움과 같은 굉장한 건축물을 만들어 그들에게 주기도 했습니다. 또 성전은 이스라엘 사람들에게는 특수하게 중요한 것임을 알고 성전을 중수해 주었습니다. 그랬는데 그의 자식들인 아켈라오나 안디바스나, 빌립의 때로부터는 로마 정부에서 왕이라는 이름을 그들에게 주지 않고 어스나크(ethnarch), 테트라크(tetrarch), 말하자면 영수(領首) 혹은 영주(領主)라는 이름만 주고 말았습니다. 이는 봉건 영주에 불과합니다. '너희들이 무슨 왕이라고 스스로 통치 주권을 가진 것같이 그러느냐? 이젠 그런 표시를 할 것 없다' 한 것입니다. 이럴 때는 로마 총독이 권력을 휘둘렀습니다.

전에 예수님이 탄생하신 직후 호적을 하라고 했을 때의 수리아의 총독은 키리노였습니다. 이 키리노, 즉 구레뇨가 7년에 안나스를 대제사장으로 임명했습니다. 이즈음 유대 땅에는 헤롯의 큰아들 아켈라오가 영주로 있다가 잘못되어 가지고 고올 지방으로 유배를 당했습니다. 로마 황제가 귀양을 보낸 것입니다. 예수님의 그 므나의 비유에 나오는 것같이 자기가 왕이 됐으면 좋겠다고 생각해서 왕호를 달라고 로마로 신청을 하러 갔는데, 그 휘하에 있던 백성들이 등장(等狀)을 한 것입니다. 백성들이 등장을 가서 '우리는 이 사람이 왕되는 것을 원치 않습니다'고 한 것입니다. 예수님은 므나 비유를 이러한 역사적 사실을 가지고 만드신 것 같습니다. 이를 들은 로마 황제가 그것을 사실(査實)을 하라고 해서 다시 자세히 알아보고는 국민들의 진정이 옳다고 승인하고 아켈라오를 유배 보내 버렸습니다. 그렇게 하고 난 다음에는 유대 지방만은 황제가 임명한 군정 총독이 직접 와서 다스리게 됐습니다. 원로원이 정식으로 구역을 정해서 임명한 총독이 아니라 황제가 그냥 임명한 총독입니다. 이렇게 해서 유대의 총독으로 그라투스라는 사람이 오게 되었는데 그가 오자마자 안나스를 대제사장직에서 면직시킨 것입니다. 그리고는 주후 18년에 안나스의 사위 가야바를 대제사장으로 임명했습니다. 새 총독이 돈을 벌기 위해서 그렇게 한 것입니다. 안나스는 아마 이 일을 자기 사위 가야바와 의논한 듯합니다. 왜냐하면 항상 그 둘이 함께 다니면서 의논을 했기 때문입니다. 마지막에 예수님을 살해하는 음모도 그 둘이 같이 하고 돌아다녔습니다. 예수님이 잡히셨을 때 처음에 안나스의 집으로 갔어요. 안나스에게로 갔다가 가야바 있는 데로 갔다가 다시 빌라도에게 가서 거기서 골고다로 가신 것입니다. 그러니까 안나스는 이렇게 돈을 많이 들여서 대제사장직을 산 것입니다.

이 시대에는 아론의 남계 자손이고 뭐고 따지지 않았습니다. 하나님이 내신 법이나 전통적으로 가지고 있는 법을 존중하는 것이 아니라 돈을 가지고 다 이러고저러고 한 것입니다. 안나스란 이 자는 아주 큰 세력을 가지고 돈을 많이 들여서 대제사장권을 샀습니다. 대제사장직을 사서 자기나 아니면 자기 자식들이 다 돌아가면서 하도록 했습니다. 그렇게 하면서 성전에서 제수를 팔았던 것입니다.

원래 감람산 안에 네 군데 시장(市場)이 있어서 유월절과 같은 절기 때에는 거기에 가서 제물들을 살 수 있게 되어 있었습니다. 그런데 안나스 일당이 돈을 벌려니까 어떤 기간을 정해 놓고 그 기간 동안에는 '감람산에 있는 시장이 아니라, 여기 성전에 와서 제물을 사라. 이 물건이 아니면 제물로 허가를 해줄는지 그것은 검사해 보아야 알겠다'고 하면서 까탈을 붙여 가지고 사람들로 하여금 싸디싼 것을 비싸게 사게 만들었던 것입니다. 예컨대 비둘기 하나 사는데, 시장에서는 불과 몇 십전이면 살 수 있는 것을 4달라나 주고 사게 만들었습니다. 폭리도 이만저만한 폭리가 아닙니다. 그러나 백성들은 울며 겨자 먹기로 그것을 살 수밖에 없었습니다. 그것이 아니면 제사장들이 용인을 않고 받아 주지를 않으니 어쩔 수가 없었습니다. 그렇게 악을 행했던 것입니다. 그래서 백성들이 돌아다니면서 안나스 일가를 저주하는 말까지 하게 됐던 것입니다.

첫번째 성전 숙정

우리는 이와 같은 부조리와 암매가 이미 거기에 있었다는 것을 기억하면서 오늘의 문제를 생각해야 합니다. 이번에 두번째로 주께서 성전을 숙청하시는 데에는 첫번째 사건과는 훨씬 다른 의미가 있습니다.

제1차 숙전(肅殿) 때에 이방인의 뜰에서 이와 같은 매매를 하는 것을 보셨을 때, 예수께서 노끈으로 채찍을 만드사 내쫓으셨다는 기록이 분명히 있습니다. "유대인의 유월절이 가까운지라. 예수께서 예루살렘으로 올라가셨더니 성전 안에서 소와 양과 비둘기 파는 사람들과 돈 바꾸는 사람들의 앉은 것을 보시고 노끈으로 채찍을 만드사 양이나 소를 다 성전에서 내쫓으시고 돈 바꾸는 사람들의 돈을 쏟으시며 상을 엎으시고 또 비둘기 파는 사람들에게 이르시되 이것을 여기서 가져가라 내 아버지의 집으로 장사하는 집을 만들지 말라 하시니 제자들이 성경 말씀에 주의 전을 사모하는 열심이 나를 삼키리라 한 것을 기억하더라"(요 2:13-17). 이에 유대인들이 예수께 항의를 합니다.

"네가 이런 일을 행하니 무슨 표적을 우리에게 보이겠느냐?" 당신이 무슨 희한하고 신비한 사실로 이렇게 할 수 있는 권위를 증명하겠느냐고 한 것입니다.

"예수께서 대답하시기를 너희가 이 성전을 헐라 그러면 내가 사흘 동안에 일으키리라."

"유대인들이 가로되 이 성전을 46년 동안에 지었거늘 네가 3일 만에 일으키겠느뇨 하더라."

"그러나 예수께서는 성전 된 자기의 육체를 가리켜 말씀하신 것이라. 죽은 자 가운데서 살아나신 후에야 제자들이 이 말씀하신 것을 기억하고 성경과 및 예수의 하신 말씀을 믿더라."

그러나 나중에 보면 유대인들이 예수님을 가야바 앞에서 심문할 때에도 이것을 하나의 조건으로 내세웠습니다. 아무튼 이것이 첫번째 숙정에 대한 요한복음의 기록인데, 오늘의 기록과 다른 것은 그때는 노끈으로 채찍을 만들어서 소나 양이나 비둘기 파는 사람에게까지라도 시위를 하신 것입니다. 소나 양 같은 것을 채찍으로 때렸든지 혹은 채찍을 휘둘러서 그것을 무서워하게 하여 성전에서 나가게 만들었든지 하신 것입니다. 그리고 비둘기 파는 사람들에게는 가지고 나가도록 명령하셨고, 돈 바꾸는 사람들에게는 그들의 돈을 쏟고 상을 엎으셨습니다. 그리고는 "내 아버지의 집으로 장사하는 집을 만들지 말라" 하는 비교적 부드러운 말씀을 하셨습니다. 이는 강한 비판은 아닙니다. 그저 있는 그대로, 이곳을 그렇게 시장같이 쓰지 말아라 하는 뜻입니다.

두번째 숙정

그러나 이번에는 첫번째와 같은 채찍에 대한 기록이 없습니다. 채찍을 가지고 짐승을 내몰았다든지 하는 일이 있었더면, 세 기자 중 한 사람이라도 그것을 썼음직한데, 공관복음 기자 셋이 일체로 채찍에 관한 언급을 하지 않았습니다. 또 여기서는 장사하는 사람들뿐 아니라 그것을 사는 사람들까지 내몰아 버렸다고 했습니다. "예수께서 성전 안에 들어가사 성전 안에서 매매하는 자들을 다 내어쫓으시며"(막 11 : 15). 그리고 비둘기 파는 사람이 비둘기 상자(crate)를 갖다 놓은 벤치 같은 것이 있었는데, 그 벤치 같은 의자를 다 둘러엎으셨다 그말이오. 그러고서는 또 돈 바꾸는 사람들의 상을 둘러엎으시고 무슨 말씀을 하셨습니다. 제1차 숙전 때에는 "내 아버지의 집으로 장사하는 집을 만들지 말라"(요 2 : 16)고 해서 비교적 온건한 비판을 하셨습니다. 강한 비판이 아니고 그저 있는 그대로, 여기를 시장같이 쓰지 말아라 하는 이야기를 하신 것입니다. 그러나 이번 두번째에는 이사야에 있는 말씀(56 : 7)을 인용하여 가르쳐 이르시기를 "기록된 바 내 집은 만민의 기도하는 집이라 칭함을 얻으리라 하지 않았느냐" 하시고 다시 예레미야 7 : 11을 인용하셔서, "너희는 이 내 집을 강도의 굴혈을 만들었도다"고 하셨습니다. 전에는 "내 아버지의 집을 장사하는 집으로 만들지 말라"고 하셨는데, 이번에는 "내 집은 만민이 기도하는 집이라고 성경이 가르치지 않았느냐? 그러한 내 집을 너희들이 강도의 굴혈을 만들고 있도다"고 하신 것입니다. 아주 엄격하고 무서운 말씀을 하신 것입니다.

성전의 의의

이러한 대조에 의해서 두번째 성전 숙정의 의미를 생각하겠습니다. 성전은 거룩한 곳입니다. 거기는 하나님께서 거하시는 것을 보이는 곳입니다. 오늘 아침에 우리가 읽은 시편에서도 이런 말씀을 했습니다. "여호와께서 그 성전에 계시니 여호와의 보좌는 하늘에 있으며 그 눈이 인생을 통촉하시고 그 안목이 저희를 감찰하시도다"(11 : 4). 물론 이 시편에서는 하늘에 있는 거룩한 하나님의 궁성을 말합니다. 그러면 땅 위의 성전은 무엇이냐 하면, 여호와께서 거하신다는 것을 땅 위의 사람들에게 현상으로써 보고 알게 하는 것입니다. 땅 위의 성전은 그러한 계시의 한 사실입니다. 그러한 까닭에 옛날 이스라엘의 광야 시대의 성막 이래로 이스라엘 나라가 바벨론에 잡혀 갈 때까지 그 성막을 대표했던 성전 위에 쉐키나 구름이 영광으로 친히 나타났고, 대제사장이 일 년에 한 번 들어가는 시은좌, 즉 속죄소에는 빛이 들어올 아무 문이나 창이 없지만 그 위에 하나님의 영광이 찬란히 비취었습니다. 그런고로 이와같이 땅 위에서의 성전은, 여호와께서 그 백성과 함께 계신다는 것을 명확하게 가르쳐 주시는 계시의 사실입니다. 그런즉 그것은 또한 믿어야 할 중요한 내용인 것입니다. '여호와께서 나와 같이 계시다'는 중대한 믿음의 내용을 나타낼 거룩한 곳입니다. 성전 경내 어디가 됐든지 다 거룩합니다. 놋으로 만든 제단은 성전집 안에 있지 않고, 집 문 앞에 있어서 거기서 제사를 드리게 됐거든요. 그러니까 성전의 뜰 전부가 다 거룩한 곳입니다.

거룩한 것을 범하는 죄에 대한 면역성

그런데 이와같이 거룩한 성전을 지금 사람들이 욕되게 하고 더럽히는 일을 하고 있는 것입니다. 거기서 제일 큰 문제는 그들이 지금 거룩한 것을 범하고 더럽히는 죄를 짓고 있으면서도 그에 대해 아무런 감각이 없다는 사실입니다. 거룩한 것을 범하고 있다는 감각조차 없이 거기에 면역이 되어 있는 것입니다. 그들은 짐승과 같이 암매한 가운데 이런 짓을 계속하고 있습니다. 하나님은 아무렇게 대접해도 상관없다는 소홀한 생각입니다. 이스라엘 백성이 이런 죄악에 빠져 있습니다.

왜 이러한 현상이 생긴 것인가? 그들은 사람에게는 예의도 지키고 경우도 지키며 약속도 지키려고 하면서, 하나님 앞에 자기들이 정해 놓고 해야 할 의무로 받은 것은 지키지 않는 것입니다. 하나님 앞에서 지킬 의무라면 그것은 신성한 약속인데 그것을 소홀히 하고 지키지 않는 생활을 해온 것입니다. 또 "서약한 것은 손해를 볼지라도 지키는 자로다"(시 15 : 4)고 했는데 그들은 개인적인 사정이 생기면 신성한 의무조차 어겨 버리고 말았습니다. "악한 일에 징벌이 속히 실행되지 않으므로 인생들이 악을 행하기에 마음이 담대하도다"(전 8 : 11) 하신 말씀대로 그런 짓을 담대하게 행했습니다. 이 백성의 상태는 그런 것이 쌓이고 쌓여 있는 상태입니다. 그래서 거룩한 곳, 성전을 조금씩조금씩 잠식(蠶食)해 들어가서 나중에는 그릇이나 다른 물건을 들고 성전 안을 마구 지나다니게까지 된 것입니다. 그래서 마가복음을 보면 예수께서, "아무나 기구를 가지고 성전 안으로 지나다님을 허치 아니하셨다"(11 : 16)고 했습니다. 즉 '어떤 것이든지 가지고 성전 안으로 지나다니지 말아라. 여기는 너희들이 지나다니는 통로가 아니다. 여기는 하나님을 경배하기 위한 곳이지, 사람들이 자기 편의를 위해서 지나가는 곳이 아니다'고 하신 것입니다.

오늘날에도 교회라는 곳을 지나가는 곳으로 생각하고, 그렇지 않으면 천당 가는 정거장같이 생각하고 사는 사람들이 많습니다. 또 자기가 교회를 통해 비익을 보면 좋고 못 보면 그냥 지나치는 곳으로 여기고 다닙니다. 이런 정도의 생각으로 적당하게 자기 교회로 삼아 두면 나중에 일단 유사할 때 이용할 수 있다는 생각을 합니다. 신성한 것에 대해 무감각한 채로 담대하게 악을 행했던 옛날의 그 사람들이나 오늘날의 이런 사람들이나 하나님의 그 거룩한 일에 대해서 소홀히 생각하고 하나님을 홀대하는 데에는 다를 바가 없습니다.

그러면서도 유대인들은 자기들의 종교는 또 별스럽게 지켜서 예수님을 보고 왜 안식일을 안 지키느냐, 왜 밥 먹을 때 손을 안 씻느냐 한 것입니다. 자기네가 만들어 놓은 번문 욕례(繁文縟禮)를 안

지킨다고 탓을 한 것입니다. 이런 현실에서 우리가 무엇을 보느냐 하면 자기네의 종교만을 제일로 알고 밀고 나가지 하나님이 요구하시는 바 "내가 거룩하니 너희도 거룩하라"(벧전 1 : 16)는 것에 대해서는 아무 감각이 없다는 것입니다. 이렇게 그 사회가 이성 없는 짐승의 무리와 같이 타락해 나아간 까닭에 그 사회 안에 안나스나 가야바와 같은 일당도 생겨난 것이고, 그런 제도도 거기에 발붙이게 된 것입니다.

사탄의 흉계

그러나 인간의 이러한 타락보다 더 무서운 것은 사실상 사탄의 흉계입니다. 창세기 3 : 15에 "그 뱀이 이 여인의 후손의 발꿈치를 상하게 하리라" 하신 말씀 이후로 사탄은 역사 위에서 할 수만 있으면 사람들을 도구로 이용해서 만민을 구속하실 구속주가 나타날 그 길을 막고자 했습니다. 가령 가인과 아벨 둘이 있을 때도 사탄은 그 구속주가 아벨의 계통에서 나올 것으로 알고, 아벨에게서 그런 이가 나오면 안 되겠다고 해서 가인을 사주하여 아벨을 죽이게 만들었습니다. 이후 심지어 예수님이 나신 때에도 헤롯과 같이 마음이 악하여 악마와 흑암이 가득한 자가, 얼마 안 있으면 자신이 죽을 것도 모르고 단순히 자기 지위를 미리 걱정해서 두 살 이하의 어린아이들을 다 죽이는 짓을 저질렀습니다. 이렇게 사탄은 어떻게 해서든지 예수님을 죽이려고 했습니다. 우리는 예수님의 공생애 중 일찍부터 예수님을 죽이려고 하는 살인의 의욕을 가진 사람들이 있었다는 것을 이미 배웠습니다.

악의 반복

예수님께서 성전을 정결케 하심으로 공생애를 시작하셨는데 만 3년 후에 다시 성전을 정결케 하지 않으면 아니 되는, 도로아미타불이라고 할 상태의 악이 반복되고 있다는 것을 여기서 보이고 있습니다. 이스라엘 사람들의 지배 계급 혹은 지도 계급의 완악성이 여기에 보입니다. 주님이 첫번째 성전을 정결케 하실 때는 그들의 양심에 각성을 일으키시려고, 두고 보시는 뜻에서 채찍을 들고 계셨습니다. 그때 예수님이 가지고 계신 채찍은 폭력 행사를 위한 것이 아니라, '하나님의 신성한 권위는 너희들에게 회개를 촉구하고, 회개하라는 경고를 내린다. 이 경고를 무시하는 날에는 마지막에 이 채찍이 멸망으로 너희에게 임할 것이다' 하는 것을 표시했습니다.

그러나 이번에는 그런 것이 필요 없습니다. 왜냐하면 앞으로 무서운 현실이 발생할 것이기 때문입니다. 바로 전날 예수님이 호산나 찬양 소리에 싸여서 예루살렘으로 오셨습니다. 그렇지만 예루살렘으로 가까이 오사 성을 보시고 우시면서 이제 불과 한 세대 이내에 이 성에 이를 하나님의 진노와 무서운 멸망을 말씀하셨습니다. "너도 오늘날 평화에 관한 일을 알았더면 좋을 뻔하였거니와 지금 네 눈에 숨기웠도다. 날이 이를지라 네 원수들이 토성을 쌓고 너를 둘러 사면으로 가두고 또 너와 및 그 가운데 있는 네 자식들을 땅에 메어치며 돌 하나도 돌 위에 첩놓이지 아니하리니 이는 권고받는 날을 네가 알지 못함을 인함이니라"(눅 19 : 42-44). 그런 처절한 운명이 있을 것이므로 이제 다시 채찍을 뵈시면서 그런 운명에 대해서 경고하실 필요가 없습니다. 그들의 완미(頑迷)를 이미 보신 까닭에 다시 더 어떻게 할 수가 없다고 하신 것입니다. 다만 당신의 거룩한 몸을 나타내는 성전을 더럽게 하는 것만은 가만히 두고 보시지 않고, '아니다. 성전은 항상 깨끗이 해라' 하고 후세를 위한 큰 계시를 여기서 나타내시는 것입니다.

하나님이 죄를 책망하시는 법칙

예수님은 3년을 기다리신 것인데, 이것은 하나님이 사람의 죄를 책망하시는 거룩한 법칙의 한 가지입니다. 먼저 책망을 하시고 그 사람이 회개할 수 있는 기회를 주시는 것입니다. 얼마 동안을 두고 보시고 기다리시는 것입니다. 그러나 지금 예수님이 십자가에 달리시기 나흘 전에 재차 숙정하실 때는 크고 무서운 말씀을 하셨습니다. "내 집은 기도하는 집이라고 칭했는데도 불구하고 너희는 그것도 생각지 않고 강도의 굴혈을 만들었구나. 예언자가 말한 그대로 너희는 강도의 굴혈을 만들지 않았느냐."

이것은 앞으로 불과 40년 후, 주후 70년에 임할 대심판, 하나님의 큰 진노를 보시면서 하시는 말씀입니다. 3년 전에 처음 숙정하실 때에는 주께서 손에 매를 드시사 그 질책의 권위를 보이시며 그 권능을 예시하셨습니다. 그리하여 '만일 복종치 아니하고 끝까지 완고하면 이 매가 너희 위에 형벌로 임할 것이다. 그런고로 너희는 회개하라' 하고 회개를 촉구하셨습니다. 예수님은 당신 자신이 3년 후에 하늘로 승천하실 것을 아신 까닭에, 이 사람들에 대해 기대를 가지시고 매로써 시위하시고 질책하시고 경고를 하신 것입니다. '아직은 내가 너희들에게 완전히 절망하지 않는다. 3년의 기간이 있다. 그런고로 이 경고를 들어라. 그렇지 아니하면 너희들은 징벌을 면치 못할 것이다. 이 매를 보아라. 회개치 아니하면 멸망을 면치 못한다.'

그런데 이번에 재차 숙청하시는 손에는 채찍을 드신 일이 없습니다. 이제는 '너희들이 앞으로도 불복종할 것 같으면, 회개치 아니하면 징벌을 받을 것이다'고 경고하실 여유가 없습니다. 벌써 그들의 운명이 결정되어 있기 때문입니다. 그래서 바로 그 전날 예루살렘을 보시고 우셨습니다. 오히려 '이 신성한 곳을 모독하고 짓밟고 또 너희의 악한 계교만을 성취하기 위해서 성전을 너희 소굴로 삼아 강도질을 하고 있으니 그것을 내가 어떻게 하랴' 하신 것입니다. 강도는 절도 따위와는 달라서 상대를 폭력으로 해하거나 죽이거나 해서 그가 가진 것을 빼앗아 제 것을 삼는 가장 괴악한 악한(惡漢)입니다. 강도는 온언순사(溫言順辭)로는 다스리지 못합니다. 맹수와 같이 포악하게 날뛰는 대상은, 오직 제 힘만을 믿고 어떤 악한 짓이라도 감행하는 암매와 포악에 가득 찬 자는, 더 크고 두려운 힘으로 쳐서 멸하고 정의를 드러내야만 합니다. 이것이 하나님의 심판입니다. 그런고로 채찍 정도로는 안 됩니다. 단순한 징계 정도가 아니라 무서운 힘에 의한 형벌이 필요합니다. 여호와의 성전을 강도의 굴혈로 만든 자들에게는 이러한 무서운 형벌이 임하리라고 하시는 것입니다.

주후 70년의 대참사

주께서는 재차 이 성전을 숙청하시고 그 다음날 제자들에게 그 유명한 감람산 설교를 하십니다. 감람산 설교에서는 예루살렘의 무서운 멸망을 이야기하십니다. 그것은 주후 70년의 일입니다. 먼저는 베스파시안(Vespasian)의 대군이 몰려 오고 그 다음에는 베스파시안의 아들인 티투스(Titus)가 와서 70년 봄에 예루살렘을 멸망시키고 맙니다. 그런고로 이 70년 대환난을 내다보시는 주님은, 성전까지라도 강도의 굴혈을 만든 이들의 암매와 포악이 앞으로 무엇을 받을 것인가를 계시하신 것입니다. 이 대환난이 이르기까지 그들이 평안하기만 한 것이 아닙니다. 그들은 로마에 반란을 일으키면서 계속해서 끓는 물과 같이 끓다가 마지막에 주후 70년에 망하는 것입니다. 예수님이 십자가에 돌아가신 이래 70년까지 한 세대, 약 40년간은 참으로 동요와 반란과 불안과 고통의 한 세대입니다. 그런 여러 가지 사실들이 사가(史家)들에 의해 다 밝혀졌습니다. 그때 사람들은 로마에 대항해서 사방에서 반란을 일으키고 일종의 항쟁을 했다고 합니다. 그리고 메시야가 아닌 자를 메시야라고 했다고도 합니다. 이런 일은 나중에 주후 132년에서 135년까지의 바르 코크바의 전쟁 때에도 일어납니다. 그때도 '바르 코크바가 메시야다' 하니까 많은 사람들이 그를 따라가서 참혹한 죽음을 당했습니다. 그러나 제일 참혹했던 사실은 역시 주후 70년의 대참사입니다. 로마군들은 어린아이들을 잡아 메치어 죽였습니다. 성전에다 불을 질러 가지고 금이 녹아 흐르는 것을 가져가려고 돌을 다 옮겨 버리고 떠둥그뜨려 버렸습니다. 돌 하나도 돌 위에 첩놓이지 않게 돼버렸습니다. 그런 고로 아주 필설(筆舌)에 절(絕)한 그런 고통을 당하는 것입니다. 이것이 주후 70년의 이야기입니다.

숙전의 큰 의미

주께서 그것을 명백히 보시면서 이 두번째의 숙전을 하시는 것입니다. 첫번째 숙청에서는 3년이라는 세월이 앞으로 있으니까 그동안에 그 사람들이 예수님의 말씀과 행적을 보면서, 또 예수님의 그 가르치심에 의해서 회개할 사람을 기다리는 것이지만, 이제는 회개할 사람을 기다리는 것이 아닙니다. 악마의 악계도 멱이 차서 그 죄가 관영하여 있는 처지입니다. 그럴 때 이 숙전을 하신 것입니다. 숙전의 큰 의미는 무엇이냐 하면 거룩한 것을 모독하는 사람들을 형벌한다는 것을 계시하시는 것입니다. 그 사람들은 3년 전에 주님이 성전을 정결케 하신 이래 자숙(自肅)한 것이 아니라 오히려 더 큰 완고를 보였습니다. 이제 3년이 된 때 주님의 십자가 사건 나흘 전에 주께서는 또 한 번 성전을 숙청하셨는데, 이는 말하자면 그 사람들의 멸망에 대한 선언이요 또 후세에 대한 거룩한 계시입니다. 저들의 멸망을 미리 알고 계신 주께서 이제 두번째의 숙청을 하심으로써, '이제는 할 수 없지 않으냐? 너희의 완고는 역사적으로 흘러왔다. 그것은 다름 아닌 이스라엘 전민중과 그 사회가 가지고 있는 인간 종교적인 완고다'고 하신 것입니다.

성전을 한 번이나 두 번 깨끗하게 한다는 그것이 의미가 있는 것이 아니라, 거룩한 것을 모독한 이런 사실 앞에 서 계시는 주님이 그들에게 어떤 계시를 분명히 보이시는가 하는 것이 중요합니다. 거룩한 것을 모독하는 것도 물론 큰 죄지만, 이런 암흑에 처해 있는 그 당시의 유대인의 사회, 하나님의 교회라고 자칭하고 있는 그 사회, 그들의 그 역사적인 행보, 그 암흑의 역사, 이러한 비탄스러운 현실이 더 큰 문제였습니다. 주께서는 그러한 유대인의 비통한 역사, 그 암흑의 정면에 서 계시사 그 어두운 세력을 파쇄하고 진정한 메시야 왕국을 백성에게 주시려고 하는 터입니다. 이 커다란 진실을 전 히브리 사회, 또 그들의 역사 앞에 실력으로 현시하고 선언하시려고 이 절기에 성전에서 중인 환시리(衆人環視裡)에 이 성전을 숙정하신 것입니다. 그것은 그때 가장 유효한 계시의 방법이었습니다. 성전을 더럽히고 거룩한 것을 더럽히면서도 그것을 모르는 이 암매한 유대의 지도자들은 3년 동안 주님의 그 여러 가지 행적을 보면서도 반성치 못하고 자신들의 완고와 회개치 않음을 표시하였습니다. 먼저 성전을 더럽히는 사실에서 그런 것이 나타나는데, 주님은 그것을 보시고 그런 것에 대해서 어떻게 하시는가를 보여 주시는 것입니다. '그런 것도 가만히 두어둘 줄 아는가' 하고.

회개를 촉구할 여지도 없는 상태

이스라엘 민족이 암매하여 그 죄가 쌓이고 쌓여서 이제는 하나님을 반역하는 일이 멱에 찼습니다. 죄가 관영해서 회개를 촉구할 여지도 없는 터입니다. 그것을 다 아시고 예수께서는 거기에 서 계신 당신을 보여 주시는 것입니다. 또한 성전을 정결케 하심으로써 백성의 지도자들의 어리석음을 지적하신 것입니다. 이 백성의 인도자들이 지금까지 여러 가지 모양으로 하나님의 그 거룩한 것들을 존중한 것보다는 사실상 모욕하고 더럽히는 일이 많았는데도 그것을 깨닫지 못하는 그 무지와 암매, 암우(暗愚)를 지적하신 것입니다. 그동안 우리는 이런 무지와 암우를 이스라엘 백성의 사회에서 보아 왔습니다. 안나스와 가야바를 그대로 용인하고 그들과 같이 그냥 높은 자리를 차지하고 있는 공회 의원들과 전 민중을 지도하고 있는 바리새인들과 서기관들, 이들이 다 같이 어떤 특권을 나누어 가지고 살고 있는데, 그들은 그런 사회 구조를 그대로 승인하고 그것을 개혁하려고 하지 않았습니다.

구약 교회의 개혁을 방기하다

이스라엘의 민족 사회의 개혁이라는 것은 단순히 한 민족 사회의 개혁이 아니라 구약 교회의 개혁입니다. 그런데 개혁을 하지 아니하면 안 될 교회를 그냥 두고 보고만 있는 것입니다. 교회가 개혁이 요구되는데도 그것을 하지 않고 그냥 보고만 있으면 무서운 암우가 더 강력하게 교회를 지배하는 것입니다. 이 강력한 지배에 따라 많은 사람들이 희생을 당해 가면서 그냥 살아 가고 있는 것입니다. 과거 16세기 종교 개혁 시대에도 얼마나 무서운 암매가 거기 있었던가를 생각해 보십시오. 여기 이스라엘 백성도 그러합니다. 안나스, 가야

바와 같은 그런 사람들을, 그런 불법한 대제사장들을 계속해서 누대(累代)로 배출해 가며 내려온 이 사회를 그들은 그냥 두어두고 있습니다. 그냥 두어둘 뿐만 아니라 그 사회에서 저희들도 한 자리를 해 먹었던 것입니다. 저희들만 어떻게 높은 자리를 차지해서 올라가면 된다고 생각했습니다. 현실을 승인하는 타협주의자들의 표본들이 그때의 서기관들입니다. 안나스, 가야바가 그들이 보기에도 지나친 일을 했는데 속으로 혀는 차고 욕은 할지언정 겉으로 아무 말도 않고 그냥 지냈습니다. 오히려 먼젓번에는 갈릴리에서 온 이름 없는 청년이 와서 숙정을 했고 오늘은 예수 그리스도 그분이 다시 숙정을 했습니다.

마귀의 도구로 쓰인 이스라엘의 지자들

그것은 무엇을 의미하는가? 여기서 큰 교훈을 우리가 배웁니다. 우리는, 안나스나 가야바와 같은 대제사장을 머리에 이고 그들을 그대로 용인하며 살고 있는 이스라엘 백성 대다수의 심정과 또 그 공통된 태도, 이러한 정치 현상은 그 근저로부터 개혁을 해야 할 것이라는 절실한 필요를 느낍니다. 그러나 그런 악과 부조리에 직면하고 있으면서도 지자(知者)들이나 무식한 사람이나 누구 하나 그런 것을 지적했다든지, 척결(剔抉)하고자 했다든지 하는 이야기가 없었습니다. 그런 노력이 없었습니다. 어째서 이렇게 조그마한 등명(燈明)이라도 밝혀지는 일이 없었을까? 교회가 개혁이 필요한데도 개혁의 조그마한 외침도 없고, 조그마한 등불도 없다면 결국 하나님의 진노를 면치 못합니다. 하나님이 불쌍히 여기실 때는 조그마한 빛이라도 비춰 주십니다. 더욱이 예수님의 그 의롭고 거룩한 말씀, 또 그 하신 일의 결과들, 또 지금까지의 주님의 그 생활이 거기 분명히 있어서 그것들로 사람들이 혜택을 받았는데도 그리고 그것이 빛이었는데도 그들은 그 빛이신 예수님을 죽이려고 작정을 한 것입니다.

그러면 왜 그러한가? 아까도 이야기한 것과 같이, 역사상 마귀가 어떻게든지 그 여인의 후손의 발뒤꿈치를 물려고 한다는 창세기 3 : 15의 프로토 에반겔리움(proto-evangelium), 최초의 복음적인 그 계시, 그 예언을 이루기 위해서 흑암은 점점 가까이 와서 누구를 이용할까 하다가 마귀는 이스라엘의 지자들과 이스라엘의 지도자들을 한목 이용한 것입니다. 그들은 이렇게 마귀의 손안에 잡혀서 암흑의 사회 속에서 악을 용인하면서 오히려 예수를 죽이는 데 가담한 것입니다. '바리새인, 서기관, 제사장 즉 사두개 무리들'이라고 언제든지 그렇게 나와 있지 않습니까? 그러면 그들이 이렇게 지극히 악한 일에 가담을 하게까지 되는 것은, 그만큼 그 사회가 그럴 수 있는 악의 위치로 타락해 내려갔다는 것을 의미합니다. 또 역으로 말해서 타락해 내려가고 있는 그 사회를 가만 놔 두고 보면 결국 거기서는 더 무서운 악이 발생한다는 것입니다. 이렇게 그 사회가 악을 품고 있을 때에는 그 사회에 '무엇이 빛이다' 하는 것을 하나님께서 가르쳐 주십니다. 그 큰 계시를 성전을 숙정하시는 예수님의 엄연하신 자태 가운데서 우리가 봅니다.

이스라엘 사람들이, 하나님께서 그의 백성과 함께 계심을 상징하고 혹은 그 사실을 믿고 의지하게 해주시는 큰 계시의 사실로 보인 바 성전을 더럽힘같이, 오늘날도 주님의 교회를 더럽히면서도 제가 복 받고 잘살려고 하는 그 공리 종교를 위해서는 교회의 형식이 어떻게 뒤집어져도, 어떻게 이상하게 나가도 상관없다고 생각하는 사람들이 있습니다. 표준이 있는데도 그것을 알아보지도 않고 나아갑니다. 마치 옛날 개혁 시대에 카톨릭이, 표준이 되는 하나님의 말씀은 가두어 두고 그 대신 교회에서 정한 것을 맹종하고 나갔듯이 그렇게 나아가고 있습니다. 성결과 오예(汚穢)를 분별하지 못하고 종교로 자기의 이익과 행복만을 추구할 수 있으면 그만이라고 하면서 현실을 유지하고 나아갑니다. 예수님 당시에는 소위 인텔리겐치아라는 바리새인과 서기관들이 다 그런 일에 가담해 버렸던 것입니다. 그런즉 이들이 바로 사이비 선민(選民)입니다. 그러면 오늘날의 교회에 대해서는 주께서 무엇이라고 하실 것인가? 이것이 두번째의 성전 숙전이 오늘날 우리에게 주는 큰 교훈입니다.

기 도

거룩하신 주님이여, 저희가 주께서 내리신 거룩한 교훈과 경고를 늘 받고 살면서도 생활 가운데서 부지불식간에 거룩한 것을 속되게 하고 욕되게 하면서 그것을 모르고 나아가다가 마침내 거기에 면역이 생기고 그래서 아무런 감각이 없게 되고, 마침내 이성이 없는 짐승과 같이 그냥 돌진하고 나아가다가 주님의 무서운 진노와 징계 가운데 빠져 들어간다는 이런 큰 법칙을 여기서 또한 저희가 배웠사옵니다. 주께서 저희들 자신을 깨우쳐 주셔서 항상 주님 앞에 근실히 살고 이 세대에서 저희를 택하신 그 거룩한 뜻이 무엇인가를 알아서 그냥 취생 몽사(醉生夢死)하는 생활을 하지 않게 하시고, 저희가 주를 믿는 자로 시대의 악한 것과 또한 종교의 이름을 가지고 공리주의적인 자기 행복 추구와 흑암 가운데서 헤어나지 못하는 이 암매 속에서 벗어나, 주님의 바른 말씀의 도리를 전파하고 깨우치며 빛을 비추고 살아 가야 할 거룩한 사명을 충성스럽게 감당할 수 있는 자가 되게 하시고, 그런 특권을 받은 사명자로 불러 주신 주님의 크신 은혜를 만만 감사하면서 거룩히 살아 가게 하옵소서.

구주 예수 그리스도의 이름으로 기도하옵나이다. 아멘.

第 91 講
무화과나무를 저주하심

이른 아침에 성으로 들어오실 때에 시장하신지라 길가에서 한 무화과나무를 보시고 그리로 가사 잎사귀밖에 아무것도 얻지 못하시고 나무에게 이르시되 이제부터 영원토록 네게 열매가 맺지 못하리라 하시니 무화과나무가 곧 마른지라 제자들이 보고 이상히 여겨 가로되 무화과나무가 어찌하여 곧 말랐나이까 예수께서 대답하여 가라사대 내가 진실로 너희에게 이르노니 만일 너희가 믿음이 있고 의심치 아니하면 이 무화과나무에게 된 이런 일만 할 뿐 아니라 이 산더러 들려 바다에 던지우라 하여도 될 것이요 너희가 기도할 때에 무엇이든지 믿고 구하는 것은 다 받으리라 하시니라 (마 21:18-22)

제 91 강

무화과나무를 저주하심

마 21 : 18-22

예수님의 행적을 계속 말씀드리겠습니다. 지금 이때는 유월절이 눈앞에 다가와 있는 때입니다. 사도 요한이 쓰던 달력에 따라서 해석하면 주후 30년의 유월절은 양력으로 4월 5일입니다. 그런고로 유월절이 금요일이라면 그 앞의 월요일은 4월 1일이 됩니다. 성력(聖曆)으로 치면 유월절이 니산 월 14일이니까 월요일이라면 10일쯤 됩니다.

여러분이 이미 아시는 바와 같이 우리 주님은 월요일 아침 일찌감치 머무시던 베다니에서 제자들을 데리고 나오셔서 예루살렘을 향하여 길을 떠나셨습니다. 그런데 길을 가시는 도중 시장하신 까닭에 마침 멀리 길가에 서 있는 무화과나무 하나를 쳐다보셨습니다. 그 무화과나무는 잎이 무성하게 난 까닭에 먹을 만한 열매가 열려 있을 것으로 보인 것입니다. 그러나 지금 이때가 아직 무화과 때는 아닙니다.

사건이 일어난 순서

무화과나무를 보신 주님은 혹시 잡수실 것이 있을까 하여 가까이 가셨습니다. 열매가 있는가 하여 가까이 가서 자세히 바라보셨으나 열매가 하나도 없었습니다. 말하자면 열매를 하나도 가지지 아니한 무화과나무였습니다. 그렇게 생겼으면 주님의 평소의 성격대로 하신다면 그런가 보다 하고 그대로 지나치실 수도 있는 일이었습니다. 상한 갈대도 꺾지 아니하시고 꺼져가는 심지도 끄지 아니하시는 심정으로 보신다면 무화과나무가 그렇게 생겼다고 일일이 탄하실 것이 없습니다. 또 무화과나무는 도덕적인 책임을 질 수 없는 일개의 나무에 불과합니다. 그렇다면 나무에게 무슨 잘못된 것이 하나도 없는 것입니다. 나무에 어떤 사건이 일어났던지 해서 열매를 못 맺은 것일 뿐입니다. 사정이 그렇고, 주님이 평소에 하시는 일과 경향으로 보아서도 그렇게 생겼으면 당초에 본체만체하실 텐데 그것을 보시고는 오늘 우리가 읽은 말씀대로 보면 베드로가 표현하기를 '저주를 하셨다'고 했습니다(막 11 : 21). "나무에게 이르시되 이제부터 영원토록 네게 열매가 맺지 못하리라 하시니 무화과나무가 곧 마르니라." 월요일 아침에 일어난 사건은 그것입니다.

그 다음, 월요일에 현저하게 볼 만한 일은 성전에서 일어난 일입니다. 예수께서는 이 일이 있은 후 예루살렘 성전에 들어가셔서, 성전에서 사고 팔고 하는 사람들과 짐승들을 다 몰아내어 성전을 깨끗게 하셨습니다. 이것이 성전을 두번째로 숙정하신 일이올시다. 거기에는 어떤 예언적인 의미가 늘 붙어 다니고 있습니다. 그리고 그날이 저물어서 베다니로 다시 돌아오셔서 어디에서 평안히 유하셨는가 그렇지 않으면 야외에서 밤을 새우시면서 기도를 하셨는가 그것은 우리가 잘 알 수 없습니다. 화요일 아침에 다시 그 길을 지나가실 때 제자들이 보니 어제 "너는 다시 열매를 맺지 못하리라. 아무도 너한테서 열매를 따먹을 수가 없게 될 것이다" 하신 그 나무가 말라 있는 것이었습니다. 그런데 이상하게도 그 나무가 말라도 저 위 나무 끝에서부터 말라 내려온 것이 아니라 아래에서부터, 뿌리에서부터 말라 올라간 것입니다. 그러므로 베드로와 다른 제자들이 다 이상히 여겨서, 무화과나무가 그렇게 마른 까닭을 물었습니다. "제자들이 보고 이상히 여겨 가로되 무화과나무가 어찌하여 곧 말랐나이까?"

기록상의 차이점

마가복음은, 어저께 아침에 일찍 나오시면서 무화과나무를 저주하신 그 말씀을 제자들이 다 들었다고 기록해 놓고(11 : 14), 곧 이어서 성전을 깨끗게 하신 이야기를 기록해 놓았습니다. 그리고 성전을 깨끗게 하신 이야기가 끝나면서 다시 무화과나무 이야기를 또 기록했습니다. 기록하는 방식이 시순적입니다. 월요일 아침 일찌감치 무화과나무를 저주하시고 성에 들어가셔서 성전을 깨끗게 하시고, 다시 베다니로 나오셨다가 화요일 아침에 또 거기를 지나가실 때 제자들이 그것을 바라보고 물은 것으로 기록한 것입니다. 그런데 오늘 우리가 읽은 마태복음에는 그 자리에서 제자들의 물음과 예수님의 대답이 있었던 것으로 기록되어 있습니다. 그러나 마태는 제목 하나를 놓고 그것이 시간적으로 24시간 이상 걸린 일일지라도 한 자리에 모아 놓고 계속해서 발생한 것같이 기록했기 때문에 이렇게 나타난 것입니다. 그는 중간에 발생한 사실을 사이에다 삽입해 넣지를 아니했습니다. 이렇게 마태복음의 기록은 항상 제목과 주제를 중심으로 해서 적었습니다. 어떤 제목을 내놓고 그 제목에 합당한 것들을 여기저기서 모아 기록해 놓은 것입니다. 그러나 마가복음은 어느 때는 이렇게 시간을 잘 따져서 역사적으로 기록해 놓았습니다. 시간을 회억해 가면서 그 다음에 무슨 일이 생기고 그 다음에 무슨 일이 생겼다는 식으로 기록한 것입니다. 마태는 자기가 친히 듣고 보고 한 것을 뽑아서 정돈해 놓고 어떤 제목하에 그것들을 나열해 가면서 기록한 것입니다. 한편 마가는 주로 베드로에게서 모든 이야기를 들었을 터인데, 베드로가 과거를 회상해 가면서 이야기하는 여러 가지 것들을 시순적으로 정돈을 해본 것입니다. 그래야 가장 착오가 없겠기에 그렇게 한 것입니다. 마가는 자기 마음대로 어떤 제목 아래 들은 것을 가지고 자기 마음대로 유추(類推)해 넣는 일을 하지 아니한 것입니다. 그래서 마가는 성전을 깨끗게 하신 이야기를 끝내고 다시 20절부터 "저희가 아침에 지나갈 때 무화과나무가 뿌리로부터 마른 것을 보고 베드로가 생각이 나서 여짜오되 랍비여 보소서 저주하신 무화과나무가 말랐나이다" 하는 말을 기록한 것입니다.

왜 무화과나무를 저주하셨는가

이제 우리가 생각할 문제는 이 무화과나무를 무슨 목적으로 저주하셨는가 하는 것입니다. 예수님이 무릇 하시는 일은 기적이든지 그 여타의 일이든지 명확한 목적이 있고 이유가 있습니다. 가령 죽은 사람을 살리셨다든지 병든 자를 고치셨다든지 풍랑을 잔잔케 하셨다든지 할 때는 거기에 현실적인 직접적인 목적이 있었습니다. 제자들도 그런 일을 보고는 왜 그렇게 하십니까? 무엇 때문에 그렇게 하십니까 하고 묻지 않았습니다. 물을 아무런 이유가 없었습니다. 병든 사람을 낫워서 성한 사람이 되게 하는 데 다른 이유가 있을 수 없습니다. 풍랑을 잔잔케 한 것도 자기들이 죽게 되어 부르짖으니까 잔잔케 해주신 것입니다. 가령 바다 위로 걸어 오신 것도, 한적한 황무지에서 기도하시고 바닷가로 오셨지만 배는 벌써 떠나서 바다 가운데 있고 밤중에 다른 배는 없고 하니까 가까이 오시려고 그렇게 물 위로 오신 것입니다. 기적이라 할지라도 모두 다 그 이유를 금방 알 수 있었습니다.

그런데 오직 이 무화과나무의 문제에 이르러서는 그렇지가 않았습니다. 그래서 제자들은 '대체 무엇 때문에 이 무화과나무를 저주하셨는가' 하고 궁금하게 여겼습니다. 평소 주님의 성격이나 하시는 일의 경향을 짐작해 봐도 이번만은 의외의 일을 하신 것입니다. 그 무화과나무 자체가 무엇을 잘못해서 열매를 못 맺은 것은 아닙니다. 더군다나 나무는 도덕적인 책임을 질 만한 능력이 있는 존재가 아닙니다. 그런데 마치 무화과나무에게 잘못이나 있는 것처럼 주님은 분노를 하시며 그것을 저주하시고 그 저주에 따라서 나무는 바짝 말라버리고, 예수님은 지나가셨습니다. 무슨 이유에서 그렇게 하셨는지 제자들로서는 그 이유를 알 수가 없었습니다.

주님이 하시는 모든 것은 하나님의 계시

이 일을 생각하기 전에 우리가 간단하나마 먼저 마음에 둘 것은 예수께서는 늘 거룩하신 하나님 나라의 도리와 하나님의 경륜의 내용을 계시하는 생활을 해나가신다는 것입니다. 주님이 하시는 모든 일은 그것이 기적이 됐든지 혹은 가르침이 됐든지 다 하나님 나라의 거룩한 도리를 계시해 나가시기 위한 것입니다. 그런고로 우리는 늘 하나님의 계시로서 가지는 예수님의 생활과 그 존재의 면모를 또한 잊어서는 안 됩니다. 이번 일도 결국 주께서 무엇인가를 우리에게 알게 하시는 계시의 한 가지 방법입니다. 계시는 대상이 늘 있습니다. 주께서는 그 대상들에게 어떤 인상적이고 효과적인 방법을 쓰십니다. 그러니까 그냥 말로만 일러주시는 것이 아니라, 어떤 특별한 사실 하나를 예시하시면서 '보아라. 이것처럼 이렇게 된다'고 하시는 것입니다. 아주 중요한 예시로써 보이신 것입니다. '이런 원칙이 적용될 때 이런 것은 이렇게 된다. 만일 너희에게 이것이 적용된다면 어떻게 되겠는가' 하는 것을 우리가 추리하고 깨달을 수 있게 만들어 주시는 것입니다. 오늘의 이 사실, 무화과나무가 뿌리부터 마른 이것이 아주 크고 희한한 기적인데 이 기적을 그 당시에 현저하게 본 사람들은 제자들입니다. 다른 사람들도 이 기적을 보았는지 안 보았는지 여기의 기록상으로는 알 수 없고, 또 혹시 사람들이 지나가다가 무화과나무 하나가 말라 있는 것을 보았다 할지라도 그것으로 무슨 특별한 의미를 발견했을는지는 의문입니다. 그러나 제자들은 이 나무가 바로 하루 전에는 생생하게 살아서 잎사귀가 무성했던 것을 알고 있었으므로 거기서 어떤 큰 교훈을 받게 된 것입니다.

무화과나무의 결실

무화과는 보통 한 해에 두 번 결실을 합니다. 작년에 생긴 가지 끝에 금년 3월쯤부터 열매가 열리기 시작하는데 이를 '푸른 열매'(계 6 : 13)라고 합니다. 이것을 '어린 열매' 혹은 '이른 열매'라고도 합니다. 이것이 좀더 성장하면서 대부분 바람 부는 때마다 떨어지는데, 이 미숙의 열매를 농민은 주워먹기도 하고 또 시장에 내다 팔기도 합니다. 이어서 돋는 잎사귀는 여름의 시작과 더불어(마 24 : 32; 막 13 : 28) 급속히 뻗어 먼저의 푸른 열매를 잎 그늘에 감추게 됩니다. 이 푸른 열매가 계속 성장하여 여름이 되면 빨갛게 되고, 그것이 6월쯤에 성숙합니다. 이를 '처음 익은 무화과'(사 28 : 4)라고 합니다. 수는 적으나 모양도 크고 감미로우며 향기가 높다고 합니다. 이 초숙의 열매가 성숙하고 있는 동안에 제2의 열매가 금년 봄에 난 새 가지에 생겨 자라는데, 두번째 열매는 이르면 8월부터 거두게 되고 대개 9월이 성수기로서 10월까지 거두어요. 이것이 '가을 무화과'로서 흔히 시장에서 팔리는 무화과입니다. 이것을 '무화과'라고 말하는 것은 이것이 무화과의 본수확이기 때문입니다.

그런고로 마가복음 11 : 13에 무화과 때가 아니라고 하는 것은 단지 그때가 아직 4월 초순이기 때문에 그렇게 말을 한 것뿐입니다. 지금이 4월 초니까 작년에 나온 가지에 열린 그 '이른 열매'가 커가고 있어야 합니다. 그 이른 열매가 커갈 때는 벌써 잎사귀가 무성하기 시작하는 것입니다. 그런즉 이렇게 무성한 잎사귀가 있다면 거기에는 일찍 나온 것이든 늦게 나온 것이든 비록 그것이 썩 좋지는 못하더라도, 완전히 익은 것은 아닐지라도 먹을 만한 열매가 있어야 하는 것입니다. 그러니까 혹시 잡수실 것이 있을까 하고 찾으셨다고 한 것입니다. 익은 무화과 열매를 모으려는 것이 아니라, 먹을 수 있는, 맛이 든 무화과가 거기 있을 것으로 생각하고 찾으신 것입니다. 그런데 아무것도 얻지 못하신 것입니다. 제자들도 그러한 무화과나무인 것을 보았습니다. 예수님이 나무를 자꾸 들여다보시니까 제자들도 와서 같이 보았을 것입니다. 보고서는 '아, 이게 무화과나무인데 참 이상하다. 이만큼 크고 잎이 무성했으면 무화과가 상당히 많이 열렸을 터인데 어떻게 아무것도 없을까? 바람에 전부 다 떨어져 버렸나' 하고 이상하게 여긴 것입니다. 혹시 열매가 다 떨어져 버렸으면 떨어진 열매가 다시 와서 나무에 붙을 리는 없으니까, 어쨌든지 열매가 없는 것입니다. 금년에 나온 새 가지에라도 열매가 붙어 있어야 할 텐데 아무것도 안 보인 것입니다.

제자들도 훗날 이 기적의 의미를 깨닫다

예수님께서는 그러한 나무를 저주하신 것입니다. 무화과나무가 이렇게 금방 그 자리에서 말라버린 것을 주의 깊게 본 사람은 즉시 무화과나무에 이변(異變)이 일어난 것을 발견했겠지만, 마가의 기록대로 보면 예수님은 좌우간 그날은 바로 예루살렘 성에 들어가서 성전을 깨끗게 하신 후 돌아오셨습니다. 그 이튿날 아침에 예수님과 제자들이 그 길을 다시 지나가는데 다른 사람보다도 베드로가 유심히 보니까 무화과나무가 뿌리로부터 완전히 말라 있는 것이었습니다. 그것이 자연의 과정 가운데 그렇게 됐다면 아주 오랜 동안에 차츰차츰 말랐을 터인데, 여기서는 하룻밤 사이에 갑자기 마른 것입니다. 하룻밤 사이에 마른 고목나무 하나가 서 있는 것입니다. 기적입니다. 이런 기적을 바라보았을 때 어저께 일이 생각났습니다. 다른 사람들은 이 무화과나무가 생생했다가 마른 사실이 주목할 만하지 아니했을지라도, 환경이나 경우가 사람들에게는 주목하게 안 됐겠지만, 제자들은 예수님께서 말씀하시던 그 말씀을 들었던 터이고 이제 그것이 완전히 말라서 아주 오래 된 고목과 같이 되어 버렸기 때문에 '이런 희한한 일이 무엇 때문에 생기게 됐는가' 하고 이상히 여길 수밖에 없습니다. 그래서 베드로는 "보소서. 저주하신 무화과나무가 말랐나이다"고 했습니다. 어찌하여 이렇게 다 말랐습니까 하고 자기의 느낌을 이야기한 것입니다. 제자들은 그 당시에는 그 의미를 알지 못했지만 훨씬 훗날에 그 의미를 비로소 깨닫고 그것을 후세에 전했습니다. 후세에는 그리스도의 백성들도 주께서 어떤 현실적인 사건에 의해서 예언으로, 또 거룩한 교훈으로 어떤 원칙을 가르치셨다는 것을 알게 된 것입니다. 여기에는 그러한 중요한 목적이 있습니다. 그런고로 이 기적을 보고 들은 자-우리는 보지는 아니했어도 들은 사람들입니다-로서 주님의 백성 된 자는 이 사실이 무엇을 가르치는가를 깨닫게 되는 것입니다. 우리도 이것을 깨달으려고 지금 공부하고 있습니다.

그러나 제자들이 그 당장에는 하나의 희한한 기적이라는 사실, 그 신비한 능력의 나타남에 먼저 마음이 압도당하고 말았습니다. 베드로는 신비하고 기이하게 생각되기도 하고 또 어저께 하신 말씀이 기억나서 말했습니다. "랍비여 보소서. 저주하신 무화과나무가 말랐나이다"(막 11 : 21). 마태복음에는 "제자들이 보고 이상히 여겨 가로되-이상히 여기고 말한 것은 화요일 아침입니다-무화과나무가 어찌하여 곧 말랐나이까" 했습니다.

겉모양만 훌륭한 교회의 종말을 예시함

오늘날 우리들은 이런 일이 생겼을 때 어떻게 질문할 것인가 생각을 해보십시오. 그런 희한하고 신비한 기적을 볼 때 우리도 거기에 압도당해서 그런 질문을 하게 될 것입니다. 그러나 세월이 흐름과 함께 제자들은 차차 그 깊은 뜻을 깨달았을 듯싶습니다. 열매를 맺는 것은 나무가 존재하는 의미와 목적입니다. 그러므로 열매가 없는 나무가 열매 있는 다른 큰 나무들과 함께 훌륭한 듯이 서 있다면 그것은 찍혀서 불에 들어갈 수밖에 없습니다. 이 큰 원칙이 거기에 제시된 것입니다. "아름다운 열매를 맺지 아니하는 나무마다 찍혀 불에 던지우느니라. 이러므로 그의 열매로 그들을 알리라"(마 7 : 19-20). 예수님께서는 포도나무와 가지의 비유에서 말씀하셨습니다. "무릇 내게 있는 가지가 열매를 맺지 못하면 아버지께서 이것을 제하여 버리실 것이고"(요 15 : 2). "사람이 내 안에 있지 아니하면 가지처럼 밖에 버리워 말라지나니 사람들이 이것을 주워다가 불에 던져 사르느니라"(요 15 : 6). 비록 명색으로는 이 세상에서 다른 사람 앞에 '기독교에 속한 사람이다, 하나님 나라에 속한 사람이다'고 할지라도 자기 혼자 먹고 사는 그것이 전부고 열매를 맺지 못하는 자, 또 하나님 나라의 도리에 의해서 볼 때 인격적인 장성이 별로 없는 자는 찍혀 불에 던지우고 만다는 것입니다. 제자들은 이 만고(萬古)에 빛나는 큰 도리를 일찍이 다 들었던 것입니다.

예를 들면, 제2년 유월절이 지난 후 봄에 산상보훈을 갈릴리에서 내리셨는데 거기에서 지금 금방 말한 마태복음 7 : 19-20의 말씀을 하셨습니다. 마태복음 7 : 16에 있는 말씀을 보면 "그의 열매로 그들을 알지니 가시나무에서 포도를, 또는 엉겅퀴에서 무화과를 따겠느냐. 이와같이 좋은 나무마다 아름다운 열매를 맺고 못된 나무가 나쁜 열매를 맺나니 좋은 나무가 나쁜 열매를 맺을 수 없고 못된 나무가 아름다운 열매를 맺을 수 없느니라"고 했습니다. 아무리 스스로 제자라고 하고 그리스도에게 속했다고 해도 그에게 속한 것이 아닐 수가 있다는 것입니다. 자기가 예수 잘 믿는다고 하고 모든 종교 의식을 다 행하고 종교적인 제도 가운데 완전히 들어가서 냄새를 풍긴다 해도 하나님께서 요구하시는 열매를 맺지 못한다면, 또 열매를 맺는다는 것조차도 생각지 못하고 사는 사람이면 그는 어떻게 되겠나? '열매를 맺지 못하면 찍혀 불에 던지우는 것이다.' 그러한 민족이 혹은 그러한 사회가, 지금 같으면, 그러한 교회가 겉모양만 훌륭한 듯이 차리고 있다면 그것 역시 찍혀 불에 던져 버림을 받는다는 가르침입니다.

열매로 그들을 알지니

마태복음 7 : 15-16을 보면 "거짓 선지자를 삼가라. 양의 옷을 입고 너희에게 나아오나 속에는 노략질하는 이리라. 그의 열매로 그들을 알 것이다"고 했습니다. 이 말씀은 '거짓 선지자라는 것은 밖으로 나타난 모양으로는 잘 알 수가 없다. 표면에 나타난 것으로 종교적인 여러 조건에 맞는가 안 맞는가를 따져서는 모르는 것이다. 오직 차츰차츰 시간이 흘러가면서 그가 무슨 열매를 맺어가는가, 어떠한 성격을 나타내는가, 그것으로 그들을 아는 것이다'고 하신 것입니다.

제자들은 산상보훈을 잘 기억하고 있을 것입니다. 예를 들어 마태와 같은 사람은 산상보훈 전체를 주제별로 모아 마태복음 5장, 6장, 7장에 써 놓았습니다. 그러니까 다른 제자들도 그 산상보훈을 기억하고 있을 것입니다. 그들이 얼마나 자세히 기억하고 있을는지는 몰라도 때때로 그 말씀을 복습하고 생각도 하고 했을 것입니다. 그렇다면 그들은 "아름다운 열매를 맺지 않는 나무마다 찍혀 불에 던지우리라" 하는 이 말씀을 기억하고 있을 것입니다.

그리고 제2년 말기, 갈릴리에서 예수님께서 베푸신 비유가 또 하나 있습니다. 어떤 주인이 포도원에 무화과나무를 심고 3년 동안 매년 와서 열매를 찾아도 열매를 찾을 수가 없었습니다. 그가 무화과나무를 기르는 농부를 보고 "이것을 찍어 버리라. 어찌하여 땅만 허비하겠느냐, 내가 3년을 와서 열매를 찾았어도 못 찾았다"고 했습니다. 그러니까 농부가 그때 도고하기를 "주인이여, 금년만 참으소서. 내가 땅을 깊이 파고 거름을 주고 잘 가꿔 보겠습니다. 그래서 내년에 열매를 맺으면 좋지만 못 맺으면 그때는 찍으시옵소서" 했습니다(눅 13 : 6-9). 이 비유가 무엇을 의미합니까? '기다리는 데도 어떤 한계가 있다. 무제한하고 참아 주는 것이 아니다. 이제 이 무화과나무가 만일 그래도 열매를 못 맺는다면 수명은 일 년으로 끝나고 만다.' 이렇게 주께서 무서운 경고를 내리시고 암암리에 어떤 사실을 우리에게 보여 주신 것입니다.

이스라엘의 멸망을 거듭거듭 말씀하심

특별히 아까 제2년 말기에 베푸신, 열매를 맺지 못하는 무화과나무를 3년 기다린 이야기는, 열매를 맺지 못하는 나무를 무제한하게 그냥 두어두고 보시는 것이 아니라 먼저는 경고를 하시고, 때가 완전히 차 버리면 그것을 찍어 버리신다는 도리올시다. 이는 이스라엘 백성의 현재의 위험스런 상태를 알려 주시는 것입니다. '너희가 지금 위험한 상태 가운데 있다. 내가 덮어놓고 무제한하게 참는 것이 아니다. 내가 와서 너희들에게서 열매를 구해 보았지만 없지 않느냐? 그런데도 너희를 더 두어두겠느냐? 이제 두어둘 기간은 잠깐밖에 남지 않았다.' 말하자면, 이 무화과나무의 비유에서 일 년이라고 하는 기간은 농부가 다시 한 번 잘 가꾸어 보겠다고 하는 기간을 말합니다. 다시 말해서 하나님의 성신께서, 우리 주님께서 다시 역사하실 수 있는 기간입니다. 그 무화과나무 비유는 공생애 제2년 말기에 갈릴리에서 하신 비유입니다. 앞으로 일 년 반 이후면 예수님은 돌아가시는데, 그 이전에 예수님은 하나님께서 정하신 기간 동안 그들에게 복음을 전파해서 회개하도록 기회를 주시는 것입니다. '너희에게 회개가 없을 때는 무서운 심판이 내릴 것이다'고 하시는 말씀입니다. 주께서는 이 비사(比辭)에서 이스라엘 백성에게 일 년의 유예를 말씀하시면서 그들이 이런 위험한 역사적인 과정 가운데 지금 존재하고 있다는 것을 보이신 것입니다. 주후 28년 만추(晩秋)에 이 비유를 하셨는데, 실제로 그때로부터 일 년 반 이후 주후 30년 4월 상순(上旬)에 주님께서는 다시 이스라엘과 예루살렘의 멸망이 하나님의 계획 가운데 변할 수 없는 확실한 사실로 확정된 것임을 말씀하십니다. 지금은 주께서 거듭거듭 이스라엘의 멸망을 말씀하시는 것입니다. 이 무화과나무를 저주하시기 바로 전날인 일요일, 예수께서는 나귀 새끼를 타고 예루살렘 성에 입성하시다가 예루살렘 성이 바라보이는 곳에 서셔서 성을 보시면서 우셨습니다. 우시면서 말씀하셨습니다. '장차 너희 원수가 와서 너희를 포위한 다음에 너희나 너희 자녀를 하나도 아낌이 없이 땅에다 메어쳐서 죽일 것이다.' 역사에 비견할 수 없는 무서운 진노가 닥쳐와 무서운 환난, 참혹한 사실들이 일어날 것을 말씀하셨습니다. 이것이 누가복음 19:41-44에 있는 큰 예언의 말씀인데, 그 무서운 멸망이 반드시 이를 것을 말씀하신 것으로 보아 벌써 하나님의 작정은 확고하게 선 것입니다.

지금 이날이 화요일인데 이날로부터 이틀 후, 곧 성만찬을 하시는 목요일 저녁에 주께서는 다시 '포도나무와 가지'의 비사를 말씀하셨습니다. 예수께서 이 세상을 떠나시기 전에 제자들에게 고유(告諭)를 하신 것이 요한복음의 여러 장에 걸쳐 기록되어 있는데, 그 고유 가운데 하나가 15장에 있는 '포도나무와 가지'의 비사입니다. "내가 참포도나무인데 열매를 맺지 아니하는 나무 가지는 비록 그것이 다른 사람이 보기에 나에게 붙어 있는 것같이 보일지라도 아버지께서 그것을 제해 버리시고 열매 맺는 나무 가지는 가꾸어 더 풍성히 맺게 하실 것이다. 그리고 열매를 맺지 못한 나무를 밖에 버리면 말라지나니 사람들이 주워다 불에 집어넣는 것이다"(요 15 : 1-6).

이는 이스라엘 백성만이 아니라 장차 나타날 그리스도 교회에 좀 더 관계된 말씀입니다. 명색은 하나님 나라의 시민이지만 실제로 열매가 없는 자일 것 같으면 결국 하나님께서 포도나무 줄기로부터 열매 없는 가지를 제하듯이 제거해 버리신다는 말씀입니다.

제자들의 고정 관념

그런데 이 제자들은 이때 이 말씀의 의미를 깨달을 수가 없었습니다. 알 수 없는 중요한 이유는 그들의 마음 가운데는 아직 자기네의 고집, 고정 관념이 하나 있었기 때문입니다. 그것은 뭐냐하면 이스라엘 나라가 완전히 멸망하여 하나님의 산업으로서 그 가치와 의미를 상실하게 된다는 것을 생각지 않고, 예수님으로 말미암아 오히려 이스라엘 나라, 그 메시야 왕국이 회복된다는 생각을 하고 있었던 것입니다. 그런 까닭에 그들이 가지고 있는 기대가 완전히 바뀌어지기까지는 아직도 예수님께서 말씀하시는 이 예언의 바른 내용을 이해할 수가 없었습니다. 제자들은 이스라엘 나라의 회복을 기대하고 있었습니다. 그런고로 주께서 무화과나무를 마르게 하신 사실의 그 큰 의미를 깨달을 수가 없었습니다.

그러나 이 사실은 주께서 제자들에게 이스라엘에 대한 심판을 알리시되 예언적인 표상으로 보이신 것입니다. 여호와께서 오래 참으시며 고대하셨으나 결실이 없는 가운데도 완고히 고치지 아니하는 그 이스라엘을 향해서, '이미 너희에게는 죄가 관영하여 이 무화과나무처럼 뿌리로부터 말라 버리고 말 것이다. 철저히 말라 버릴 것이다. 이스라엘이 하나님의 택하심을 받은 백성으로서, 하나님의 오이코노미아로서 그 민족적 사명을 완전히 탈취당해 버리고 주님의 버리심을 받을 것이다' 하는 선고를 제자들에게 이러한 예언적인 형식으로 보이신 것입니다. 성경을 보면 예언자가 어느 때는 물건을 만들어 예시를 하면서 '너희도 이와같이 된다' 하는 것이 때때로 나옵니다. 혹은 자기가 모양을 그렇게 하고 나오기도 합니다. 여기서도 그와같이 주께서는 제자들에게 예언적인 표상으로써 알려 주신 것입니다.

이런 큰 뜻을 제자들은 주님의 부활 때까지는 전연 알지 못했습니다. 주께서 여리고로부터 예루살렘으로 올라오시던 때에도 제자들은 '이스라엘 백성에게 메시야 왕국이 이제 곧 임할 것이다. 이제 예수님이 예루살렘을 향해 가까이 가시니 메시야 왕국이, 하나님의 나라가 당장에 임하리라'고 생각했습니다. 제자들은 이스라엘 백성 위에 메시야 왕국이 임할 것을 기대하면서 주님과 함께 예루살렘에 입성했던 것을 우리가 누가복음 19 : 11에서 봅니다. 성에 들어올 때에도 사람들은 예수님을 대환영을 하면서 '이제 여기에 메시야 왕국이 선다'고 호산나를 불렀던 것입니다. 그들은 예수님이 가르쳐 주시는 참된 역사의 순서를 알아듣지 못했습니다. 자기네식의 사관(史觀)과 역사의 순서가 그들의 마음에 가득 차 있었기 때문입니다.

이를 알아듣지 못한 제자들은 결국 주님의 십자가 앞에서 모두 도

망해 버리고 말았습니다(마 26 : 56). 단지 베드로와 요한이 그리고 갈릴리에서 온 여제자들이 십자가에 달리신 예수님을 멀리서 지켜보고 있었을 뿐입니다. 그리고 나중에 십자가 밑에서 요한이 성모 마리아와 같이 서서 주의 말씀을 들었습니다. 예수님께서 모친과 그리고 요한에게 "여자여 보소서. 아들이니이다." "이가 네 어머니다" 하여 십자가에서 어머니를 위해서 이야기하셨습니다. 이것은 십자가에서 하신 일곱 가지 말씀 가운데 제세번째 말씀입니다(요 19 : 26).

유대주의의 악영향

그러나 주님이 부활하신 이후에도 제자들은 이전의 자기들의 기대가 그대로 살아 있었습니다. 이스라엘 나라의 회복에 대한 그 기대를 계속 가지고 있었습니다. 주님이 40일 동안 이 세상에 계시면서 제자들에게 열한 번 나타나셨지만 승천하시기 전에 제자들이 다시 마지막으로 모였을 때에도 그들의 그 끊임없는 기대는 그대로 또 나타났습니다. 과거에 주님이 십자가에 달려 돌아가셨을 때는 낙심했다가 주님이 부활하신 것을 보고는 그들의 기대가 되살아난 것입니다. 사도행전 1 : 6에 보면 "주여, 이스라엘 나라가 회복될 때가 이때니이까" 하고 물었습니다. 그러나 주께서는 "때와 기한은 아버지께서 당신의 권한에 두신 것이니 너희의 알 바 아니요 오직 성신이 너희에게 임하시면 너희가 권능을 얻어서 예루살렘과 온 유대와 사마리아와 땅끝까지 이르러 내 증인 노릇을 해야 할 것이다"고 하셔서 새로운 큰 사명을 주셨습니다. 아버지와 아들과 성신의 이름으로 모든 백성을 제자로 삼아 세례를 주고 가르치라고 하신 것입니다.

또 신약의 교회가 선 후, 즉 주후 30년 오순절 이후에도 어쨌는고 하니 사람들이 슬그머니 유대주의적인 사상을 기독교와 연합시키려고 했습니다. 그리스도를 믿는 유대인들 중에 어떤 사람들이 그리스도를 믿는 것과 함께 할례를 받아야만 구원을 얻는다고 주장했던 것입니다 (행 15 : 1).

예루살렘 종교 회의와 바울의 공헌

이 문제가 생겼을 때 예루살렘에서 공회로 모여서 거기서 확고한 도리를 결정하였습니다. 주 예수님의 은혜로만 구원을 얻는다는 구원론의 기본 교리를 확정하였습니다(행 15 : 11). 이로써 유대주의화 운동을 확연하게 저지시키고 기독교의 참된 자태를 바로 전하도록 계기를 만들었습니다. 이것이 대개 주후 50년경에 발생했습니다. 오순절에 신약의 교회가 선 이후 한 20년 후의 일입니다.

그뿐 아니라 그동안에 사도 바울은 회개를 하고 또 전도를 시작해서 제1차, 2차, 3차 선교 여행을 하였는데, 제2차 선교 여행 때부터는 서신을 쓰기 시작했습니다. 바울 선생이 쓴 서신을 보면 그가 전도한 곳에서 가르친 내용이 무엇인가 하는 것을 알 수 있습니다. 그는 예수님의 제자들이 일반적으로 가지고 있던 이스라엘 나라의 회복이라는 그 고루하고 완고한 생각에서 벗어나서, 그리스도의 은혜의 왕국, 장차 있을 주님의 재림, 또 심판에 관한 것, 이런 것들을 가르쳤습니다. 그러면 사도 바울이 가르친 그것에 대해 다른 제자들이 반대를 했느냐 하면 반대한 것이 아니라 '그것이 옳다. 옳은 생각이다'고 한 것입니다. 그들이 조직적으로 대성(大成)해서 전해 주지 못한 기독교의 참된 교리의 내용을 바울 선생이 가르치고 전한 것입니다. 사도 바울은 주님과 끊임없이 교통을 하면서 하나님 나라의 사실, 하나님의 참된 산업으로서 지금 쓰이는 거룩한 그릇들에 관한 바른 사상을 배운 것입니다. 그는 생각을 하고 또 하여 그 도리를 정립했고 그것을 가르쳤습니다. 그러기 위해 서신서를 쓰기 시작했습니다.

하나님 나라 사상을 전파한 바울의 서신들

바울의 제2차 선교 여행이 대체로 주후 50년, 즉 예루살렘 공의회가 있던 그 다음해로부터 시작해서 53년까지 이어졌는데, 그 사이에 데살로니가전후서를 쓰고, 그 다음에 제3차 여행 때, 즉 54년부터 57년에 걸쳐서 4대 서신이라 하는 고린도전후서, 갈라디아서, 로마서를 썼습니다. 대략 54년 봄 에베소에서 고린도전서를, 한 여름에 마게도냐 어디에서 갈라디아서를, 그 다음에 가을 즈음에 고린도후서를 썼습니다. 즉 에베소에서 3년 동안 있으면서 그 어간에 고린도전서를 쓴 것이고, 에베소를 떠나서 마게도냐 어디에서 갈라디아서와 고린도후서를 쓰고, 고린도로 들어가서 석 달을 유하면서 57년 58년에 걸친 겨울을 지낼 때 로마서를 썼습니다. 로마서 이후의 바울 서신은 대개 바울이 로마 옥중에 있을 때나 거기에서 놓여 나온 후, 그리고 마지막에 다시 갇혀서 순교하기 직전까지에 걸쳐서 쓴 것들입니다.

에베소서, 골로새서, 빌레몬서, 빌립보서 들은 로마에 도착한 이후 62년으로부터 64년에 이르는 기간 중에 쓴 것입니다. 이제 재심(再審)을 청하여 황제가 들을 때까지 기다리느라고 로마에 갇혀 있을 때 쓴 것인데, 이때는 징역을 산 것은 아니고 자기가 세를 주고 집을 얻어서 있을 때 거기를 군인이 와서 지켜 주는 것뿐이었습니다.

그 다음에 64년이나 67년에 사도 바울이 석방되었을 때 마게도니아 어디에서 디모데전서, 디도서를 썼고, 그 다음에 다시 잡혀서 순교하기 직전에 디모데후서를 썼습니다. 이렇게 바울 선생은 13개의 서신을 썼습니다.

지금 말한 이 연대의 기간이 바로 제자들이 가지고 있던 그릇된 이스라엘 나라의 회복관을 대폭으로 시정할 수 있는 때입니다. 이 기간 동안에 제자들의 이스라엘 회복관이 대폭으로 고쳐졌습니다. 그리고 나서 주후 70년에 대환난이 예루살렘과 유대에 임해서 성이 완전히 괴멸되고, 성전은 철저히 타버리고, 그리고 유대 사람들은 거기서 다 쫓겨났습니다. 이러한 무서운 대환난이, 역사상에 비류 없는 비참한 일로서 이스라엘 백성이 하나님의 선민으로서 가지고 있던 그 의미는 완전히 끝이 난 것입니다. 그래서 거룩한 도리를 알고 있던 뜻 있는 그리스도의 교인들은, 특별히 사도들이나 그 제자들은 그런 비참한 역사의 사실을 분명히 보고는 '아, 이스라엘이 선민으로 가지고 있던 그 의미는 완전히 끝났구나! 주님의 무서운 진노가 내리고 심판이 여기에 임했구나' 하고 알게 된 것입니다. 그때에서야 비로소 그들은 예수님께서 하신 그 비유의 의미, 혹은 예수님께서 말씀하신 심판의 의미, 그리고 또 구(舊) 오이코노미아의 완전한 상실과 소멸, 사명의 완전한 박탈, 이런 것들의 의미를 알게 됐을 것입니다.

하나님 나라에 대한 제자들의 확신

바울이 전파한 이 교리에는 하나님 나라의 사상이 현저했습니다. 따라서 그가 서신들을 쓸 때 여러 제자들은 자기들이 가지고 있던 이스라엘 나라의 회복에 대한 기대에 관해 '아, 잘못됐구나, 이렇게 생각할 것이 아니었구나' 하고 깨닫고, 그 이스라엘 민족을 중심으로 한 혈통 관계의 연결로만 생각하던 이것들을 버리기 시작했습니다. 왜냐하면 하나님께서 만국에서 뽑아 내사 한 혈맥으로 다시 지으셨고, 예수 그리스도의 거룩한 생명의 피로써 새로 지으신 것을 깨달았기 때문입니다. 그래서 이 육신의 혈통의 관계로서 가지는 이스라엘 민족 의식, 혈통적 유대인으로서의 선민 의식에서 떠나기 시작했습니다. 참 이스라엘은 그리스도인들이라는 사상이 이때부터 나오기 시작했습니다. 로마서 2 : 28-29을 보면 '대저 표면적인 외모로 유대인 되는 것이 유대인이 아니요, 유대인은 진짜로 마음으로 되어야 할 것이라. 육신으로 할례 받는 것이 할례가 아니라, 할례는 오직 마음에 있느니라. 의문(儀文)에, 율법에 있는 것이 진정한 할례가 아니라'고 했습니다. 참 이스라엘이라는 것은 그리스도에게 속해서 그리스도로 말미암아 새로운 생명을 얻고, 하나님의 그 거룩한 오이코노미아를 형성하는 분자로 세우심을 받은 사람들입니다. 이 사상을 바울 선생은 벌써 57년 겨울로부터 58년에 걸쳐서 쓴 로마서에 명확하게 나타냈습니다. 더욱이 주후 70년 예루살렘과 유대인 사회가 괴멸되고, 그 무서운 심판이 일어난 것을 볼 때 제자들은 이스라엘 나라라는 한 민족 국가의 회복에 대한 기대가 잘못된 것임을 깨달았을 것입니다. 거기서 비로소 자기네 자신의 생각들도 심판을 받아야 하겠다고 생각했을 것입니다.

이때가 되어서야 그들은 비로소 이 무화과나무가 근저(根底)로부터 말라 없어진 것, 그리고 무화과나무가 그렇게 말라 버리도록 기적을 행하신 주님의 목적을 깨달았을 것입니다. 즉 이 기적의 행위가 주께서 당신이 지상에서 봉사하시는 마지막 주간에 거듭하여 여러 가지 형태로 밝히신 대사실, 곧 하나님 나라의 그릇으로서 섰던 이스라엘 백성이 그 신성한 사명을 다 제거당하고, 오히려 그들 위에 하나님의 진노와 심판이 임한다는 무서운 큰 사실의 계시이었던 것임을 깨달았던 것입니다. 그때서야 비로소 그렇게 여러 가지 예언적 방법으로 하신 계시의 의미를 제자들은 밝히 깨달아 알았을 것입니다. 그 후에는 참으로 은혜의 왕국(regnum gratiae)의 사상을 확고하게 또 의심 없이 믿고 의지하고 전파해 나갔습니다.

히브리적 구산업의 멸망에 대한 예언

주께서는 공생애 그 마지막 주간에 예루살렘과 히브리적 구산업인 이스라엘의 멸망을 몇 번에 걸쳐 예언하셨습니다. 첫째는, 예루살렘 성에 입성하시다가 성을 보시고 우신 일로, 둘째는 이 무화과나무를 마르게 하심으로 상징적으로 어떤 모형과 예시를 가지고 예언하신 것입니다. 그리고 셋째로는 성전을 정결케 하실 때 채찍을 쓰시지 않고 '이제는 더 너희들을 징계할 이유가 없다. 너희에게는 멸망이 작정되어 있다. 그러나 성전을 더럽히는 것은 용인할 수 없다'고 하신 사실로 예언하셨습니다. 이런 사실들은 모두 예언적인 행동이었습니다. 그리고 화요일 아침에 주께서 그 제자들이 무화과나무 마른 사실을 묻는 물음에 대하여 설명을 하시고 특별히 믿음이라는 것을 가르치셨습니다. 하나님을 믿는 바른 믿음이란 뭔가를 가르치신 것입니다. 그리고 같은 화요일에 또 악한 농부를 심판하시는 비유를 베푸셨고, 그 다음에 계속해서 그 유명한 '감람산 대강설'이라고 하는, 마태복음 24장 전부에 걸쳐 나오는 그 무서운 내용의 강설을 하셨습니다. 거기에 참으로 비참하고 참혹한 이스라엘 백성의 멸망, 예루살렘의 멸망을 이야기했습니다. 또한 거기에서는 항상 깨어 있어야 할 것과 갑자기 심판이 임한다는 것을 경고하셨습니다. 그 다음에는 감람산 대강설 끝에 지혜로운 청지기 비유를 하셨는데, 이 비유에 또한 '누가 지혜로운 청지기가 되어서 끝까지, 이 무서운 심판이 이르기 전까지 잘 지키고 있겠는가' 하는 것이 나옵니다. 이 비유가 그 감람산의 대강설 가운데 있고, 또 그 대강설이 지나간 다음에는 심판날에 양과 염소를 나누는 비유를 또한 가르치셨습니다. 이렇게 계속해서 두 가지의 가르침, '이스라엘 백성에게는 무서운 환난이 온다, 또 역사의 끝에는 땅 위에 있는 모든 백성에게 대심판이 있을 것이다' 하는 것을 명확하게 예언하셨습니다.

주님께서 이 무화과나무를 마르게 하심은 주님의 예언적인 행동으로서 제자들로 하여금 후일에 그 심오한 의의를 깨닫게 하시고자 하신 것입니다. 그리스도를 믿는다고 한다면 무릇 주의하고 각성하여 깨달아 결실해야 할 터인데, 그렇게 결실하지 않는 자 즉 명색만 하나님 나라의 백성으로 있는 자는 실지로는 가라지에 불과한 까닭에 단으로 묶여서 불에 던지움을 받는다, 심판을 받는다 하는 큰 원칙을 여기서 보이신 것입니다. 또한 이스라엘 백성이 한 백성으로서 일찍이 하나님의 경륜의 내용으로 들려서 쓰임을 받았지만, 이제는 그 사명이 끝이 났다는 것을 보이신 것입니다. 사명을 다한 것이 아니라, 사명을 행할 모든 능력과 특권을 상실했다, 그래서 심판만이 남았다 하는 것을 보이신 것입니다.

또 악한 농부의 비유로써 그 악한 자들, 완고한 자들, 불의를 행하는 자들, 즉 제사장들과 서기관들 혹은 바리새인들, 사두개인들에 대한 무서운 심판을 보이신 것입니다. '나의 오이코노미아를 부탁하고 맡겼더니 그들이 하는 짓이 이러했다. 그렇기 때문에 결국 이렇게 한다' 하는 것을 그때 명확하게 선언하신 것입니다. "그러므로 내가 너희에게 이르노니 하나님의 나라를 너희는 빼앗기고, 그 나라의 열매를 맺는 백성이 받으리라"(마 21 : 43). 무화과나무를 마르게 하신 것은 이스라엘 백성에 대한 심판과 또 전세계의 백성에 대한 마지막 날의 심판을 일련으로 선언하신 것으로서, 그것은 거룩한 예언을 행동으로써 예시하신 것입니다.

기 도

사랑하시는 주님이여, 주께서는 여러 가지 방법으로 그리고 확실한 목적과 의미를 가지고 사람들에게 주님의 거룩하신 뜻과 경영을 알려 주시니 감사하옵나이다. 주께서 오늘은 저희들에게 주님의 말씀으로 그 거룩한 뜻을 알게 하시사 바른 세계관과 바른 사관을 가지고 살아 가되 신실한 청지기로서의 임무를 잘 감당할 것을 가르치시고, 결코 악한 종과 같이 취생 몽사하면서 먹고 마시고 취하고 놀고 또 그릇된 교훈을 따르는 이런 괴악한 세계와 같이 갈 것이 아닌 것을 다시 한 번 생각하게 하셨고, 무화과나무를 주께서 일언지하의 명령으로써 근저로부터 말라 죽게 하시는 그 무서운 심판의 힘과 또한 그 공의를 잠시라도 잊어버리지 말고 정신차려서 늘 깨달아야 할 것을 가르치셨나이다. 항상 듣고도 깨닫지 못하는 이 암매와 면역과 둔감과 마비된 상태에서 저희를 건져내시사 말씀을 듣고 깨닫고 두려워하고, 이리하여 깊이 바로 생각하여 바른 사상을 가지고서 주님의 나라의 생활 행진을 하게 하시옵소서. 저희 모두를 주께서 불쌍히 여기시옵소서.

구주 예수 그리스도의 이름으로 기도하옵나이다. 아멘.

第 92 講

예수님의 권위에 대한 질문

예수께서 성전에 들어가 가르치실새 대제사장들과 백성의 장로들이 나아와 가로되 네가 무슨 권세로 이런 일을 하느뇨 또 누가 이 권세를 주었느뇨 예수께서 대답하시되 나도 한 말을 너희에게 물으리니 너희가 대답하면 나도 무슨 권세로 이런 일을 하는지 이르리라 요한의 세례가 어디로서 왔느냐 하늘로서냐 사람에게로서냐 저희가 서로 의논하여 가로되 만일 하늘로서라 하면 어찌하여 저를 믿지 아니하였느냐 할 것이요 만일 사람에게로서라 하면 모든 사람이 요한을 선지자로 여기니 백성이 무섭다 하여 예수께 대답하여 가로되 우리가 알지 못하노라 하니 예수께서 가라사대 나도 무슨 권세로 이런 일을 하는지 너희에게 이르지 아니하리라 그러나 너희 생각에는 어떠하뇨 한 사람이 두 아들이 있는데 맏아들에게 가서 이르되 얘 오늘 포도원에 가서 일하라 하니 대답하여 가로되 아버지여 가겠소이다 하더니 가지 아니하고 둘째 아들에게 가서 또 이같이 말하니 대답하여 가로되 싫소이다 하더니 그 후에 뉘우치고 갔으니 그 둘 중에 누가 아비의 뜻대로 하였느뇨 가로되 둘째아들이니이다 예수께서 저희에게 이르시되 내가 진실로 너희에게 이르노니 세리들과 창기들이 너희보다 먼저 하나님의 나라에 들어가리라 요한이 의의 도로 너희에게 왔거늘 너희는 저를 믿지 아니하였으되 세리와 창기는 믿었으며 너희는 이것을 보고도 종시 뉘우쳐 믿지 아니하였도다 (마 21 : 23-32)

제 92 강

예수님의 권위에 대한 질문

마 21 : 23-32

오늘의 이야기는 주께서 무화과나무를 뿌리로부터 마르게 하시고 그것을 가지고 제자들을 가르치신 일 바로 뒤이어 있는 중요한 사실에 대한 것이올시다. 그런고로 마지막 주간 화요일의 일입니다. 이날 아침 이 일이 있기 전날 월요일 아침에 무화과나무를 저주하신 결과 그 나무가 뿌리로부터 마른 사실 때문에 제자들이 질문을 하였고 그에 대하여 주께서 가르침을 주셨습니다. 지난 주에 우리는 그것이 가진 상징적인 의미에 대해서 배웠습니다.

그 다음의 이야기는 이 가르침 직후에 백성의 어른들, 즉 다스리는 사람들이 예수님 앞에 나와서 무슨 권세로 이런 일을 하느냐고 예수님의 권위에 대해 힐문하는 문제올시다. 이 사실은 공관복음이 다 같이 보도하고 있습니다(마 21 : 23-27 ; 막 11 : 27-33 ; 눅 20 : 1-8). 특히 마태는 화요일에 발생한 사실들에 대한 자료를 수집해서 기록해 놓았는데, 이 이야기로부터 계승해서 26 : 16까지 자세히 기록해 놓았습니다. 오늘 우리가 읽은 말씀 가운데 후반부에 있는 한 비유, 아버지가 두 아들을 보고 각각 포도원에 가서 일을 하라고 한 이야기는 마태복음에만 있고 다른 복음서에는 없는 내용입니다.

마태복음 21장의 내용 구분

마태복음 21장의 내용을 구분해 보면, 처음에 20-22절이 저주하신 무화과나무를 통해 가르치신 교훈과 또 이산이수(移山移水)하는 신앙에 관한 이야기를 하신 것이고, 그 다음에 23-24절은 예수의 권위에 대한 대제사장, 백성의 장로들의 힐문이고, 25-27절은 그에 대한 예수님의 반문입니다. 세례 요한의 세례가 어디로부터 왔느냐 하는 반문이오. 그리고 28-32절은 아버지와 두 아들의 비유올시다. 그 다음에 있는 33-43절은 악한 농부의 비유입니다. 악한 농부가 자기 주인이 보낸 종들을 때리고 죽이더니 나중에는 주인의 아들까지도 "이는 상속자니 죽이자" 하고 죽였습니다. "그러면 그 악한 농부들을 어떻게 하겠느냐"고 주께서 물으신 끝에 특별히 43절에 심판의 한 선고와 같은 중요한 선언을 하셨습니다. "하나님의 나라를 너희는 빼앗기고 그 나라의 열매를 맺는 백성이 그것을 받을 것이다."

은혜의 왕국

이것으로 보아 이제 이스라엘 백성은 그들이 가지고 있던 기회와 특권, 즉 하나님의 산업으로서 역사를 이루어 나아갈 수 있는 기회와 특권을 다 빼앗기는 것입니다. 그 이스라엘이 아직도 선민으로서 특별한 지위를 가지고 그들을 중심으로 앞으로 메시야 왕국이 서리라는 그런 생각은, 혹 그런 생각을 하는 사람이 있기는 있어도 그것은 꿈과 같은 이야기입니다.

하나님께서는 벌써부터 큰일을 역사 위에 이루셔서 천하 만민 가운데서 사람을 뽑아 새로운 한 백성을 지으시고, 그들을 다스리시되 은혜의 법칙 아래 다스리시사 그 나라의 이름은 은혜의 왕국이 되었습니다. 이렇게 해서 메시야의 나라 곧 은혜의 왕국은 그때 이래로 지금까지 그 정신적인 신령한 내용이 찬연히 존재해 오고 있는 것입니다. 물론 이것이 땅 위에서 혹은 새 땅과 새 하늘에서 그 거룩한 양자(樣姿)를 외형으로 또 내부에서 다 같이 나타내게 되는 것은 우리 주님이 재림하신 다음의 이야기입니다. 그때까지는 현재와 같이 주로 신령적이고 내부적인 내용을 가지고 건설되어 나아갑니다. "하나님 나라는 잘 먹고 잘 마시고 하는 외부의 생활에 있는 것이 아니다. 그런 것이 요족(饒足)하다고 해서 하나님 나라의 은혜를 더 받았다고 생각하지 말아라. 하나님의 나라는 오직 성신 안에서 의와 평강과 기쁨이다"(롬 14 : 17). "하나님 나라는 여기 있다 저기 있다 하고 볼 수 있게 임하는 것이 아니다. 하나님 나라는 너희 안에 있는 것이다"(눅 17 : 20-21). 이렇게 하나님 나라를 가르치신 우리 주님의 말씀에 의하면, 오늘날 이 역사 기간에는 내부에서 하나님의 나라가 건설되고, 또한 그 하나님 나라를 가지고 사는 사람들, 적어도 그것을 가지고 살기를 간절히 원하고 사는 사람들이 모여서 주께 경배하고 또 주님이 분부하신 그 위대한 사명을 이루어 나아가는 생활 가운데서 자연스럽게 서로가 연락이 되고 도움이 되고 하는, 이 성도의 교통과 사랑의 나타남에서 '하나님의 나라는 너희들 안에 있다'고 하신 그 말씀이 이루어집니다. 이런 중요한 사실에 대해서 우리는 늘 바로 생각하고 있어야 합니다. 그러하기에 땅 위의 이스라엘이라고 하는, 혹은 유대 사람이라고 하는 어떤 일종의 종족을 하나님 나라의 백성이라고 정확하게 정의하기는 어렵습니다. 왜냐하면 인종이라는 것은 이 세상에서 살면서 서로 혼혈이 돼가는 것이기 때문입니다. 그런데도 아직도 그런 식으로 생각한다면 그것은 관견(管見)이나 독단을 되풀이하는 것입니다.

백성의 어른들의 힐문

오늘 이야기의 한 부분을 마가와 누가가 보고한 것이 여기 있습니다. 마가복음(11 : 27)에는 예수님이 성전에서 걸어다니실 때 이들이 왔다고 했습니다. 성전에는 회랑이 쭉하니 동쪽 서쪽으로 뻗어 있는데, 그 행랑에서 랍비들이 누구를 가르칠 수도 있습니다. 그런 고로 이때 예수님께서 회랑에서 말씀을 들으려고 모인 사람들과 제자들에게 하나님 나라의 도리를 가르쳐 주셨는지도 모릅니다. 누가는 보고하기를 "하루는 예수께서 성전에서 백성을 가르치시며 복음을 전하실새"(눅 20 : 1) 해서, 한편으로는 그것을 깨닫기 원하는 사람들에게 하나님 나라의 깊은 도리를 가르치시고 또 한편으로는 그런 도리를 잘 모르는 사람들에게는 처음부터 하나님 나라의 복된 소식을 전해 주셨다고 했습니다. 영어로 말하면 티칭(teaching)과 프리칭(preaching)을 함께 하신 것입니다.

이렇게 하실 때, "대제사장들과 서기관들이 장로들과 함께 가까이 와서 말하여 가로되, 당신이 무슨 권세로 이런 일을 하는지 또 이 권세를 준 이가 누구인지 우리에게 말하라"(막 11 : 27-28)고 했습니다. "예수께서 대답하여 가라사대 나도 한 말을 너희에게 물으리니 내게 말하라. 요한의 세례가 하늘로서냐 사람에게로서냐? 저희가 서로 의논하여 가로되 만일 하늘로서라 하면 어찌하여 저를 믿지 아니하였느냐 할 것이니, 그러면 사람에게로서라 할까 하였으나 모든 사람이 요한을 선지자로 여기므로 저희가 백성을 무서워하는지라. 이에 예수께 대답하여 가로되 우리가 알지 못하노라 하니 예수께서 가라사대 나도 무슨 권세로 이런 일을 하는지 너희에게 이르지 아니하리라 하시니라"(29-33절).

만약 '요한의 세례가 하늘로서라'고 하면 저희가 그를 안 믿었으므로 저희들은 하나님이 내려 보내신 선지자를 배척한 것이 됩니다. 그러므로 그들이 '우리는 대답을 못 하겠다'고 했으면 차라리 좀 나았을 터인데, 그렇게 말하지 않고 '모른다'고 해버렸습니다. 사실은 모르는 것이 아닙니다. 믿지 아니하는 저희들의 속이 뻔하게 들어나지만 결국은 대답하되 '어디로서인지 알지 못하노라'고 한 것입니다. 그러니까 예수께서도 말씀하셨습니다. "나도 무슨 권세로 이런 일을 하는지 너희에게 이르지 아니하리라."

백성의 어른들이 따져 물은 이유

그러면 대제사장들과 장로들이 특별히 와서 따져 물은 이유는 무엇인가? 다른 경우에 이 사람들은 자기들에게 여러 가지로 걸리는 일이 있어서 꼭 묻고 싶었어도 감히 나와서 묻지 못하였습니다. 예수님이 나귀 새끼를 타고 예루살렘에 메시야로 입성하시던 날이 바로 그저께입니다. 오늘이 화요일이니까 그저께면 일요일입니다. 예수께서는 예루살렘이 한눈에 보이는 곳에 서셔서 내려다 보시면서 우시고, 그들이 장차 받을 무서운 환난을 예언하셨습니다. 월요일 아침에는 길가에 서 있는 무화과나무에게서 무엇을 얻으려 하셨지만 얻지 못해서 결국은 그 무화과나무를 뿌리로부터 마르게 하셨습니다. 그 다음에는 예루살렘 성으로 들어가셔서 성전을 깨끗게 하셨습니다. 그때 성전을 깨끗게 하신 그 사실로 보나, 또한 깨끗게 하실 때 예수님이 사람들에게 하신 말씀이나 하신 태도로 보더라도, 그것은 백성들에게 '이러면 안 된다. 이러면 하나님 앞에 징계를 받는다. 그러니 주의해라' 하는 이야기가 아님을 알 수 있습니다. 그것은 제일차 성전 숙청, 예수님이 공생애를 시작하실 그때 유월절 때 성전을 숙청하시던 태도와는 훨씬 다른 태도로 하신 것입니다. 이런 것으로 보더라도 이제 모든 운명이 결정되었다는 것을 확인할 수 있습니다.

예루살렘의 멸망이 어떠할 것을 어저께 주일에 말씀하셨으니 오늘 월요일에 성전을 깨끗게 하실 때 회개를 기대하는 말을 하시지 않는 것은 당연한 일일 것입니다. 이렇게 운명이 기정(旣定)됐다는 것을 우리가 짐작할 수 있는데, 그렇게 운명이 정해졌을지라도 주께서는 하나님의 집, 기도하는 집인 성전은 언제든지 깨끗게 해야 한다는 사실을 가르치셨습니다. 이 가르침을 통해 후일 우리는 '하나님의 성전, 교회는 곧 성신의 집이요, 그뿐만 아니라 개개인은 하나님의 성신이 거하시는 성전이요, 그런고로 개인이나 교회나 항상 성결한 상태 가운데 있어야 한다, 구별되어서 깨끗한 상태 가운데 있어야 할 것이다' 하는 그 기본적인 교훈을 또한 배우게 되는 것입니다.

그러면 성전을 깨끗게 함으로써 실리면에서 손해를 본다든지 방해를 받는 자가 있는데 그것이 누구냐 하면 안나스나 가야바와 같은 대제사장들입니다. 그리고 예수님이 메시야로서 공식적으로 예루살렘 성에 입성하시던 그때 사람들이 일어나서 환호하여 호산나를 부르고 또 성전에 들어가실 때도 아이들이 호산나를 부른 일이 있었는데, 유대인들 중에는 "아, 당신의 제자들을 나무라서 이런 일을 좀 못 하게 하시오" 한 사람들도 있었습니다. 그러니까 그때도 '호산나' 하고 부르는 것이야 아이들과 어른들과 제자들이었고 예수님은 아니었지만 그것을 따져서 '왜 그것을 그대로 받아들이는가? 그것을 왜 좀 제한하지 않는가' 하고 따졌습니다. 그러나 예수께서는 제한을 하기는 커녕 "만일 저들이 잠잠하면 이 돌들이 소리를 지를 것이다" 하고 오히려 그것을 당연한 것으로 승인하시는 태도를 보이셨습니다.

그래서 유대인들은 무슨 권세로 호산나 찬양을 받아들이는가, 그 권세를 누가 주었는가 하는 것도 묻고 싶었고, 성전을 깨끗게 한 일에 대해서도 어떠한 법적인 근거로 그렇게 하는가 하고 따지고 싶었습니다. 그들은 유대 사람들이 가지고 있는 어떤 법적인 근거가 있어야 그렇게 할 수 있다는 것입니다. 즉 자기네가 임명하지도 않았는데 그런 일을 왜 하는가 하는 것입니다. 성전에 와서 가르치는 것도, 우리의 양해하에 해야 할 터인데 왜 저 예수가 마음대로 제자들과 사람들을 이끌고 들어와서 가르치는가 하는 것입니다. 이런 모든 것들이 그들이 묻고 싶었던 일들입니다.

그래서 '당신이 무슨 권세로 이런 일들을 하고 누가 그 권세를 주었는가' 하고 물은 것입니다. 그중에도 특별히 조금 전에 하신 일, 백성들을 가르치고 복음을 전하는 그 일을 무슨 권세로 하는가 하고 물은 것입니다. 그 바로 전의 일을 누가복음 19 : 47에서 보면 "예수께서 날마다 성전에서 가르치시니 대제사장들과 서기관들과 백성의 두목들이 그를 죽이려고 꾀하되 백성이 다 그에게 귀를 기울여 들으므로 어찌할 방침을 찾지 못하였더라"고 했습니다. 그러던 이 대제사장들과 서기관들이 장로들과 함께 와서 당신이 무슨 권세로 이런 일을 하는지 이 권세를 준 이가 누구인지 우리에게 말하라고 한 것입니다(눅 20 : 1-2).

대제사장은 여기에 늘 복수로 써 놓았습니다. 사실상 대제사장은 가야바 하나이지만 그의 장인 안나스가 실권을 쥐고 잡아 흔들었기 때문에 '대제사장들'이라고 한 것입니다. 백성들이 다 예수님 앞에 귀를 기울여 들으므로 이 악당들이 어찌할 방침을 찾지 못해서 그동안 요리조리 궁구를 해나가다가 이제 묘안 하나를 얻은 것입니다. 예수께서 성전의 어느 회랑에서 지금 백성들을 가르치시는데, 백성을 가르치는 그 권리를 누구에게서 받았는가 하는 것을 우선적으로 생각하고, 또 왜 호산나라는 칭송을 받고 자기가 그런 찬양을 받기에 적당한 인물인 듯한 태도를 취했나, 그리고 왜 와서 시끄럽고 소란하게 성전의 상인들을 모두 내쫓았는가 하는, 이런 질문들을 생각해 냈습니다. 그 권위를 준 분이 대체 누구냐 하는 것입니다.

아까도 누가복음에서 읽은 대로 이 일을 하는 데는 물론 대제사장들과 그 일당이 붙어 다닙니다. 그들이 누구냐 하면 사두개들입니다. 또 다른 한쪽에는 서기관들이 있다고 했고(막 11 : 27) 또 백성의 장로들이 있다고 했습니다. 원래 이들은 평소에 늘 대립하고 있었습니다. 각각이 가지고 있는 종교 사상조차 서로 같지 않았습니다. 사두개들, 즉 대제사장의 그룹은 부활도 없고 천사도 없다고 했습니다. 그러나 바리새인들이나 서기관들은 부활도 있고 천사도 있다고 했습니다. 서기관들은 대부분이 바리새이거나 그들에 가까운 사람들이고, 사두개에서 나온 사람이 있다고 해도 아주 소수입니다. 그런고로 서기관의 정치적인 경향은 바리새적입니다. 그래서 항상 바리새인과 서기관이 붙어서 함께 호칭됩니다.

힐문이 내포하고 있는 악의

그러니까 그들은 예수께서 백성들을 이 성전에서 가르치시는 것에 대해, 우리가 모르는 가운데 누구의 양해로, 누가 권세를 주어서 이렇게 마음대로 하는가? 이것은 아주 대단한 권세인데 왜 당신이 마음대로 와서 성전을 쓰는가 한 것입니다. 그런 일은 우리 종교의 법칙대로 제도에 따라 절차를 밟고 승인을 받아야 하는데, 무슨 절차를 밟았기에 누구에게 승인을 받았기에 이렇게 하는가 하고 지금 힐문하고 있는 것입니다. 저들이 유대교에서 가르치는 종교 교리상으로 보면 이런 권세는 그 근원이 하나님이시다 하는 것입니다.

그런데 만약 예수께서 '나는 나 스스로의 권위로써 이 백성을 가르치고 이 복음을 전한다'고 말씀하신다면 그야말로 악당들의 덫에 걸리는 일이 됩니다. 왜냐하면 그들의 질문은 사실상 자기들이 하나님의 권세를 쥐고 있다고 말하는 것인 까닭입니다. 그러므로 예수님이 스스로의 권위로 그렇게 한다고 하시면 여태까지 백성이 무서워서 예수님을 잡지 못했던 그들이 이제는 백성 앞에서 떳떳이 잡을 만한 이유가 생기게 되는 것입니다. 물론 그들로서는 예수님이 반드시 말을 그렇게 하리라고 믿은 것은 아닐지라도, 혹시라도 엉뚱하게 그런 말이 나온다면 그때는 자기네가 큰 수확을 얻는 것이라고 생각했습니다. 그러나 만일 예수님이 그렇게 말씀을 하지 않고, '내가 하나님께로부터 권위를 받은 것이다'고 말씀을 한다면 그 일은 결국 자기네로서도 무엇이라고 확정할 수가 없는 일이 되고 맙니다. 서로 쟁론을 할 수밖에 없게 됩니다. 어떻게 하나님한테 받았다는 말이냐고 다툴 수밖에 없게 됩니다. 그렇지만 그것을 구실로 삼아 예수님을 잡을 수는 없습니다.

그러나 어찌 됐든지 그들은 문제를 한번 걸고 들어오는 것입니다. 즉 이 사람들은 악의를 가지고 조금씩조금씩 더 알아보고 더 조사를 해서 그로 말미암아 꼬투리를 잡을 근거를 얻으려고 한 것입니다. 그 야릇한 꾀로 보아서 그들은 이런 경우에 말을 하지 않는 것보다는 하는 편이 책을 잡는 데 더 유리하다고 생각한 것입니다. 그들은 예수님이 그냥 저희들의 덫에 쉽게 걸려들리라고 그렇게 용이하게 생각지는 아니했을 것입니다. 그러나 어쨌든지 그들의 생각 가운데는 항상 그런 악의가 들어 있었습니다. 어떻게든지 책을 잡고 어떻게든지 그 말꼬리를 잡아야겠다는 생각이 들어 있습니다. 그러니까 비록 그 권세를 하나님께로부터 받았다고 하더라도 적어도 그 다음 말을 물어 볼 수 있고, 거기서 다행히 무슨 구실을 얻으면 자꾸 쟁론을 할 수 있을 것이라고 생각한 것입니다.

이 대제사장들이나 서기관들이나 백성의 장로들이 힐문할 때 '이런 일'이라고 한 것은 예수님이 백성을 가르치고 복음을 전파하는 일만을 말하는 것이 아닙니다. 아까도 이야기한 바와 같이 그 이외에도 몇 가지의 큰 사실들을 포함하는 말입니다. 제자들과 백성들과 아이들이 호산나를 부르는데 그것을 막지 않은 일, 거기에 대해서 누군가가 항의를 하니까 저들을 잠잠하게 하면 차라리 돌들이 소리를 지를 것이라고 거절을 한 일, 또 성전에서 상인들을 내쫓은 일, 이런 일들이 다 포함되어 있는 것입니다. 그러나 먼저는 무슨 권위를 가지고 마음대로 성전에 들어와서 백성을 가르치는가 하는 것입니다. 그동안에도 여러 번 이렇게 힐문을 하고자 했지만 못 하고 있다가 이제 예수께서 날마다 성전에 오셔서 가르치시는 동안 그들의 음모도 또한 상당히 진전이 있어서 자기들끼리 '일단 대답이 이렇게 되면 이렇게 하자'고 어떤 대책을 세우고 행동을 취한 것입니다.

두려움을 가진 백성의 어른들

그러니까 그들은 자기들이 세운 대책에 의해서 예수님을 잡을 수 있는 무슨 탈을 여기서 얻을 수 있을까 한 것입니다. 이렇게 하는 그 자들에게 한 가지 뒤로 접어놓고, 숨겨놓고 있는 사실이 있습니다. 그것은 물론 말할 것도 없이 예수님이 어떠한 특별한 권위를 가지고 일을 해나가신다는 사실을 저들도 알고 있다는 것입니다. 특별히 신적이고 천계적인 권위를 가지고 무엇을 하신다는 것을, 모르는 것이 아니라 알고 있었던 것입니다. 하나님께서 마치 세례 요한에게 권위를 내려주신 것같이 또는 그보다 더 큰 신성한 권위를 예수님이 가지고 일하신다는 사실을 느끼고 있었습니다. 세례 요한의 권위도 그 사실을 객관적으로 바라볼 때 그것이 사람에게서 오지 아니했다 하는 것을 다 느낄 수가 있었습니다. 그런고로 그것을 해석하기보다는 솔직하게 직관하고 느낄 수 있었던 많은 사람들은 세례 요한의 외침에 호응하여 회개하고 세례를 받았습니다. 오직 지금 힐문하는 이 그룹들만은 세례 요한의 그 권위를 부인했습니다. 일단 그 권위를 승인하고 난 후에는 안 믿을 수가 없는 것입니다. 세례 요한이 가지고 있는 천계적인, 혹은 하나님 나라의 권위를 부인한 그들은 예수님의 권위에 대해서도 내심으로는 두려운 마음을 가지고 있으면서도 일부러 부인하려고 안간힘을 쓰고 있는 것입니다. 그렇게 많은 기적을 행하시고 그렇게 많은 권위 있는 가르침을 하셨는데도 불구하고 그들이 갑자기 이제 와서 그 권위를 다시 묻는 것은 다만 그들에게 음모가 있었기 때문입니다.

신적인 능력의 실증

그것을 묻는 자들도 음모에 정신이 팔려서 그 논리가 흐려졌는지 알 수 없으나 옆에서 냉철히 바라보면 그들의 말이 논리적으로 힘이 없다는 것을 알 수 있습니다. 그들은 지난 3년 동안 예수님의 권위가 그 가르치심과 생활로써 또 초연하게 행하신 모든 일들에 의해서 보장되고 실증되고 있다는 것을 다 느꼈을 터인데 이제 와서 다시 권위를 물은 것입니다. 하나님이 주시는 권위는 무슨 문서로 써서 내려주는 것도 아니고, 무슨 큰 의식으로 만인 앞에 어떻다고 드러낼 수 있는 것도 아닙니다. 사람에게 하나님의 권위가 내려진 사실은 그 사람이 하는 일이 신적인 능력으로 하고 있음이 드러남에 의해서 실증되는 것입니다. 하나님 나라에서의 실력은 항상 그것이 하나님의 은혜에 의한 것임이 나타나는 것이고, 또한 그것을 하나님께서 인정하시고 열납하시는 것을 우리가 볼 수 있는 것입니다.

그런데 그 실력을 무시하는 이런 태도, 이것이 악당들이 하는 짓입니다. 종교라는 것이 서 있으면 그 종교 안에 있는 능력의 사실들, 즉 하나님께서 하시는 일들이 거기 분명히 나타나 있어야 그것이 신적인 것임을 승인할 수 있습니다. 그래야 그것이 신으로부터 온 거룩한 것임을, 신성한 것임을 승인할 수 있습니다. 이와같이 하나님께로부터 오는 능력 있는 신성한 일들은 결국 하나님께서 권위를 주신 어떤 사람이 가르치든지 행하든지 지도하든지 이끌고 가든지 하는 이것으로 나타나는 것입니다. 말로써 아무리 권위의 소종래(所從來)를 이야기해 봐도 안 믿을 사람은 역시 안 믿는 것입니다. 왜냐하면 권위의 소종래는 그 사람이 하는 일로 증명되는 까닭입니다.

바울 사도가 사도라고 칭함을 받고 다니면서 일을 했지만, 어떤 사람들이 바울 선생의 그 명예와 하시는 일을 방해하려고 나서서, 그게 무슨 사도냐 언제 예수님을 따라다닌 일이 있느냐 하고 비난한 일이 있습니다. 그러니까 '내가 사도가 아니냐? 다른 사람에게는 사도가 아닐는지 모르나 너희들한테는 내가 사도다. 내가 사도 된 그 권위는 너희들이라는 사람들이 생겨나는 것으로 증명되지 않았느냐? 아가야에서 너희가 암매 가운데 빠져 있다가 이제야 거룩한 열매가 돼가지고 익어서 거룩한 교회를 세우고 있지 않느냐? 그게 사람이 하는 일이냐? 하나님께서 하신 일이 아니냐? 하나님께서 그것을 하셨다면 하나님이 내가 전하는 이 복음과 내가 가르치는 그것을 승인하신 까닭에 그렇게 된 것이 아니냐'고 했습니다(고전 9 : 1-3). 이런 실증이 사도 된 권위가 아니냐? '보내심을 받은 자'의 실질상 권위가 이것이 아니냐고 한 것입니다.

무슨 회의를 할 때 윗자리에 앉는 것이 권위가 아닙니다. 실질상 어떤 능력을 받은 사람은 그 능력을 나타내고, 못 받은 사람은 그 능력을 못 나타냅니다. 그렇다면 능력을 나타낸 사람은 그것으로 능력을 받았다는 것을 증명하는 것입니다. 그 능력을 받았다는 것은 그 능력에 상당한 위치와 그 권위를 받았다는 것을 뜻합니다. 권능을 주셨으면 또한 권위를 주셔서 그 권위하에서 권능을 행하는 것입니다.

로마가 준 대제사장의 권위

그렇다면 여기서도 이 악당들, 즉 대제사장들, 서기관들, 백성의 장로들은 예수님을 죽이려는 음모를 해나가면서 그 음모의 진행 과정 중에 '어떻게 하면 예수가 우리가 쳐놓은 덫에 걸려들게 할 것인가' 해서 어리석은 짓이라도 지금 해보는 것입니다. 그리고 논리상 되지도 않는 소리지만 하고 있는 것입니다. 지금 이 대제사장으로 불리는 사람들은 원래 아론의 남계(男系)가 아닙니다. 당연히 나와야 할 레위 족, 혹은 아론 계통에서 나온 사람들이 아니고 돈을 주고 그 직을 산 사람들입니다. 권위를 돈으로 산 자들입니다. 그리고 그 권위는 로마의 국권이지 하나님이 주신 권위가 아닙니다. 그러므로 로마의 국권에 의지해 가지고 대제사장의 찬란한 옷을 입고 뽐내는 이 자들은 참으로 하나님이 크신 능력으로 나타내시사 하나님의 계시가 되신 예수님의 권위나 또한 하나님이 큰 권능을 주어서 행한 세례 요한의 권위는, 그런 정통적이고도 정당한 권위는 없는 것입니다. 그런 만큼 본말(本末)이 전도되고 다 뒤집어진 사람들입니다.

그런데 그것을 또 용인하는 서기관들이 더 이상한 사람들입니다. 그들은 평소에는 사두개인, 즉 대제사장의 그룹과는 늘 대립하였습니다. 산헤드린에서도 항상 서로 대립해 가지고 혹은 쟁론하고 혹은 반대하여 늘 의견이 분분한 처지였습니다. 그러한 처지에 있던 그들이 예수님을 살해하려는 음모에는 잘 연합이 돼가지고 같이 돌아다니면서 이런 짓을 했습니다. 이 사람들이 이스라엘의 스승들입니다. 이 사람들이 히브리 민족을 이끌고 지금 역사의 어떤 가도를 걷고 있는 것입니다. 과연 그들은 이스라엘 백성을 이끌고 어디로 가려는가?

간단하게 부인할 수 없는 예수님의 권위

그들은 예수님의 그 권위를 다 보아서 알고 있었지만, 그런 것은 짐짓 다 무시해 버리고 이제 와서 또 묻는 것입니다. 그들은 세례 요한의 권위를 부인했듯이 다시 작당을 해가지고 예수님의 권위를 말로 혹은 자기네가 지키고 있는 유대교의 기구를 통해서 부인할 수는 있었으나, 예수님의 그 신성한 권위를 자연스럽게 인정하고 존경하는 대중, 즉 집단적으로나 혹은 개인적으로 예수님의 권위를 민감하게 느끼고 있던 대중들은 예수님의 가르치심과 그 하시는 일을 통해서 보면 볼수록 확실하게 예수님이 신성한 권위를 가지고 역사하신다는 것을 알 수 있었습니다. 대중이 무슨 깊은 이론을 할 수는 없었겠으나 그들은 예수님을 쳐다보고 그 가르침을 받고 또 계속해서 따라간 것입니다. 그런데 그런 이들이 여기 지금 많이 모여 있습니다. 이때가 유월절 절기이기에 천하 사방의 여러 곳에서 순례자들이 모여 있습니다. 그중에는 예수님의 신성한 능력을 제일 많이 보았으리라고 짐작되는 갈릴리에서 온 사람들도 있었을 것입니다. 아무튼 이 대중이 가진 예수께 대한 정직한 심정, 신성한 권위를 숭앙하는 그런 심정 앞에서, 백성의 교사로 자처하는 이들이 요한의 권위를 부인하듯이 예수님의 권위를 그렇게 간단하게 부인할 길이 없었던 것입니다.

물론 이들은 친히 예수님의 신성한 능력의 발휘를 보면서도 악질적으로 예수님을 평하되, 바알세불을 빙자하여 그 권능을 행한다고 악평을 했던 자들입니다. 그렇게 무지하고 패괴한 말을 했던 자들입니다. 이것이 제2년에 있었던 일입니다(마 12 : 24). 그런 사람들이 유대 민족의 지도자로 지금 앉아 있는 것입니다. 그리고 그들은 자기들을 유대주의의 권화(權化)라고 생각하고 있습니다. 요한은 그들을 지칭하여 '유대인들'이라고 했습니다. 그 유대인들이라는 사람들은 예수님을 보고 귀신이 들렸다고 했습니다(요 7 : 20). 또 "우리가 너를 사마리아 사람이라 또 귀신이 들렸다 하는 말이 옳지 아니하냐" 하고 예수님에게 그 의혹을 풀어 보라고 했습니다(요 8 : 48). 그러나 보통 사람이라도 어리석지만 않다면, 그리고 예수님이 행하신 기적들과 가르침들의 성격과 의미를 주의해서 살펴보았다면 그 신성한 권위와 성격을 도저히 부인할 수 없었을 것입니다.

그런데도 이들은 이제 예수님의 권세를 또다시 묻는 것입니다. 예수님이 가르치신 내용에 대하여는 그들이 아무것도 물을 것이 없어요. 묻고 싶었지만 물어 봐야 아무것도 안 된다 그말이오. 지금까지 예수님한테 무엇을 물었어도 한 번도 자기네의 의사가 승인된 일이 없었어요. 의사가 통한 일이 없었습니다. 이스라엘 백성의 교법사나 소위 지식 분자들이나 그 누구도 일찍이 예수님의 가르치심과 또 그 대답에 대립하여 논전(論戰)해 본 일이 없었어요. 한두 마디 묻고는 끝나고 말았지요. 그러므로 지금 이 화요일의 힐문에서도 아무도 감히 주의 가르침의 내용을 비판하거나 거기에 대해 질문한 것이 없고, 오직 그 권위의 소재만을 물은 것입니다.

주님의 대답을 보면, 그것은 주께서 그들이 묻는 것을 교묘하게 회피하시려고 한 것이 결코 아니었음을 알 수 있습니다. 그것은 두말할 것도 없는 일입니다. 만일 주님의 권위를 바로 알아보려 하고 깨닫고자 하는 마음의 빛 혹은 이성의 활동이 그들에게 있었다면 그들은 주님의 권위와 같은 선상에 서 있는, 오히려 주께서 그 권위를 주신 바 세례 요한이 세례를 베푼 그 권위를 먼저 승인할 수밖에 없었을 것입니다.

목자 없는 양과 같은 이스라엘 백성

인류 역사에서 가장 중요한 문제는 하나님의 부르심을 받은 백성이 지상에서, 그 역사와 문화에서 하나님의 나라를 어떻게 나타내고 있는가 하는 것입니다. 그것이 역사 공부에서 가장 중요한 문제입니다. 일찍이 하나님의 오이코노미아를 형성하기 위하여 히브리 사람의 최초의 조상인 아브라함은 하나님의 쓰임을 받아 자그마하더라도 몇 천 명을 데리고 도시 국가를 형성했고, 그 백성은 그 후에 애굽으로 가서 살다가 애굽의 주권자가 바뀌게 되자 그 아래에서 노예로 있게 되었고, 거기서 하나님의 크신 은총으로 구출되어 민족으로 그 역사를 시작하게 되었습니다. 하나님께서 모세를 쓰셔서 그 백성을 구출하시고 이끌어 내시사 시내 반도의 시내 산 아래서 한 민족을 형성케 하신 것입니다. 거기서 또 여호와께 대한 그리고 사람과 사회에 대한 여러 법과 제도가 제정되어 이로써 히브리 사람은 역사상 빛나는 문화 민족으로, 그 위에 또 신성한 사명을 받은 민족으로 그 역사를 시작했던 것입니다(출 19장 이하). 그들의 역사에 기복이 많았지만 그들의 특색은 그들이 신권 정치 아래 있었던 사실입니다.

그러나 히브리 민족은 여호와 하나님의 오이코노미아로서 지녀야 할 바른길과 바른 성격들을 잘 유지하지 못하고 점점 타락해서 바벨론의 포로가 되었고 그때 법궤는 없어져 버리고 말았습니다. 그 후에라도 다시 성전을 세우고 지내기는 했지만 예수님은 세상에 계실 동안에 이 백성을 무엇으로 표현했는고 하니, '목자 없는 양과 같다'고 그 불쌍한 상태를 표현하셨습니다. 그 백성이 그릇된 지도자들에게 이끌려서 그릇된 길을 가고 있었다는 것을 말씀하신 것입니다. 그런 말을 또한 '소경이 소경을 인도한다'는 말로 표시하셨습니다. 이런 말이 가장 적절한 표현입니다. 가령 제3년에 제3차 갈릴리 순회 여행을 하실 때, 이때는 유월절 전인데 "무리를 보시고 민망히 여기시니 이는 저희가 목자 없는 양과 같이 고생하며 유리함이라"(마 9 : 36)고 하셨습니다. 그때는 예수께서 촌촌으로 다니시면서 말씀을 전하시고 복음을 전하시고 앓는 자들을 건져 주시고 하셨는데, 이 일을 행하시면서 백성을 보실 때 그들이 그렇게 보였다는 말입니다. 또 예수님께서 그 해의 유월절 때 오천 명을 먹이시는 일을 하셨는데, 이 오천 명을 먹이시는 일이 있기 바로 전에도 "예수께서 나오사 큰 무리를 보시고 그 목자 없는 양 같음을 인하여 불쌍히 여기사 이에 여러 가지를 가르치시더라"(막 6 : 34)고 했습니다.

그렇게 불쌍한 처지에 놓여 있을지라도 혹 그 사람들에게 얘기를 해보라고 한다면, 아마 자기네의 헤브레이즘이 이렇게 발전해서 역사에 이만한 특성을 나타내고 있다고 자랑했을 것입니다. 나쁜 것이라도 특성이라고 할 것 같으면 특성이 거기 있어요. 오늘날에도 그런 특성은 늘 있습니다. 그러나 그것이 하나님의 나라에서 무슨 의미를 가지느냐 하는 것이 비판의 척도가 돼야 합니다. 그런데 그 사람들은 하나님 나라의 가치로 볼 때는 어떤 특성을 가진 것이 아니라, 목자가 없는 양과 같다는 것입니다. 즉 지도자가 없는 무리인 것입니다. 유대의 막막한 광야나 황야, 바위도 많고 가시나무도 많은 거친 들이나 산에서 방황하고 있는 양, 목자 없는 양과 같다 그 말씀입니다. 제3년 유월절 때 주님은 예루살렘으로 올라가시지 않고 갈릴리에 그대로 계시면서 오천 명을 먹이시는 일을 행하셨습니다. 십자가까지는 그때로부터 만 일 년이 남아 있을 때입니다. 그때 이미 예수께서는 이 년 동안이나 여기저기서 가르치셨지만 백성들은 여전히 목자 없는 양같이 방황을 한 것입니다. 그것을 불쌍히 여기시고 "추수할 것은 많되 일꾼이 부족하니 그런고로 주인에게 말씀을 드려서 일꾼을 보내 주시라고 해라" 하신 것입니다(마 9 : 37-38).

이 사람들을 건지지 않으면 안 되겠다고 하신 것입니다. 당시의 히브리 민족은 그러한 역사적인 성격을 가지고 있었습니다.

역사의 방향을 잃고 있는 종교

바로 이러한 때—그 전후에도 마찬가지지만—이스라엘 민족 사회에는 종교와 문화상으로 자임(自任)을 하던 지도자들이 많았고 또 남들이 인정하는 목자라는 사람들도 많고 많았습니다. 이것은 오늘날 세대에도 마찬가지입니다. 목자는 참 많습니다. 주님 바로 전 세대에 이스라엘 민족 사회 전체 위에 이름을 날린, 성화(聲華)가 높았던 대학자들이 있었는데, 가령 힐렐 같은 대학자는 이스라엘 사람들에게는 모세 이래의 대스승이라고 하는 사람입니다. 또 그와 맞서 있던 샤마이라는 대학자도 있었습니다. 이 사람들은 히브리주의의 거장들입니다. 큰 빛입니다. 그리고 힐렐이라는 사람은 예수님이 탄생하신 후 적어도 10년까지는 아직 세상에 살아 있던 사람입니다. 그러나 하나님 나라의 관점에서 바라볼 때 당시의 진정한 역사 현실은 어떠했느냐 하면 목자 없는 양 같은 사회였다 그말입니다. 사람이 보기에는 문화상으로 뚜렷하게 위대한 힐렐, 샤마이 같은 대학자들이 나타났고 그 계승을 받은 사람들이 서로 대립해 가면서 학문을 토론했습니다. 찬란한 시대입니다. 그러나 그렇게 찬란한 시대라는 것은 사람들이 생각할 때 그런 것이고, 예수님이 보시기에 그들은 목자 없는 양과 같은 불쌍한 상태, 역사의 방향을 잃고 방황하는 상태에 있던 것이었습니다. 그런 것은 오늘날에도 우리가 볼 수 있습니다. 역사의 방향, 즉 하나님이 무엇을 하라고 하시고 어디로 가라고 하셨는가를 모르고 '이것이 종교다. 이런 방식으로 가는 것이 옳다' 하고 자기네가 생각하는 종교적인 성황(盛況)을, 자기들이 생각하는 어떤 결실을 자꾸 거두어 가려고 하는 것입니다. 이것은 곧 역사의 방향을 잃은 것을 뜻합니다.

가르치는 바와 행하는 것이 서로 다른 사람들

백성을 다스리는 자들, 즉 대제사장들, 서기관들, 바리새인들, 장로들－이 백성의 원로들이 히브리 민족을 어디로 끌고 가려고 하는 것인가? 그들은 율법의 외형을 엄격히 꾸미고 또 그것을 번사(煩奢)하게 꾸몄지만 그 정신과 내용은 공허했습니다. 이러한 점들은 주께서 산상보훈에서 지적하신 바올시다. 그들이 백성을 교훈하는 내용의 모든 것이 여러 가지로 공허하다 그말입니다. 그 모든 것이 하나도 쓸데가 없이 전부 틀렸다는 것은 아닙니다. 마태복음 23장을 보면, 그 사람들을 가리켜 '화 있을진저 서기관들과 바리새인들이여' 하고 저주하신 말씀이 많이 나오지만, 그러기 이전에 그들의 어떤 것은 승인하신 말씀이 있습니다. 1-4절을 보면 이렇게 말씀했습니다. "예수께서 무리와 제자들에게 말씀하여 가라사대 서기관과 바리새인이 모세의 자리에 앉았으니－가르치는 자리에 앉았으니－그러므로 무엇이든지 저희의 말하는 바는 행하고 지키되 저희의 하는 행위는 본받지 말라. 저희는 말만 하고 행치 아니하며 또 무거운 짐을 백성에게 지운다." 무엇이든지 저희의 말하는 바는 행하고 지켜라 하신 것을 보면 행하고 지킬 만한 말을 한 사람들입니다. 그렇지만 저들의 생활은 자신들의 말을 따르지 아니했습니다. 오늘 이 마지막 화요일에 이 일과 그 외에 몇 가지의 일이 있은 후에 주께서는 서기관들과 바리새인들을 그렇게 신랄하게 비판하신 것입니다.

저들은 어떤 의미에서 볼 때 그 시대의 히브리주의의 특성을 잘 드러내고 또 유대주의를 사랑하는 사람들입니다. 그러나 그 주의는 하나님께서 이 민족에게 보이시고 바라신 오이코노미아의 바른 자태와는 거리가 먼 것이었습니다. 하나님 나라와는 멀리 떨어져서 사람이 사람의 문화를 건설하고 있는 것입니다. 저들이 유대주의를 받들고 거기에 전진하는 데는 열성적이었지만 유대 민족의 바른 사명, 즉 천부(天賦)의 사명 수행에는, 또 그 수행으로 인한 하나님 나라 역사의 현양(顯揚)에는 눈먼 소경과 같았습니다. 그러하였으므로 그들은 어떻게 해서 자기네 히브리 사람들이 율법을 지키는 사회 생활을 하고 그럼으로써 하나님 나라의 성격을 나타낼 것인가 하는 것을 생각지 않았습니다. 율법을 지키는 데는 목표가 있어야 하는 것입니다. 그 목표란 율법이 구상하는 사회가 출현되는 것입니다. 그냥 덮어놓고 맹목적으로 번문욕례(繁文縟禮)적으로 자자 구구(字字句句)만 만들어서 지키는 것으로 그런 사회가 오는 것은 아닙니다.

예루살렘의 멸망을 예언하심

"예수께서 가라사대 내가 심판하러 이 세상에 왔으니 보지 못하는 자들은 보게 하고 보는 자들은 소경되게 하려 함이라 하시니 바리새인 중에 예수와 함께 있던 자들이 이 말씀을 듣고 가로되 우리도 소경인가. 예수께서 가라사대 너희가 소경 되었더면 죄가 없으려니와 본다고 하니 너희 죄가 그저 있느니라"(요 9 : 39-41). 이것이 제3년 초막절이 지나고 수전절을 앞에 둔 시기에 소경 된 사람을 낫우시고 예수께서 하신 말씀입니다. '소경 된 인도자들'이라는 말씀은 마태복음 23 : 16, 24, 26에 있는데, 이는 그들에 대한 엄연한 심판이 이미 작정된 것을 의미하는 말씀입니다. 주님은 벌써 예루살렘에 공식으로 입성하실 때 우시면서 예루살렘이 받을 환난과 심판을 말씀하셨고, 성전을 정결케 하실 때 그 행동으로써 '다시는 너희에게서 회개를 기다리지 않는다'는 태도를 보이셨습니다. 또 월요일 아침에는 무화과나무를 저주하시고, 그 다음날인 화요일 아침에는 마른 무화과나무 곁에 서셔서 교훈하시사 무화과나무가 근저로부터 마른 것이 보통의 일이 아닌 하나의 상징이라는 것을 제자들에게 강하게 가르쳐 주셨습니다. 선지자가 쓰는 형식으로 이런 모형을 쓰셨습니다. 이렇게 해서 다시는 이스라엘에게 혹은 유대에게 하나님의 오이코노미아로서의 열매를 기대할 수 없으니 이런 것은 있을 필요가 없다, 이런 것은 소멸될 것이다 하고 말씀하신 것입니다.

그리고 그 화요일에 다시 '악한 농부'의 비유로써 이 제사장들의 악의가 무엇인가를 말씀하셨습니다. 그 다음에는 제자들을 감람산에 데리고 가셔서 '감람산 강설'이라고 하는 긴 강설로 장차 쏟아질 이 큰 환난과 동시에 나중에 예수님이 재림하실 때 일어날 여러 가지 큰 사실들까지 거기다가 비춰서 말씀하셨습니다.

예수님 승천 후 40년간의 의미

이렇게 예루살렘의 멸망은 이미 작정된 것이었습니다. 예루살렘 멸망이 주후 70년 일인데, 지금 이 문제를 말씀하신 것은 주후 30년입니다. 꼭 40년을 남겨 두고 말씀하신 것입니다. 40년을 남겨 놓고 그 사람들은 또한 40년 후에 거둘 역사의 씨를 더하여 심는 것입니다. 사람들이 어떤 악행을 하든지 혹은 어떤 민족사적인 의미를 가져야 할 사람들이 그릇된 방향으로 들어서 잘못된 길로 나갈 때는, 그것이 역사에 어떤 씨를 심는 것이고 나중에는 그 열매를 거두게 됩니다. 특히 바리새인들, 서기관들, 백성의 장로들, 혹은 대제사장들이 예수님을 살해하려는 음모를 하고 그리하여 그 일을 성취한다면, 그 살해 성취의 큰 죄는 하나님의 심판과 진노를 받지 아니할 수가 없게 되는 것입니다. 십자가 사건 직후부터 유대인의 사회는 불안과 동요와 그리고 환난이 더욱더 박차를 가해서 마지막인 주후 70년으로 치닫고 올라갑니다. 그들은 그러한 역사의 결과를 위한 원인을 지금 자기들이 심고 있는 줄을 전연 모르고 있는 것입니다. 이것만이 그 원인은 아니지만, 그들이 지금 심고 있는 이것도 분명히 또한 앞으로 올 큰 형벌의 한 원인입니다. 예수님을 죽이려는 그 음모를 하나님이 그대로 지나치실 수가 없는 것입니다. 공의로우신 하나님의 의에 의거할 때 그들은 큰 형벌을 받지 않을 수 없습니다. 이 무리들은 지금 자기들이 그렇게 역사의 씨앗을 심고 있다는 것을 모르고 끝까지 반성 없이 멸망의 절벽을 향하여, 단애(斷崖)를 향하여 치닫고 있을 뿐입니다. 어느 시대에나 어느 사회에나 그 민족이 다 같이 어둠에서 방황하고 있을 때 지도자가 바른길을 찾지 못하고 맹인이 되어 대중을 이끌고 가면, 이는 소경이 소경을 인도하는 것입니다. 소경이 소경을 인도하면 둘 다 구덩이에 떨어진다고 마태복음 15:14에 말씀하셨습니다. 오늘 우리는 여기서 이러한 역사적인 숨가쁜 성격, 그 긴장이 감도는 한 시대의 성격을 보는 것입니다. 간단하게 힐문하고 끝낼 만한 그런 것이 아닙니다. '아, 이런 것이 이러한 무서운 역사적인 성격을 드러내는 일들이로구나' 하는 것을 깨닫게 됩니다. 그 배경에는 음모가 있고, 음모의 대상은 예수님인 까닭에 그들은 가장 엄격하고 엄혹한 역사 현실을 만들어 내고 있는 것입니다.

기 도

거룩하신 주님이여, 사람들이 감히 주님을 향해서 살해 음모를 하고 그 음모를 성취시키는 이 무서운 사실, 그 대상이 천지의 대주재이신 하나님의 아드님 되시는 예수님께 대한 것이므로 역사에 가장 중요하고도 엄숙하고 또 무서운 문제를 지금 다루고 있으면서도, 이스라엘의 지도자란 이 사람들은 자기들이 그 큰 무서운 죄악을 범해 나가고 있다는 것을 알지 못하고 맹목 가운데 자기들뿐 아니라 백성을 이끌고 멸망을 향해서 가는 이런 역사의 긴박하고도 엄혹한 사실을 이제 보았나이다. 그러면 저희는 지금 세상에서 어떻게 하고 있으며 어떠한 역사적 성격을 이루고 있는가, 어떠한 성격 가운데서 어떤 책임을 지고 나가고 있는가를 저희로 깨달아 알게 하여 주시고, 그냥 평범하게 날마다 자기 신변에 있는 눈에 보이는 일만을 전부로 생각하는 잘못을 가지지 않게 하시고, 저희가 다 같이 하나님의 나라에서 어떤 의무를 짊어지고 있으며 어떤 사명 가운데서 어떻게 행보해야 하는가를 알게 하시옵소서. 저 사람들이 알지 못하는 가운데 불의와 악에서 헤어나지 못하고 전력을 다해 멸망을 향해 돌진해 나가는 것과 같은 이런 사실을 바라보면서 지금 저희에게는 그런 사실이 없는가를 바로 생각하게 합소서.

구주 예수 그리스도의 이름으로 기도하옵나이다. 아멘.

第 93 講
두 아들의 비유

예수께서 성전에 들어가 가르치실새 대제사장들과 백성의 장로들이 나아와 가로되 네가 무슨 권세로 이런 일을 하느뇨 또 누가 이 권세를 주었느뇨 예수께서 대답하시되 나도 한 말을 너희에게 물으리니 너희가 대답하면 나도 무슨 권세로 이런 일을 하는지 이르리라 요한의 세례가 어디로서 왔느냐 하늘로서냐 사람에게로서냐 저희가 서로 의논하여 가로되 만일 하늘로서라 하면 어찌하여 저를 믿지 아니하였느냐 할 것이요 만일 사람에게로서라 하면 모든 사람이 요한을 선지자로 여기니 백성이 무섭다 하여 예수께 대답하여 가로되 우리가 알지 못하노라 하니 예수께서 가라사대 나도 무슨 권세로 이런 일을 하는지 너희에게 이르지 아니하리라 그러나 너희 생각에는 어떠하뇨 한 사람이 두 아들이 있는데 맏아들에게 가서 이르되 얘 오늘 포도원에 가서 일하라 하니 대답하여 가로되 아버지여 가겠소이다 하더니 가지 아니하고 둘째 아들에게 가서 또 이같이 말하니 대답하여 가로되 싫소이다 하더니 그 후에 뉘우치고 갔으니 그 둘 중에 누가 아비의 뜻대로 하였느뇨 가로되 둘째아들이니이다 예수께서 저희에게 이르시되 내가 진실로 너희에게 이르노니 세리들과 창기들이 너희보다 먼저 하나님의 나라에 들어가리라 요한이 의의 도로 너희에게 왔거늘 너희는 저를 믿지 아니하였으되 세리와 창기는 믿었으며 너희는 이것을 보고도 종시 뉘우쳐 믿지 아니하였도다 다시 한 비유를 들으라 한 집 주인이 포도원을 만들고 산울로 두르고 거기 즙 짜는 구유를 파고 망대를 짓고 농부들에게 세로 주고 타국에 갔더니 실과 때가 가까우매 그 실과를 받으려고 자기 종들을 농부들에게 보내니 농부들이 종들을 잡아 하나는 심히 때리고 하나는 죽이고 하나는 돌로 쳤거늘 다시 다른 종들을 처음보다 많이 보내니 저희에게도 그렇게 하였는지라 후에 자기 아들을 보내며 가로되 저희가 내 아들은 공경하리라 하였더니 농부들이 그 아들을 보고 서로 말하되 이는 상속자니 자 죽이고 그의 유업을 차지하자 하고 이에 잡아 포도원 밖에 내어쫓아 죽였느니라 그러면 포도원 주인이 올 때에 이 농부들을 어떻게 하겠느뇨 저희가 말하되 이 악한 자들을 진멸하고 포도원은 제때에 실과를 바칠 만한 다른 농부들에게 세로 줄지니이다 예수께서 가라사대 너희가 성경에 건축자들의 버린 돌이 모퉁이의 머릿돌이 되었나니 이것은 주로 말미암아 된 것이요 우리 눈에 기이하도다 함을 읽어 본 일이 없느냐 그러므로 내가 너희에게 이르노니 하나님의 나라를 너희는 빼앗기고 그 나라의 열매 맺는 백성이 받으리라 이 돌 위에 떨어지는 자는 깨어지겠고 이 돌이 사람 위에 떨어지면 저를 가루로 만들어 흩으리라 하시니 대제사장들과 바리새인들이 예수의 비유를 듣고 자기들을 가리켜 말씀하심인 줄 알고 잡고자 하나 무리를 무서워하니 이는 저희가 예수를 선지자로 앎이었더라 예수께서 다시 비유로 대답하여 가라사대 천국은 마치 자기 아들을 위하여 혼인 잔치를 베푼 어떤 임금과 같으니 그 종들을 보내어 그 청한 사람들을 혼인 잔치에 오라 하였더니 오기를 싫어하거늘 다시 다른 종들을 보내며 가로되 청한 사람들에게 이르기를 내가 오찬을 준비하되 나의 소와 살진 짐승을 잡고 모든 것을 갖추었으니 혼인 잔치에 오소서 하라 하였더니 저희가 돌아보지도 않고 하나는 자기 밭으로 하나는 자기 상업차로 가고 그 남은 자들은 종들을 잡아 능욕하고 죽이니 임금이 노하여 군대를 보내어 그 살인한 자들을 진멸하고 그 동네를 불사르고 이에 종들에게 이르되 혼인 잔치는 예비되었으나 청한 사람들은 합당치 아니하니 사거리 길에 가서 사람을 만나는 대로 혼인 잔치에 청하여 오너라 한대 종들이 길에 나가 악한 자나 선한 자나 만나는 대로 모두 데려오니 혼인 자리에 손이 가득한지라 임금이 손을 보러 들어올새 거기서 예복을 입지 않은 한 사람을 보고 가로되 친구여 어찌하여 예복을 입지 않고 여기 들어왔느냐 하니 저가 유구무언이어늘 임금이 사환들에게 말하되 그 수족을 결박하여 바깥 어두움에 내어던지라 거기서 슬피 울며 이를 갊이 있으리라 하니라 청함을 받은 자는 많되 택함을 입은 자는 적으니라 (마 21:23-46; 22:1-14)

제 93 강

두 아들의 비유

마 21 : 23-46, 22 : 1-14

이 비유는 예수께서 잡히시던 수난 주간의 화요일에 말씀하신 비유올시다. 오늘 성경 본문을 보면 화요일에 주께서 이 비유를 말씀하시기 직전에 있었던 사건 하나가 나옵니다. 대제사장들과 장로들이 예수님의 권위를 심문하였던 사건의 기록입니다. 그 심문에 대한 대답으로 예수께서는 요한의 세례 문제를 가지고 오히려 그들에게 반문을 하셨습니다. 그리고 나서 계속해서 세 개의 비유를 말씀하셨는데 그 첫째가 오늘의 비유입니다. 그런고로 이 세 비유들을 각각 공부할 때는 대체로 이 비유들 사이의 관련성을 주의하면서 공부하는 것이 좋을 것입니다.

세 개의 비유 중 첫째는, 아버지가 두 아들에게 포도원에 가서 일을 하라고 했는데, 이에 대한 큰아들과 작은아들의 대답과 태도가 각각 달랐다는 것입니다. 둘째의 비유는, 악한 농부들이 주인의 종을 때리고 핍박하고 또 죽이더니 마침내는 그 주인의 아들까지도 포도원 밖으로 내쫓아 죽였다는 것입니다. 그러면 그 결과는 어떻게 되겠는가 하는 것입니다. 힐문을 하고 있는 공회 의원들을 향해 주께서 완곡하게 말씀하셨으나 실은 맹렬하게 무서운 선고를 내리신 것입니다. 셋째의 비유는, 임금의 아들의 혼인 잔치에 대한 이야기입니다.

예수께 힐문을 한 사람들

이 세 개의 비유는 성전에서 중인 환시리(衆人環視裡)에 행하신 것인데 그 대상은 소위 산헤드린(공회)의 중요한 대표자들입니다. 여기에 그들 70여명이 모두 다 왔는지 그것은 우리가 확정할 수가 없지만 적어도 공회를 구성하는 대표 그룹인 대제사장들과 서기관들과 백성의 장로들이 나왔다고 했습니다. 마태복음에는 '대제사장들과 백성의 장로들이'(21 : 23) 나왔다고 했는데, 마가복음(11 : 27-33)과 누가복음(20 : 1-8)을 보면 거기에 서기관들이 더 보태어져 있습니다. 요컨대 저들은 유대 사람들의 최고 종교 기관이라는 법적인 권위를 가진 공회의 회원들입니다. 로마 당국도 공회의 권위를 존중했는데, 공회가 사형(死刑)에 대한 결정을 하는 것 이외에는 그들의 결정에 다시 인준(認准)을 하지 않을 만큼 존중했던 것입니다. 물론 이 기관은 이스라엘의 법, 즉 모세의 법에 의해서 모든 것을 재판하던 기관입니다.

산헤드린은 선지자에게 그의 권위를 실증하도록 요구할 수는 있습니다. 예컨대 유대인 가운데 어떤 사람이 일어나서 선지자 노릇을 하면서도 자기가 선지자 된 권위를 직접 제시하지 못할 때는 그를 불러다가 '네가 무슨 권위로 이런 짓을 행하느냐? 네 권위를 실증하라'고 요구할 수 있습니다. 요컨대 그런 일에 대해서 법정을 열고 재판을 할 수 있는 권한을 가진 것입니다. 다만 그 선지자의 권위가 이미 실증되어서 모든 사람들로부터 지지를 받을 때에는 가부간에 말을 하지 않을 뿐입니다. 그런 까닭에 세례 요한이 나타났을 때 그가 회개를 외치고 회개하는 세례를 베풀었을 때 산헤드린이 나와서, 네가 무슨 권위로 이런 일을 하느냐고 일일이 심문하지 않았습니다. 오히려 적극적으로 그가 메시야가 아닌가 하고 물어 본 일은 있습니다.

그런데 지금 저들은 예수께 대하여 네가 무슨 권세로 이런 일을 하며, 누가 이 권세를 주었느냐고 하고 있는 것입니다. 그들이 묻는 '이런 일'이라는 것이 무엇인지 자기네들조차 확실히 규정하지 않고 모호하게 묻고 있는 것입니다. 아마 다음과 같은 일련의 사실들을 다 포함해서 하는 말일 것입니다. '아니, 무슨 권세로 네가 성전을 깨끗게 하느냐? 무슨 권세로 네가 가르치느냐? 네가 성에 들어올 때 모두가 호산나라고 했는데 네가 무슨 권세로 그들로부터 그런 소리를 듣느냐?' 만약 예수께서 이러한 그들의 질문 가운데 어떤 한 문제에 대해서 답변을 하시면 '그러면 저것은 왜 그랬느냐? 또 저것은 왜 그랬느냐'고 물으려 들었을지도 모릅니다. 그래서 '이런 일'이라는 모호한 말로 물은 것 같습니다.

그들의 위장적인 답변

그들이 이 질문을 어느 때 했는고 하니 예수께서 성전에 들어가셔서 가르치실 때 했습니다. 마가복음에는 '예수께서 성전에서 걸어다니실 때' 그랬다고 했고, 누가복음에는 '백성을 가르치시며 복음을 전하실 때' 그랬다고 했는데, 둘 다 같은 얘기입니다. 가만히 앉아서 가르치신 경우보다는 아마 돌아다니면서 가르치시는 경우가 더 많았을 것입니다.

이들의 질문에 대한 예수님의 답변에는 두 가지의 내용이 포함되어 있습니다. 첫째는, 예수님이 가지신 권세의 소종래(所從來)에 대한 것이고, 둘째는, 그 권세에 대해서 너희들이 인지하든지 못하든지간에 너희들의 태도에 대해서 내가 얘기할 것이 있다고 하신 것입니다. 권세의 소종래에 대해서 얘기할 때는 요한의 세례의 소종래를 물었습니다. 거기에 대한 그들의 답변은 형식상 '모르겠다'는 것입니다. 요한의 세례에 대한 의견이 개인마다 다르겠지만, 이 '모르겠다'는 대답은 그들이 자신들의 의견을 발표하기를 두려워했다는 것을 표시합니다. 왜냐하면 백성들이 모두 요한을 선지자로 확인하고 있는 까닭입니다. 만일 그들이 요한을 선지자가 아니라고 하면 백성이 혹시 일어나서 돌로 칠는지도 알 수 없습니다. 그러니까 저들은 요한을 선지자라고 확인할 수도 없고, 안 할 수도 없었던 것입니다. 요한을 선지자로 확정하면 어떻게 되는가? 그것은 요한이 예수님을 가리켜서 증거한 것을 시인하는 셈입니다. 요한은 예수님을 가리켜서 다음과 같이 증거했습니다. "보라, 세상 죄를 지고 가는 하나님의 어린양이로다"(요 1:29). "내 뒤에 오시는 이는 내가 그 신들메 풀기도 감당치 못할 분이요"(요 1:27). "불로써 장차 세례를 줄 것이다"(마 3:11). 다시 말하면 그는 예수 그리스도를 가리켜서 메시야라고 증거한 것입니다. 따라서 요한이 하나님의 권세를 가지고 예언자로서 행동했다는 것을 자기들이 인정하면 예수께서 그들을 향하여 하나님의 권세를 가지고 예언자로 행동한 이의 증거를 너희들은 왜 믿지 않느냐고 물을 것이 뻔했습니다. 그러니 아니라고 할 수도 없고 그렇다고 할 수도 없는 난처한 처지에 놓인 것입니다. 그런 고로 위장적(僞裝的)으로 '우리는 모르겠다'고 한 것입니다.

공회의 대표자들

여기에 대제사장들이 나오는데, 아마 이 대제사장들 속에는 별사람이 다 끼어 있었을 것입니다. 원래 모세의 법대로는 대제사장은 한 사람뿐입니다. 그 한 사람이 종신토록 대제사장 노릇을 합니다. 그가 죽으면 그 다음 사람이 계승을 합니다. 그러므로 대제사장이

여럿이 될 수가 없습니다. 다만 솔로몬 때에 대제사장 아비아달을 파면한 일은 있습니다(왕상 2 : 26-27). 학깃의 아들 아도니야가 왕위를 노리고 음모를 하는데 제사장 엘리의 후손인 아비아달이 그 음모에 가담했던 것입니다(왕상 1 : 5-7). 마침내 솔로몬이 왕위에 등극한 다음 그를 파면했습니다. 그 이후에는 대제사장이 한꺼번에 두 명씩 세 명씩 있은 예가 없었는데, 수리아 통치 때 그들의 책동이랄까, 정치적인 종교적인 이유로 음모를 통해 이 대제사장직을 정치권력이 마음대로 붙였다 떼었다 한 것입니다. 수리아의 안티오쿠스 왕조가 그런 일을 했습니다. 그 후 로마 정권하에 들어간 후에는 로마의 황제의 특명을 받은 소위 군정 총독이, 특별히 팔레스틴과 수리아 지방에 와서 권력을 펴고 거의 제왕과 같이 군림하던 총독이 자기 마음에 드는 사람을 대제사장으로 임명했습니다. 주님의 탄생 후 7년쯤 됐을 때 안나스라는 사람이 대제사장으로 임명되었지만, 나중에 주님을 정죄했을 때 활동하던 대제사장은 그가 아닙니다. 그가 7년간 대제사장으로 있은 후 로마 총독이 그를 파면시키고 이스마엘이라는 사람을 대제사장으로 삼았습니다. 그 다음에는 엘르아살이라는 사람을 대제사장으로 삼았는데, 이는 안나스의 아들입니다. 엘르아살이 대제사장이 된 지 일 년 후에 시몬(Simon, son of Kamithos)이라는 자가 또다시 대제사장이 되었습니다. 그 후 겨우 일 년이 지나서 이번에는 안나스의 사위 가야바가 대제사장이 됐는데, 지금 예수님의 공생애 마지막 달 중에 이 가야바가 대제사장 노릇을 하고 있는 것입니다. 그러나 현역은 가야바지만 안나스나 엘르아살이나 또는 이스마엘이나 다 대제사장들이라 칭함을 받았습니다. 그래서 대제사장이 여럿이 된 것입니다. 그러나 그때의 실정으로는 아마 백성들이 안나스는 법대로 대제사장이 된 사람이라고 해서 가야바보다 그를 더 존중했던 듯합니다. 그래서 저들이 예수님을 잡아 갈 때에도 먼저 안나스에게 데리고 갔던 것입니다.

공회란 이러한 대제사장들과 백성의 장로들과 서기관들로 구성된 최고의 법적 기관일 뿐 아니라 종교 문제에 대해 최고 결정권을 가지고 있는 기관입니다. 형식상으로 말하면 구약 교회의 총회올시다. 그것은 단순히 총회로서만 존재하지 아니하고 교리상의 문제나 혹은 사람들의 생활 관습에 관한 문제를 결정하였고, 혹은 사람들의 무슨 잘못에 대한 재판도 거기서 행했습니다. 이미 이스라엘 왕국은 소멸되고, 이스라엘의 정치적 통치자는 외방 사람으로 대치되어 있는 까닭에 이 나라에서 히브리주의를 그대로 유지하고 백성을 통치하는 기관이 있다면 그것은 이 산헤드린뿐입니다. 다시 말하면 그것은 그때 남아 있는 구약의 신권 정치의 유일한 대표 기관인 셈입니다. 이 산헤드린을 대표하는 사람들이 예수님 앞에 나와서 무슨 권세로 이런 일을 행하느냐고 한 것입니다.

먼저 세례 요한의 선지자권을 인정하라 하심

오늘 우리가 읽은 성경 내용에서 우리는 공회의 회원들이 예수께서 하시는 일들에 대해서 점진적으로 적의를 노정(露呈)한 것을 볼 수 있습니다. 그러고 보면 결코 그들이 공정하게 제대로 알아보려는 의도에서 예수께 질문을 한 것이 아닌 것을 알 수 있습니다. 그들은 이제 새삼스럽게 예수님께 이러한 일들에 대해서 알아볼 필요가 없는 것입니다. 이미 3년 동안이나 예수께서는 그들 가운데에서 말씀하시고 행동하시고 생활해 오셨습니다. 예수께서는 이스라엘의 어느 한 귀퉁이에 숨어서 그런 일을 하신 것이 아닙니다. 그리고 지금은 마지막 주간입니다. 앞으로 사흘 후면 그들이 예수님을 십자가에 못박을 것입니다. 물론 사흘 후에 못박겠다는 치밀한 계획이 지금서 있는 것은 아닙니다만, 결국 역사로 봐서는 사흘 후에 못박게 되는 것입니다. 그런데 못박기 사흘 전까지라도 이들이 이러한 태도를 취하고 있었던 것입니다. 속에는 적의가 가득했지만, 표면으로는 온공(溫恭)하게 나와서 공정한 듯한 태도로 권위의 소종래를 물은 것입니다.

이 권위의 소종래에 대한 물음에 예수께서는 요한의 세례 문제를 가지고 대답하셨습니다. 이런 대답을 하심으로써, 첫째는 당신의 권위가 어디에 있느냐 하는 것을 말하기에 필요한 전제를 확호하게 세우신 것입니다. 예수님을 메시야라고 한 사람은 누구보다도 메시야 앞에 서서 그것을 선포한 선지자 요한입니다. 그런 까닭에 예수님은 선구자로서 메시야이심을 선포한 요한의 선지자권을 이들이 확인하지 아니한다면, 예수님의 권위를 얘기한들 아무 소용이 없을 것이라는 사실을 생각하신 것입니다. 그러니까 저들이 '모른다'고 할 때 예수께서 가라사대 "나도 무슨 권세로 이런 일을 하는지 너희에게 이르지 아니하리라." 나도 말할 필요가 없다고 하신 것입니다. 그 대신 너희에게 이 말을 해주마 하고 이야기를 계속하셨는데, 그것이 오늘의 비유올시다. 비유를 말씀하시게 된 동기와 그때의 상황을 우리가 잘 알아야 하는 까닭에 여러분에게 이제까지의 말씀을 드린 것입니다.

그들의 무자격을 척결해 내심

이들은 모른다고 대답함으로써 자신들의 무능을 폭로하고 말았습니다. 만약 자기네가 예수 그리스도께서 가지고 계신 권위의 소종래에 대해서 지금까지 진정으로 알지 못했다든지 알아보려고 하지 아니했다면 구약의 신권 정치의 유일의 잔존 기관이요 헤브레이즘을 가장 잘 유지하고 보존하며 나타내야 할 기관인 산헤드린이 벌써 그 기능을 상실했다는 것, 자격을 잃어버린 것을 말합니다. 그것을 먼저 예수께서 확실히 드러내셨습니다. '그렇다면 너희 공회가 구약 교회의 총회 기관, 혹은 최고의 기관으로 존재할 아무런 실력과 실질과 자격이 없는 것 아니냐'고 하신 것과 같은 것입니다. 그러나 저들은 모른다고 하는 대답으로 이것을 표시한 셈입니다. 예수님의 반문(反問)은 그들의 무능과 무자격을 척결(剔抉)해 낸 것입니다.

그들은 그것만을 노출하고 만 것이 아닙니다. 저들은 그런 것을 알지도 못하고 또 알 수도 없으면서, 백성 앞에서는 자기네가 스스로 권위자로 자처하고 있었던 것입니다. 그런고로 그들은 참된 권위를 찬탈(簒奪)하고 있는 자들입니다. 말하자면 그 권위에 해당치 아니한 자가 권위의 위에 앉아서 마음대로 천단(擅斷)을 하고 있는 것입니다. 그런고로 예수께서는 '너희 공회는 이미 하나님께로부터 권위를 받아 법적으로 거기에 앉아 있는 참된 공회가 아니다. 무자격하고 무능력한 자가 거룩한 자리를 찬탈하여 욕되게 하고 있는 것이다'고 하신 것입니다.

요한의 세례에 대해서 말을 하지 못하고 있는 이들이 가지고 있는 위장이 또 하나 있습니다. 그들이 마음속으로는 '요한의 세례가 하늘로부터 온 것이 아니다'고 말하고 싶었지만 지금 백성이 무서워서 위장을 하고 있는 것입니다. 그러나 예수께서는 그런 일에 대해서 일일이 말씀하지 않으시고 그들의 무능을 척결하시고, 또 '너희가 그와 같은 위치에 앉아 그러한 찬탈을 행하고 신성 모독을 함으로써 무엇을 얻고 있는 줄 아느냐? 너희들은 이 같은 열매를 얻고 있는 것이다' 하고 세 개의 비유를 말씀하신 것입니다.

세 개의 비유의 뜻

그 세 개의 비유 가운데 첫째의 비유는 두 아들의 비유인데, 이로써 예수께서는 저들의 무식과 믿음 없는 것을 드러내셨습니다. 이렇게 하심으로써 저희들의 말로 저희들 자신에게 죄책이 있는 것을 확인하게 하신 것입니다. 아버지가 맏아들을 보고 "얘, 오늘 포도원에 가서 일을 해라" 했을 때 맏아들은 아버지께 그저 "예"라고만 하지 않고, 분명히 "예, 가겠습니다"고 대답했습니다. 그것은 "내가 분명히 그렇게 하겠습니다" 하는 뜻입니다. 그러나 그는 안 가고 말았습니다. 둘째아들은 처음에는 "싫습니다" 하더니 후에는 뉘우치고 갔습니다. "둘 중에 누가 아버지의 뜻대로 행했느뇨?" 그들이 둘째라고 대답했습니다. 결국 이 비유가 완곡하게 전하는 뜻은 이런 것입니다. '너희들은 무엇이냐? 너희들은 하나님의 뜻을 알고, 하나님의 말씀을 맡은 자로서 헤브레이즘을 바르게 전달하고 지지해야 할 자들로 자처하고 있는 사람들 아니냐? 너희들은 구약의 신권 정치와 거룩한 교회의 양상을 오늘날 메시야를 맞이하기에 적응하게 만들어 놓았어야 할 사람들이 아니냐? 그런데 너희들은 어떤 상태 가운데 있느냐? 너희들은 오신 메시야도 알지 못하고 깜깜한 가운데 있지 아니하냐?' 그들에게 있는 참으로 무서운 사실을 경고하신 것입니다.

둘째의 비유에서는 저들로 하여금 무엇인가를 선언하게 하심으로써 결국은 저들 자신이 받을 형벌이 무엇인가를 알려 주신 것입니다. "포도원 주인이 와서 아들을 죽인 포도원 농부들을 어떻게 하겠느냐"고 예수께서 물으셨을 때, 저들은 "이 악한 자들을 진멸하고 포도원은 제때에 실과를 바칠 만한 다른 농부들에게 세로 줄지니이다"고 대답했습니다. 진멸할 것까지도 저희들이 한 말입니다. 그렇다면 예수께서는 저희들 입으로 스스로 '우리들은 진멸받을 자들입니다'고 표백하게 하신 것입니다.

셋째의 비유는, 저들은 언약을 파기한 자들이라는 뜻입니다. 원래 혼인 잔치를 할 때는 갑자기 사람들을 청하는 것이 아닙니다. 당시의 풍습은 혼인 잔치를 하기 전에 미리 사람을 보내서 며칠날 혼인 잔치를 하니 그때 와 달라고 기별을 하는 것입니다. 못 올 사람은 못 온다는 기별을 미리 하게 하고 올 사람도 온다고 미리 기별을 하게 합니다. 그렇게 해서 올 사람을 확정한 다음 잔칫날에는 올 사람들의 수대로 잔칫상을 마련해 놓고는 두번째로 사람을 보내서 "자, 이제는 다 준비됐으니 어서들 오십시오" 하고 다시 청하는 것입니다. 이것이 그들의 관습입니다. 그런데 오기로 약속했던 손님들이 오지를 않은 것입니다. 올 듯이 대답했지만, 막상 잔치를 하게 됐을 때는 약속을 다 뒤집어 버리고 오지를 않은 것입니다. 청하러 간 종을 저희가 거들떠보지도 아니하고 하나는 자기 밭으로, 또 하나는 상업차 가고, 남은 자들은 오히려 이 심부름 간 사람을 잡아 능욕하고 죽였습니다. 이러한 자들에게 임금이 노하여 군대를 보내어 살인한 자들을 진멸하고 동리를 불사르고 종들에게 이르되, 이제는 다른 사람들을 다 취할 것이다고 한 것입니다(마 22 : 1-10).

둘째의 비유 끝에, 예수께서 "건축자들의 버린 돌이 모퉁이의 머릿돌이 되었도다 함을 읽어 본 일이 없느냐"고 하시고, "또 내가 너희에게 이르노니 하나님의 나라를 너희는 빼앗기고 그 나라의 열매 맺는 다른 백성들이 다 받을 것이다"고 하셨습니다.

마지막 비유에서는 결국 그들이 가지고 있던 고대의 신권 정치의 제도는 완전히 파괴되고 말 것이며, 이방인들 속에 새로운 하나님의 나라가 건설될 것이다 하는 뜻을 보이신 것입니다. 이러한 것들이 세 가지 비유에서 당장 눈에 띄는 현저한 사실들입니다.

첫째 비유 : 두 아들의 비유

이제부터 첫째 비유를 생각하겠습니다. 첫째 비유는 간단한 비유입니다. 큰아들을 보고 "너는 오늘 포도원에 가서 일해라" 하니까

"예, 가겠습니다" 했지만 그는 가지 않았고, 둘째아들을 보고 "너도 오늘 포도원에 가서 일해라" 하니까, 처음에는 "싫습니다. 안 가렵니다" 했다가 나중에는 뉘우치고 갔습니다. 그러면 "자, 이 둘 중에 누가 아버지의 뜻을 행했느냐?" "둘째아들이니이다."

"예수께서 저희에게 이르시되, 내가 참으로 신중하게 너희에게 말한다. 세리들과 창기들이 너희보다 먼저 하나님의 나라에 들어가리라." 이 '들어가리라' 하는 말은 장차 들어가리라는 말이 아니올시다. '지금 들어가고 있다'는 말입니다. 이것은 그들이 들어가게 된다는 가능성, 즉 그들의 상태가 그렇다는 것을 얘기하는 것이지 시순을 가리키는 것이 아닙니다. 시순으로 봐서는 지금 들어가고 있다는 것입니다.

"요한이 의(義)의 도로 너희에게 왔거늘 너희는 저를 믿지 아니하였으되"(마 21 : 32). 이제는 노골적으로 너희는 그 큰아들과 같다고 말씀하신 것입니다. "너희는 하나님의 말씀을 맡은 자로, 이미 하나님께서 너희들에게 하나님 나라를 맡길 때, '예' 하고 맡겠다고 하고 다 산헤드린의 위치에까지 올라왔다. 너희가 세상에 나가 장사를 하거나 농사를 짓지 아니하였으니 무엇을 하려고 그리하였느냐? 뭘 하려고 바리새인이 되고 제사장이 되고 혹은 백성의 장로들이 되었느냐? 도대체 너희는 그런 직을 어찌하여 취하였느냐? 할 수 없으면 처음부터 그만두고 생업에나 종사할 일이지, 왜 하나님의 거룩한 산업을 맡아서 다스리고 그것을 보존하는 이런 신성한 위치에 올라왔느냐? 너희들은 큰아들과 같이 "예, 가겠습니다" 하고 그 일을 맡은 것이다. 맡았으면 맡은 바를 잘 행했어야 할 것 아니냐? 그런데 너희는 어떻게 행했느냐? 너희가 행했다고 할 것 같으면, 요한이 의의 도로 너희에게 왔거늘 왜 그를 믿지 아니하였느냐?" '의의 도'는 무엇입니까? 의의 도라는 것은 의의 길이란 말입니다. 예수님은 "내가 길이요 진리요 생명이니라"(요 14 : 6)고 하셨습니다. 그런고로 '의의 도'란 예수 그리스도를 가리키는 것입니다. 예수 그리스도가 의의 길입니다. "요한이 의의 도로 너희에게 왔거늘 너희는 저를 믿지 아니하였으되 세리와 창기는 믿었으며, 너희는 이것을 보고도 종시 뉘우치지 않고 믿지 아니하였도다." 이것이 저들이 당한 문제라고 하신 것입니다. 이것은 예수께서 일차적으로 그 당시의 대제사장들이나 바리새인들이나 서기관들 혹은 백성의 장로들, 즉 산헤드린의 신권 정치 담당자들을 가리켜서 하신 말씀입니다. 구약 교회의 모든 권력자들에 대해서 하신 말씀입니다.

그러면 오늘날의 우리는 어떠한가? 예수께서는 오늘날에도 하나님의 말씀을 받고, 의의 도를 알고, 또 어떻게 해야 할 것에 대한 가르침을 받은 사람들에게 이 말씀을 하시는 것입니다. 히브리인들도 처음에는 "예, 나는 그렇게 하겠습니다"고 대답한 사람들입니다. 나가겠다고 한 사람들입니다. '하나님께서 무엇을 바로 가르치시면 바로 받은 그대로 해야지, 그렇게 안 하면 안 되지' 하면서 나선 사람들입니다. 그러나 그렇게 말만 하고 행하지는 않았습니다. 이런 예는 오늘날에도 얼마든지 많습니다. 그런고로 이 말씀은 오늘날의 모든 하나님의 자녀들, 특별히 하나님 나라 일에 대한 각성을 가졌다는 사람들에게도 똑같이 하시는 말씀입니다. 왜 너희들은 해야지, 해야지 하면서도 못 하고 있느냐고 하시는 것입니다. 여기 보면 비유 중에 '뉘우친다'는 말이 있는데, 이것은 회개라는 뜻의 '메타노이아'(*μετάνοια*)보다는 좀더 부드러운 말입니다. 뉘우치다, '메타멜로마이'(*μεταμέλομαι*). 이것은 자기의 마음과 목적을 완전히 고쳐서 나간다 하는 것이올시다. 그런데 너희는 왜 그것을 하지 못하느냐고 하시는 것입니다.

전통이란 문제

그것을 하지 못하는 데는 여러 가지 이유가 있습니다. 첫째, 전통이라는 문제가 있고, 둘째는 이 전통으로 말미암은 자기의 처지라는 것이 있습니다. 그리고 셋째로는 의의 도리, 곧 진리에 대한 확신이 불분명하기 때문입니다. 이런 것이 대개 중요한 이유입니다.

이 세 가지 문제를 함께 생각해 보십시다. 사람들 가운데는 '교회가 부패했으니 개혁을 해야겠다. 잘못된 것들이 많으니 이렇게 하면 안 되겠다'고 하는 사람들이 있습니다. 그리고는 고쳐 보자고 합니다. 하지만, 이래서는 안 되겠다고 말한 그 사람이 부패한 그 속으로 들어가고 나면 그대로 한통속으로 휩쓸려 나가고 맙니다. 오늘날 많은 사람들이 교회를 큰 기업과 같이 발전시켜야겠다는 생각을 가지고 있습니다. 그래서 교역자들은 어떻게든지 교인을 많이 모아 가지고 큰 집을 지으려 합니다. 어떤 경우에는 큰 교단에 붙어서 그 교단의 이름을 빌려 가지고 자기네도 그 교단 안에 있으니까 당연히 그 교단의 정통성을 가지고 있다는 식으로 보이려고도 합니다. 그래서 법적으로 거기에 속해 있지 아니한 교회까지도 정통 교회의 이름을 교단명으로 떡 붙여 놓는 거라 말씀입니다.

우리 한국에서 대한예수교장로회가 법적으로 정통 교회라고 사람들에게 알려지니까, 대한예수교장로회 무슨 교회, 대한예수교장로회 무슨 교회 해서, 심지어 장로교와는 아무 상관도 없이 자기네끼리 만든 교회도 대한예수교장로회란 간판을 붙인다 그말이오. 한국에 있는 대한예수교장로회 교단이 하도 많아서 모두 몇 개인지 알 수가 없습니다. 저마다 다 대한예수교장로회입니다. 그래서 심지어는 한국에는 대한예수교장로회 아니면 예수 교회가 아닌 것같이 생각하게끔 됐습니다. 누가 대한기독교장로회라고 하면 '아, 저것은 기장파다' 하고 후딱 말할 거요.

일본 가서 '예수교'라고 하니까 거기 교인들이 이상하게 생각합디다. 일본 사람들은 '예수교' 하면 어떤 광신주의적인 기독교인 집단으로 생각합니다. 기도하면서 울고 뛰고 야단 내고 감정에 따라 고조되고 하는 그런 파들이 대개 예수교라는 말을 쓰고, 정식으로 진리에 착실히 서서 나아가는 교회는 전부 '기독교'라는 명칭을 쓰고 있습니다. 거기에 가서 대한예수교장로회라고 하니까, "그러면 거기도 그럼 밤낮 그렇게 울고 뛰고 야단을 내느냐"고 묻는다 말이오. 장로교인데 어떻게 예수교냐 하는 것입니다. 물론 미국에서는 예수교네 기독교네 하는 그런 말을 붙이지 않습니다. 조금 특이하게 이상한 것을 주장하는 사람들이 '더 처치 오브 크라이스트'(The Church of Christ)라는 말을 붙이든지 하는 것입니다. 만일 예수교장로회라고 할 것 같으면 예수교라는 말은 쓰지 않고 '더 프레스비테리안 처치'(The Presbyterian Church)라고 하면 그만이라 말입니다. 지역마다 그런 풍습이 있습니다.

한국 교회의 고질적인 병폐

그런데 한국에서는 예수교장로회가 정통으로 행세를 하게 됐습니다. 그러나 그런 간판을 붙이고 있는 많은 교회들이 사실은 장로회의 전통이나, 개혁교회의 정식적인 전통에서는 벗어나 있는 일이 많습니다. 그러면서 '전통에서 벗어나는 것이 나쁠 것이 있느냐? 사람만 많이 오고 은혜만 받으면 그만 아니냐'고 합니다. 그 사람들이 말하는 은혜라는 것이 대체 무엇인가도 문제입니다. 요컨대 감정의 자극만 오게 하면 은혜라는 것입니다. 그 사람들에게는 마음이란 요컨대 감정을 의미합니다. 진리를 안다든지 깨닫는다든지 하는 것이 중요한 것이 아니고, 마음에 기쁨을 얻는다든지 마음에 무슨 찌르르함이 온다는 것을 중요하게 생각합니다. 그래서 '그런 것이 좋다. 그렇게 해야만 사람들이 자꾸 불어난다. 그런 것 없으면 사람이 붇지 않는다. 딱딱하고 어려운 말만 하는데 무슨 사람이 불어나느냐'고 합니다.

단기간에 많은 사람들을 끌어모으려니까 그런 식으로 하게 됩니다. 그렇게 해가지고 사람들을 많이 모은 다음에 또 하는 방식이 있습니다. 하나님 앞에서 역사에 대한 책임자로서 무엇이 우리가 할 일이냐 하는 것은 한 번도 생각해 보는 일이 없이, 우리 교회가 어떻게든지 커서 사람 많이 모이고, 연보 많이 나오고, 교회당만 하나 번듯하게 지으면 목회는 성공이라는 것입니다. 그리로 끌고 나갑니다. 그 목사 위에 다른 목사가 있어서 이렇게 해야 한다 저렇게 해야 한다고 호령하고 지시할 재주가 없습니다. 교회는 목사 하나가 말하면 그만입니다. 그래서 그 목사 자신이 교회의 사명이나 교회의 존재 의의라는 것은 생각지 않습니다. 교회는 기업처럼 크기 위해서 존재한다는, 소위 미국서 말하던 처치애니티(Churchanity)라는 것이 지배하고 있는 것입니다. 크리스치애니티(Christianity)가 아니고 처치애니티라는 것이 지배하면 그만이다 하는 것입니다. 목사가 그런 생각에 꽉 절어 있는 것입니다. 그것도 그 혼자만의 생각이 아닙니다. 여러 사람들이 다 그런 식으로 생각하며 나아가고 그런 크라이테리아에서 교회를 자꾸 평가하니까 부지불식간에 자기도 어느덧 그 속으로 빠져 들어가는 것입니다. 만일 눈을 돌려 그런 식의 생각을 가지고 있는 많은 교회들을 들여다볼 것 같으면 이것이 단순히 한때 유행으로 일어났다가 마는 그런 일이 아니고 이미 긴 세월 동안 차츰차츰 고질화되어 무서운 전통이 되고 있는 것을 발견하게 될 것입니다. 이것은 비단 한국에만 있는 일이 아닙니다. 전세계에 걸쳐서 있는 일입니다. 즉 역사에 대한 사명감과 책임감을 가지지 아니한 그릇된 사상하에서 비신국적인, 비교회적인 새로운 전통을 수립하고 있는 것입니다. 또는 이미 전통화한 이러한 현실이 사방에 퍼져 있는 것입니다.

어떤 목사가 교회에 들어가서 처음에는 이런 것을 고쳐야겠다고 느껴보지만 그 무서운 전통 앞에서 자기가 어떻게 할 길이 없는 것을 발견합니다. 자기의 처지가 너무 약해서 또는 자기가 그렇게 하다가는 거기에 남아 있지 못하고 쫓겨날 터이니까, 그렇게 하는 것이 자신에게 불리하겠기에, 혹은 자신에게 그런 것들을 고칠 만한 확호한 신앙이 없는 까닭에 그것에 밀려서 그냥 나아가는 것입니다. 이것은 비근한 예를 든 것뿐입니다.

세계 교회의 또 하나의 고질

여러분, 세계의 교회 현실을 보면 거기에 또 하나의 무서운 고질이 만연해 가고 있습니다. 세계의 교회가 가지고 있는 무서운 고질이라는 것은 무엇이냐 하면, 교회가 사람들의 마음 가운데 가지고 있는 가장 기본적인 요구, 영혼 가운데 가지고 있는 기본적인 문제에 대해서 하나님의 거룩한 말씀으로 대답할 능력을 잃었다는 것입니다. 그래서 교회가 차라리 눈을 어디로 돌리려고 하느냐 하면 이 세계에 있는 착잡한 현실, 즉 사회 문제나 정치 경제의 문제로 돌리려고 합니다. 그런 문제를 심리학적으로 설명하려 하고, 또는 종교단체라는 사회적인 세력의 힘으로 그런 문제를 해결하려 합니다. 세계에 있는 아주 많은 교회들이 그러한 방향을 취하고 있습니다. 그러나 사람이 의식하고 요구하는 기본적인 문제가 반드시 그런 것은 아니올시다.

그러면 사람의 속에 있는 가장 기본적인 요구가 무엇인가? 여러분, 물에 빠져 있는 사람을 본다고 하십시다. 그 사람이 물에 빠져 가지고 시를 읊든지 무슨 흰소리를 하든지 하면 여러분은 그것이 그의 소리가 아닌 것을 압니다. 물에 빠져 있는 사람의 본능적인 요구는 생에 대한 요구입니다. 차라리 뚝 떨어져서 죽어 버렸으면 더 문제가 없겠지만, 죽지 아니하고 물속에 들어 있을 것 같으면, 당장은 죽고 싶어서 물에 떨어졌는지 모르지만 떨어졌어도 죽지 않으면 그 다음부터는 다시 살고 싶다는 요구가 생기는 것입니다. 그 생에 대한 요구를, 그런 경우는 없겠지만 가령 그가 '아, 나는 죽는다. 이렇게 맑은 물속에서 고요히 잠드노라'고 시로 읊었다고 하더라도 그것은 한갓 흰소리일 뿐입니다. 그 중심의 요구는 '나는 살고 싶다'는 것입니다. 그리고 물에 빠져 있는 사람에게 사실 지금 필요한 것은 그 사람을 살리는 줄을 던져 주는 것이지, 그 사람보고 '눈을 다른 데로 돌려 보라. 물을 보지 말고 눈을 저 뭍으로 돌려라. 많은 사람들이 주위에 서서 네가 죽어가는 것을 환시하고 다 박수를 치고 찬탄을 하고 있지 않느냐'고 하는 것은 도무지 소용없는 얘기입니다.

그러나 오늘날 세계에 있는 큰 교회들이 대부분 그런 짓을 하고 있습니다. 그들은 지금 죄 가운데서 멸망을 향하여 전진하고 있는 사람들에게 '어떻게 하면 사느냐? 하나님이 내려 주시는 복된 소식은 무엇이며 하나님의 나라는 무엇인가? 그리고 하나님의 거룩한 영광으로 영화되는 길은 무엇인가' 하는 것들을 구체적으로 바로 가르쳐 주는 능력을 잃어버렸습니다. 왜 잃어버렸느냐? 하나님의 말씀이 그런 것을 가르치는 대강령인데, 그 거룩한 본의를 교회들이 다 말살한 까닭입니다. 그 강령의 본의는 복음, 영화의 길, 그리고 하나님 나라의 거룩한 도리입니다. 이것을 무시하고 성경에서 하나님이 말씀하지 아니하신 철학을 발견하고, 도덕적인 규율을 찾으려 합니다. 그뿐 아니라 그런 이들이 지금 더 중요하게 생각하는 문제는 도덕적인, 경제적인 사회 문제입니다. 또 절망이라는 문제를 심각하게 다룹니다. 그것은 어떻게 하면 살겠느냐 하는 문제입니다. 도덕적인 문제는 새로운 세대(generation)가 가지고 있는 괴이한 풍조, 가치의 전도라는 사실입니다. 이런 일에 대한 대답을 그들은 성경에서 발견하려는 것입니다. 이것은 성경이 하나님의 말씀으로서 메디아 그라티아에(media gratiae)가 아니라, 철학의 원천으로 작용하기를 요구하는 태도입니다. 성경이 은혜의 방도로서가 아니라 위대한 철학의 원천으로 그 작용을 나타내기를 요구하는 태도라 말입니다.

은혜의 방도로서의 성경 말씀

성경이 위대한 철학을 주지 않는 것은 아닙니다. 또 성경이 도덕적인 기준을 안 주는 것이 아닙니다. 성경이 물론 위대한 철학과 도덕의 기준을 줍니다. 그러나 그것만 주고 만다면 성경이 하나님의 말씀으로서는 아무런 의미도 안 가지는 것입니다. 이것은 우리 교회에서 여러 번 얘기했습니다. 은혜의 방도가 아닌 이상에는 성경은 하나님의 말씀이 아니라고. 그런데 은혜의 방도로서의 하나님의 말씀은 어디로 가고, 하나님의 말씀이라는 것이 오늘날 진통하고 고민하고 괴로워하는 세계의 문제에 대해서 대답을 해주는 것이라야 한다는 것입니다. 여러분, 그런 대답을 하면 족한 것입니까? 그런 대답은 소용이 없는 것입니다. 건져내는 것이 중요합니다. 성경은 적어도 하나님의 말씀으로서, 지금 보고 있는 이 세계의 절망과 흑암의 정도가 아닌, 죄인이 죄 가운데서 영원한 멸망을 받아 지옥의 절망과 흑암 가운데로 빠져 들어가는 인생을 건져내려는 말씀인 것입니다. 그것은 단순히 말에 불과한 것이 아닙니다. 쿰 버보(cum verbo)의 성신님의 역사로, 말씀과 함께 성신님의 역사로 끄집어내는 능력의 사역이 함께 하는 것입니다. 그런데도 불구하고 성경에서 그런 모든 신적인 권위를 배제하고, 나머지 가지고 있는 철리(哲理)

로, 철학적인 원천으로, 도덕의 기준으로, 그리고 여러 가지 아름다운 내용들을 보이는 위대한 문학과 사상의 원천으로 보이면서 그것으로써 세계의 문제를 해결해 가자는 것입니다. 이것이 오늘날 세계의 교회가 가지고 있는 인식론적인 태도입니다. 그리고 그것은 그만 어디로까지 빠져 들어갔느냐 하면, 교회의 설교는 세계에 일어나는 심각한 문제와 논쟁에 대한 해설이 되지 않으면 안 된다는, 그런 데로 빠져 들어간 것입니다.

여러분, 이것이 무슨 말인 줄 아십니까? 은혜의 방도로서 전달되어야 의미가 있는 강단의 설교에서조차 철리를 해석해라 그것입니다. 하나님의 말씀을 해명하여 전달하는 설교보다 이제는 철리를 해석해서 전달하라는 것입니다. 세계의 진통에 대해서 깊이 분석하고 거기에 대한 기독교적인 대책을 얘기하라는 것입니다. 이것이 은혜의 방도로서의 하나님 말씀의 전달입니까? 이것이 케리그마(*κήρυγμα*, 선포)입니까? 아니올시다. 이렇게 되면 기독교는 무력해지는 것입니다. 이렇게 될 때 기독교는 자기가 호소할 능력의 대상, 즉 하나님이 없어지는 까닭에 자기에게 있는, 가령 몇 억이라는 사회력에, 그런 집단력에 호소를 하게 되는 것입니다. 그들이 가지고 있는 인적 자원이나 인간적인 지혜나 재력이나 사회 세력이나 이런 것들을 의존하게 되는 것입니다. 그러나 수십 억이 진통을 하고 있는데 몇 억이 그들을 건지겠다고 나서 본들 나서지지도 않는 것이고 나설 길도 없는 것입니다. 이것이 현재 세계의 교회가 안고 있는 하나의 고질이올시다.

우리는 어떤가

이런 세계의 교회의 고질을 바라보면서, 개혁을 한다고 할 때 혹은 하나님 앞에서 그들과는 다르다고 할 때 우리는 무엇을 생각해야겠는가 생각해 보세요. 우리 교회는 어떻게 하고 있는가? 우리 교회는 남과 같이 이것 않고 저것 않는다고 해서 스스로 생각하기에 괜찮은가? 적어도 역사적인 사명이라는 것이 무엇인가를 늘 인식하겠다는 교회가, 세계 교회의 진통과 그것이 가지고 있는 이런 무서운 고질의 발전이라는 것을 눈을 들어서 볼 줄 모를 것 같으면 무엇 하겠다는 말인가?

큰아들을 보고 가라고 하니까, 큰아들은 "예, 가겠습니다" 해놓고 안 가고 말았습니다. 이것이 바리새인이라고 성경은 해석하고 있습니다. 아주 엄격하게 박하와 회향과 근채의 십일조는 다 드리면서, 낙타는 통으로 삼키고 하루살이는 걸러 먹고 하는 바리새인이 되고 말았다(마 23 : 23-24) 말이오. 법을 지키는 데는 가장 엄격했고, 자기 자신을 깨끗하게 하는 데는 가장 결백했던 사람들이, 그리고 만일 추어 올리기로 한다면 굉장히 추어 줄 데가 많은 사람들이 그렇게 된 것입니다. 그러나 그들은 대도(大道)를 잃어버렸습니다. 그들은 동쪽을 향해 가겠다고 하면서 서쪽을 향해 가는 배를 타고 그 위에서 동쪽으로 걸어간 사람들입니다. 결국 도달한 곳은 서쪽입니다. 그런고로 우리 교회도 항상 이런 것을 주의해야 합니다. 언제까지나 요만하게 주저앉아 있어야 하겠는가? 적어도 역사적인 사명을 얘기할 때는 역사의 성격을 알아야 하고, 또 역사의 성격이 오늘날 우리에게 무엇을 호소하며 무슨 도전을 하고 있는가를 늘 명심하고 있어야 합니다. 조그마한 이 바닥에 있는 몇 교회가 어떻게 하고 있는 이것이 대단한 문제가 아닙니다. 그런 것을 우리가 주의하십시다. 지금 첫째의 비유에서 우리 교회에게 강력하게 부르시는 말씀을 주의해서 들으세요.

기 도

거룩하신 아버지시여, 저희들이 아버지의 은혜로 부르심을 받아 나왔고, 각성을 얻어서 역사의 사명에 대해 심각하게 생각하도록 때를 따라서 은혜를 받았지만, 항상 저희들은 무엇이 바쁜지 무거운 짐에 이끌려서 그 거룩한 나라의 참된 의미에 대한 깨달음과, 인류 사회에 저희를 두어두신 크신 뜻과, 역사의 대류(大流)를 통해서 흘러나오는 하나님 나라의 전승자다운 위치에 서야만 하겠다는 확호한 생각이 부족할 때가 많사오니, 저희를 불쌍히 여기시고 마음을 다 일깨워 주셔서 주님의 나라의 거룩한 것을 깨우치게 하여 주시고, 또 오늘날 우리가 맡고 있는 일이 얼마나 중대한 것이며, 하나님의 거룩한 교회로 각성한 교회가 그 역사에서 어떻게 질량에 있어서 변함이 없는 하나님 나라의 큰 능력을 나타내야 할 것인지에 대해서 심각하게 생각하게 하시고, 이 큰아들과 같이 '가겠습니다' 해놓고는 결국 못 가고 마는 그릇됨에 빠져들지 않게 하옵소서. 저희가 그릇된 전통이나 고질에서 감연히 일어나야 할 것임을 깨닫게 하여 주옵소서.

우리 주 예수 그리스도의 이름으로 기도하옵나이다. 아멘.

第 94 講
악한 농부들의 비유

다시 한 비유를 들으라 한 집 주인이 포도원을 만들고 산울로 두르고 거기 즙 짜는 구유를 파고 망대를 짓고 농부들에게 세로 주고 타국에 갔더니 실과 때가 가까우매 그 실과를 받으려고 자기 종들을 농부들에게 보내니 농부들이 종들을 잡아 하나는 심히 때리고 하나는 죽이고 하나는 돌로 쳤거늘 다시 다른 종들을 처음보다 많이 보내니 저희에게도 그렇게 하였는지라 후에 자기 아들을 보내며 가로되 저희가 내 아들은 공경하리라 하였더니 농부들이 그 아들을 보고 서로 말하되 이는 상속자니 자 죽이고 그의 유업을 차지하자 하고 이에 잡아 포도원 밖에 내어쫓아 죽였느니라 그러면 포도원 주인이 올 때에 이 농부들을 어떻게 하겠느뇨 저희가 말하되 이 악한 자들을 진멸하고 포도원은 제때에 실과를 바칠 만한 다른 농부들에게 세로 줄지니이다 예수께서 가라사대 너희가 성경에 건축자들의 버린 돌이 모퉁이의 머릿돌이 되었나니 이것은 주로 말미암아 된 것이요 우리 눈에 기이하도다 함을 읽어 본 일이 없느냐 그러므로 내가 너희에게 이르노니 하나님의 나라를 너희는 빼앗기고 그 나라의 열매 맺는 백성이 받으리라 이 돌 위에 떨어지는 자는 깨어지겠고 이 돌이 사람 위에 떨어지면 저를 가루로 만들어 흩으리라 하시니 대제사장들과 바리새인들이 예수의 비유를 듣고 자기들을 가리켜 말씀하심인 줄 알고 잡고자 하나 무리를 무서워하니 이는 저희가 예수를 선지자로 앎이었더라 (마 21:33-46)

제 94 강

악한 농부들의 비유

마 21 : 33-46

주님이 십자가에 달리시는 마지막 주의 화요일입니다. 이날 주께서는 우리에게 중요한 교훈 세 가지를 비유로써 가르치셨습니다.

그중에 첫째 비유는 '한 아버지와 두 아들에 대한 비유'입니다. 한 아버지에게 두 아들이 있었는데, 맏아들에게 포도원에 나가서 일을 하라고 하니까 "예, 가겠습니다" 했지만 가지 않았고, 둘째아들은 처음에 "싫습니다"고 했지만 나중에 뉘우치고 갔다는 이야기입니다. 예수께서 이 두 아들 중에 누가 아버지의 뜻을 행한 사람이냐고 하시니까 예수님의 권위를 심문하던 산헤드린 사람들은 대답하기를 "처음에 싫소이다 했지만 나중에 회개하고 간 사람입니다"고 했습니다. 그러자 예수께서 "그렇다. 너희보다 먼저 창기와 세리들이 하나님 나라에 들어갔다"고 하셨습니다. 예수께서는 저희들이 종교적인 지위에 높이 앉아서 하나님의 뜻을 행한다고 공언을 하고 백성을 인도하는 사람으로 자임하면서도 결국은 그것을 행치 않았다고 하신 것입니다. "예, 가겠습니다" 하여 다른 사람들 앞에서는 하나님께 잘 순종하는 체하고 하나님의 뜻을 행하는 사람인 체했지만 실제로는 순종하지 않았다고 하신 것입니다. 이에 반해서 세리들은 남 보기에 이스라엘 백성이 원래 가지고 있는 사명의 생활에 대해서 무관심하고 오히려 이스라엘 백성을 억누르는 로마 사람들의 앞잡이가 되어서 세금을 받아 가고, 받아 가되 거기에 여러 가지 부정을 섞어 행하는 죄인으로 지목됐던 사람들입니다. 창기들도 역시 그 사회에서 부도덕을 행하는 것 때문에 죄인으로 지목됐지만, 그들은 요한이 회개하라고 하는 말을 들었을 때 마음에 깊이 자책감을 얻어서 회개를 한 나머지 하나님의 백성답게 살려는 열매를 맺었다는 것입니다. 이것으로 볼 때 세리와 창기, 그 사람들이 먼저 하나님 나라에 들어갔다는 것입니다.

두번째 비유는 '악한 농부들의 비유'이고, 세번째는 '왕자의 혼인 잔치의 비유'입니다. 그 가운데서 우리가 오늘은 두번째의 '악한 농부들의 비유'에 대해서 공부하겠습니다.

포도원의 노래

어떤 포도원 주인이 포도원을 잘 만들고 산울로 두르고 거기에 포도즙을 짜는 구유를 파고, 또 도적질하는 자들로부터 포도원을 보호하려고 망대를 세워 망을 볼 수 있게 해놓았습니다. 포도원 주인은 이렇게 필요한 것을 다 만들어 놓고 그 포도원을 세(貰)로 소작 농부들에게 주었습니다. 주께서 이 포도원을 묘사하신 것을 보면 아마 이사야 5:1-7 가운데 있는 '포도원의 노래'와 연관해서 말씀하신 것으로 생각됩니다. 이사야서에서도 포도원을 하나님의 백성, 이스라엘에 비교했습니다.

"내가 나의 사랑하는 자를 위하여 노래하되 나의 사랑하는 자의 포도원을 노래하리라. 나의 사랑하는 자에게 포도원이 있음이여 심히 기름진 산에로다. 땅을 파서 돌을 제하고 극상품 포도나무를 심었도다. 그중에 망대를 세웠고 그 안에 술틀을 팠었도다." 포도원에 망대도 세우고, 술틀 즉 술을 짜서 담을 구유도 만들고, 또 울타리로 다 둘렀습니다. "좋은 포도 맺기를 바랐는데 들포도를 맺혔도다. 예루살렘 거민과 유다 사람들아. 구하노니 이제 나와 내 포도원 사이에 너희가 재판을 해라. 판단해라. 내가 내 포도원을 위하여 행한 것 외에 무엇을 더 할 것이 있었으랴." 내가 할 수 있는 모든 것을 다 행하고 다 구비해 놓지 않았느냐 하는 것입니다. "내가 좋은 포도 맺기를 바랐거늘 들포도를 맺힘은 어찜인고." 극상품 포도를 갖다 심었는데 들포도를 맺었다 그말입니다. "이제 내가 내 포도원에 어떻게 행할 것을 너희에게 이르리라." 그렇다면 이제 내 포도원에 대해서 주인으로서 어떻게 하겠는가? "내가 그 울타리를 걷어 먹힘을 당하게 하며, 그 담을 헐어서 짓밟히게 할 것이요 내가 그것으로 황무하게 하리니 다시는 가지를 자르는 일이나 북을 돋우지 못하여 질려와 형극이 날 것이며 내가 또 구름을 명하여 그 위에 비를 내리지 말라고 하리라." 자, 이것이 받을 보수(報讐)입니다. 울타리는 다 걷어 먹히고, 담은 다 헐리고 그리고 땅에는 가시와 엉겅퀴와 질려와 형극이 날 것이고, 또 구름이 다시는 이 포도원에 비를 내리지 않아 윤택한 열매를 맺을 수 없게 할 것이다, 한발이 심하고 그리하여 아주 황폐할 것이다 그말입니다.

이 포도원의 노래는 한 비유의 노래인데 그러면 그것은 무엇을 뜻하는 것인가? "대저 만군의 여호와의 포도원은 이스라엘 족속이요 그의 기뻐하시는 나무는 유다 사람이라. 그들에게 공평을 바라셨더니 도리어 포학이요 그들에게 의로움을 바라셨더니 도리어 부르짖음이었도다"(7절). 이것이 옛날 이사야가 그 당시의 이스라엘 사람을 바라보고 하던 말인데, 그 역사의 성격이 예수님 당시까지에도 변경된 일이 없습니다. 계속해서 그대로 내려왔습니다. 이사야가 이렇게 이스라엘 백성을 타매했을 때 히스기야 임금이 일대 개혁을 해

보려고 했지만, 그것은 주로 제도나 형식에 그쳤을 뿐, 이스라엘 백성의 내부, 곧 백성들의 마음은 고쳐지지 않았고 그리하여 계속해서 타락의 상태는 지속됐던 것입니다.

주께서는 주전 700여년 전의 이야기를 상기하시면서 그러한 불의와 악으로 가득 찬 역사의 성격이 기나긴 세월을 지나오면서도 변함이 없이 계속된 것을 말씀하시는 것입니다. "그 사람들에게 공평을 바랐더니 포학이요, 그들에게 의를 바랐더니 부르짖음이라." 그 사람들이 성난 짐승과 같이 부르짖고 다니면서 무슨 삼킬 것이 없는가 하고 찾아다닌다는 것입니다.

악한 농부들의 비유

이 악한 농부들의 비유는 마가복음과 누가복음에도 기록되어 있습니다(막 12 : 1-9; 눅 20 : 9-16). 공관복음에 있는 이야기들을 요약하면 이렇습니다.

한 집주인이 포도원을 만들어 놓고 산울로 두르고 즙짜는 구유를 파고 망대를 짓고 해서 농부들에게 세를 주고 타국에 갔습니다. 누가복음에서는 집주인이 타국에 가서 오래 있었다고 했습니다. 실과 때가 가까우매 주인이 그 실과를 받으려고 자기 종들을 농부들에게 보냈습니다. 소작으로 농부들에게 세를 준 것이니까 이제 실과를 얼마 내라고 한 것입니다. 그런데 농부들이 그 종들을 잡아서 하나는 심히 때리고 하나는 죽이고, 또 하나는 돌로 치는 행패를 부렸습니다. 죽이는 것과 돌로 치는 것이 무엇이 다르냐 하면, 돌로 쳐서는 죽을 수도 있고 안 죽을 수도 있다는 점이 다릅니다. 또 돌로 쳐서 죽게 되는 경우는 오래 신음하다가 죽게 됩니다. 아무튼 하나는 잡아 때렸고, 하나는 당장에 쳐죽여 버렸고, 또 다른 하나는 돌로 쳐서 놓았다 그말입니다. 다시 다른 종들을 처음보다 많이 보내니까 저희가 그들에게도 그렇게 하였습니다. 주인이 마지막에는 자기 아들을 보내며, '저희가 내 아들은 공경할 것이다'고 했으나 농부들이 그 아들을 보고 서로 말하기를 '자, 이는 상속자니 우리가 그를 죽이자. 그러면 그 유업이 우리 것이 될 것 아니냐' 하고 잡아서 포도원 밖에 내쫓아 죽여 버렸습니다. 이에 예수께서 '그러면 그동안 먼 나라에 있던 포도원 주인이 돌아와서 어떻게 하겠는가' 하시니까, 저희가 말하되 '이 악한 자들을 진멸하고 포도원은 제때에 과실을 맺을 만한 다른 농부들에게 세로 줄 것입니다'고 했습니다. 예수께서 다시 그들에게 물으셨습니다. "너희는, 장인 혹은 건축자가 '이것은 집 짓는 데 못 쓰겠다'고 버린 돌이 사실은 가장 힘을 많이 받는 집 모퉁이의 요긴한 돌이 될 것이다 하는 말을 성경에서 읽어 본 일이 없느냐?"

지금 예수께서는 대제사장들과 서기관들 또 백성의 장로들이 있는 데서 이 이야기를 하셨으므로 그들 모두가 이 말씀을 들은 것입니다. 그래서 이 말이 자기들을 가리켜 말한 것인 줄 알고 그들은 예수님을 어떻게든지 체포해야겠다고 했지만, 백성이 예수님을 아주 높은 선지자로 아는 까닭에 그 당장에는 감히 손을 대지 못하고 그냥 가버리고 말았습니다(막 12 : 12).

이 비유의 특별한 성격

이 비유가 무엇을 가르치는 것인가를 생각하기 전에 이 비유가 가지고 있는 특별한 성격을 생각해 보십시다. 이 이야기는 일반 인간 사회에서는 찾아볼 수 없는 그러한 유의 이야기입니다. 왜냐하면 이 비유의 주인공인 포도원 주인이 가지고 있는 성의나 덕성이 이 세상의 인간에게서는 볼 수 없는 것이기 때문입니다. 그러한 주인의 품성의 발휘가 이야기되므로 보통 사람의 눈으로 볼 때는 이야기가 부자연스럽게 느껴집니다.

이 세상에서라면, 포도원 주인이 사람을 보냈을 때 농부들이 행악을 하여 되돌려 보냈으면 주인이 일찌감치 알아차리고 그 농부들이 다시는 행악을 부리지 못하게 힘을 동원할 것입니다. 권력을 동원해 가지고서 농부들을 붙들어다가 사실(査實)을 하고 재판을 하고, 그리고 결국 소작료를 받아내든지 할 것입니다. 이것이 이 세상에서 사람들이 보통으로 하는 일입니다. 그래야 이야기가 자연스러울 것입니다. 종들이 농부들로부터 그렇게 거듭거듭 두들겨 맞고 돌로 침을 받아 죽기까지 했는데도 그냥 가만히 놔두고, 나중에는 아들을 보내면서 '아들은 공경하겠지' 하는 그런 주인이 이 세상 어디에 있겠습니까? 그런 일은 있을 수가 없습니다.

그러나 그러한 인물이 있다면 이런 일은 발생한다 그말입니다. 그리고 그러한 아주 비류가 없는, 전무후무한 한 인물을 주인공으로 거기다가 세운 까닭에 자연히 그 사람의 품성이나 덕성의 발휘는 사람의 세계에서는 일어날 수 없는 독특하고 이상한 것으로 여기에 묘사됐습니다. 어떤 이야기나 정경 혹은 사건의 경위가 자연스러우려면 이 세상에서 일반적으로 일어나고, 세상 사람끼리는 당연히 그래야 할 것으로 생각되는 일들이 나타나야 합니다. 그런데 여기 이 이야기는 아주 비일반적이고 초범한 이야기입니다.

또한 이 이야기 안에 있는 악한 소작 농부들의 악이 또한 보통이 아닙니다. 희유(稀有)의 악입니다. 세상에 소작하는 사람들이 이렇게 악할 수가 없습니다. 이 사람들은 악을 행하되 사특하고 게으르고 그리고 약속을 파기하는 것을 아무렇지도 않게 생각하는, 포학하고 잔악한 사람들입니다.

이렇게 비류 없이 덕성이 높은 주인과, 또한 거의 유례가 없을 정도로 포학하고 사악한 소작농들과의 관계에서 발생하는 이 이야기는 그런 까닭에 이렇게 특이할 수밖에 없습니다. 양편 주인공을 볼 때 지극한 덕성(德性)과 품성의 발휘 대 극단적인 사악과 패괴라는 점에서 이 이야기의 진행은 매우 독특한 성격을 형성합니다. 그것을 우리가 여기서 주의해야 합니다. 그리고 포도원 주인이 보낸 종들이 농부들에게 구타, 석타(石打) 혹은 살해당했는데도 주인은 대항 조처를 하지 않고 계속 종들을 보내고, 마지막에는 그의 아들까지 보내면서 아직도 악인들의 극악을 모르고 있는 듯, 그들이 자기 아들을 선대하고 공경하기를 바랐던 것은 무엇을 의미하는가? 이것이 지금 문제인데, 지금 결론적으로 그 성격 하나를 얘기했습니다. 매우 독특한 이야기라는 것입니다. 독특한 성격의 비유입니다.

별다른 해석들

어떤 사람은 말하기를 이것이 비유니까, 게다가 그때 있던 중요한 역사적인 사실을 나타내려고 주께서 말씀하셨으니까 자연히 이야기로서는 부자연하게 됐다고 하는 사람도 있습니다. 비유니까 이스라엘 역사상 있던 사실에 맞추느라고 그렇게 포도원 주인이 일 처리를 부자연스럽게 한 것으로 만들었다고 합니다.

또 어떤 사람은, 주인이 지금 먼 나라에 있기 때문에 사정에 어두워서 일을 그렇게 했다고 합니다. 주인이 그렇게 먼 나라에 있기 때문에 악한 농부들도 주인의 아들이 친히 나타난 것을 보고 '아마 원 주인이 죽었는지도 모르겠다. 그렇다면 아들인 이 사람이 이제 모든 것을 차지한 주인이니까 그를 죽여 버리면 결국 지금까지 연고권을 가졌던 우리에게 모든 것이 유리하게 전개되리라'고 생각하고 그 아들을 죽였다고, 그렇게 교묘하게 말을 합니다.

물론 주인이 먼 나라에 있기 때문에 여러 가지 사정들이 금방 전달되지 않은 듯도 합니다. 그러나 누가복음 20 : 13을 보면 주인이,

'저희가 이렇게 해대니 어찌할꼬. 그러나 내 아들은 공경하리라' 하고 아들을 보냈다고 했습니다. 이런 말을 보면 주인이 사정을 몰랐다고 할 수 없습니다. 주인은 사정을 알았는데도 그렇게 한 것입니다. 먼 나라에 있어서 사정을 몰랐다면 아들을 보냈을 리가 없습니다. 사정을 몰랐다면 종을 또 보내고 또 보내고 했을 리가 없습니다. 그러므로 먼 나라에 있어서 사정 불문(事情不聞)으로 이렇게 했다 하는 말은 통하지 않습니다. "포도원 주인이 올 때에 이 농부들을 어떻게 하겠느냐" 하는 예수님의 질문은, 그것이 반드시 아들이 죽었을 때 그때서야 주인이 먼 나라에서 돌아왔다는 의미는 아닙니다. 마지막에 아들까지 죽였으니까 주인이 왔다 그말입니다. 그러므로 이런 일이 일어날 때 주인이 먼 나라에 있었는지 가까이에 있었는지, 또는 자기 집에 있었는지, 그것을 우리가 여기서 확정할 수가 없습니다.

세 복음서의 내용상 차이

악한 농부들이 주인이 보낸 종들에게 가해를 한 정경이 공관복음에 다 기록돼 있는데, 그 기록 내용에 서로 다른 것이 있습니다. 마태복음 21 : 34-39에는 "실과를 받으려고 주인이 자기 종들을 농부들에게 보내니 농부들이 종들을 잡아 하나는 심히 때리고 하나는 죽이고 하나는 돌로 쳤거늘 다시 다른 종들을 처음보다 많이 보내니 저희에게도 그렇게 하였는지라 후에 자기 아들을 보내며 가로되 저희가 내 아들은 공경하리라 하였더니 농부들은 그 아들을 보고서 서로 말하되 이는 상속자니 자 죽이고 그의 유업을 차지하자 하고 이에 잡아 포도원 밖에 내어쫓아 죽였느니라"고 기록되어 있습니다.

마가복음 12 : 2-8에는 "때가 이르매 농부들에게 포도원 소출 얼마를 받으려고 한 종을 보내니 저희가 종을 잡아 심히 때리고 거저 보내었거늘 다시 다른 종을 보내니 그의 머리에 상처를 내고 능욕하였거늘 또 다른 종을 보내니 저희가 그를 죽이고 또 그 외 많은 종들도 혹은 때리고 혹은 죽인지라. 오히려 한 사람이 있으니 곧 그의 사랑하는 아들이라. 최후로 이를 보내며 가로되 내 아들은 공경하리라 하였더니 저 농부들이 서로 말하되 이는 상속자니 자 죽이자 그러면 그 유업이 우리 것이 되리라 하고 이에 잡아서 포도원 밖에 내어 던졌느니라"고 되어 있습니다.

누가복음은 20:10-15에 보면 "한 사람이 포도원을 만들어 농부들에게 세로 주고 타국(먼 나라)에 가서 오래 있다가 때가 이르매 포도원 소출 얼마를 바치게 하려고 한 종을 농부들에게 보내니 농부들이 종을 심히 때리고 거저 보냈거늘 다시 다른 종들을 보내니 그도 심히 때리고 능욕하고 거저 보내었거늘 다시 세번째 종을 보내니 이도 상하게 하고 내어쫓은지라. 포도원 주인이 가라사대 어찌할꼬 내 사랑하는 아들을 보내리니 저희가 혹 그는 공경하리라 하였더니 농부들이 그를 보고 서로 의논하여 가로되 저는 상속자니 죽이고 그 유업을 우리의 것으로 만들자 하고 포도원 밖에 내어쫓아 죽였느니라"고 했습니다.

누가복음에서는 포도원 밖에 내쫓아 죽였다고 했습니다. 죽여 가지고 내쫓았는지 그것은 불분명합니다. 마태와 마가의 기록에는 죽여서 내쫓은 것같이 돼 있습니다. 마태는, 종들을 보내니까 하나는 심히 때리고, 하나는 죽이고, 하나는 돌로 치고 다시 다른 종들을 더 많이 보내니 그들도 그렇게 했다고 했습니다. 마가는, 종 한 사람을 보낸즉 구타하여 거저 보내고, 또 하나를 보낸즉 머리를 상케 하고 능욕하여 거저 보내고, 또 한 종을 보내니까 그 종을 죽여 버렸다. 그래서 다수의 다른 종들을 보내니 혹은 때리고 혹은 죽였다고 했습니다. 누가는, 주인이 타국에 가서 오래 있다가 종 하나를 보내니까 구타하여 거저 보내고, 또 하나를 보내니까 또 몹시 때리고 능욕하여 거저 보내고, 또 세번째로 보내니까 이번은 상하게 하고 내쫓아 버렸다고 했습니다. 그래서 마지막에 그 아들을 보냈는데, 마태복음에는 아들을 보내며 '저희가 내 아들은 공경하리라' 했고, 마가복음에는 '오히려 보낼 한 사람이 남아 있는데 그는 그의 사랑하는 아들이라 최후로 이를 보내며 이르되 그는 공경하리라' 했다고 했고, 누가복음에는 '어찌할꼬 내 사랑하는 아들을 보내리니 저희가 혹은 그는 공경하리라'고 했습니다.

이렇게 세 복음서의 이야기에 서로 다른 것이 있습니다. 세 복음서를 보고 그 종들을 보낸 순서나 그 받은 핍박을 종합하여 차서를 세우기가 어렵습니다. 어떤 것이 먼저인지 알기가 어렵게 돼 있습니다. 종에 대한 내용도 마가와 마태는 비슷한데, 누가는 종을 죽인 것은 기록하지 않고, 셋을 다 그냥 때려 가지고 보낸 것으로 기록했습니다. 그러니까 때린 면만을 이야기하고 죽인 면은 별로 이야기하지 아니했습니다. 죽임이 먼저냐, 때림이 먼저냐 하는 것도 우리가 알 길이 없습니다.

공관복음이 공통으로 말하는 것

그러나 공관복음들이 서로 순서가 바뀌었을지라도 함께 우리에게 말하는 것이 있습니다. 공통으로 말하는 바는 종들이 농부들한테 파견된 순서라기보다는 차라리 다음과 같은 사실들입니다.

포도원 주인이 농부들에게 세로 준 그 전지(田地)에 대한 세를 받아야 할 때가 이르렀으므로, 그 세를 받고자 몇 번에 걸쳐서 종들을 농부들에게 보냈습니다. 농부들은 그 종들에게 세를 주지 않았을 뿐만 아니라 작당을 해서 종들을 상대로 너희가 무엇인데 세를 받으러 다니느냐 마느냐 하고 쟁론을 했을 것입니다. 그래 나중엔 분이

나가지고 와야 하니 덤벼서 두들기든지 돌로 치든지 죽이든지 했을 것입니다. 이렇게 폭력을 써서 종들을 몹시 구타하여 치상(致傷)케 하거나 치사(致死)케 한 사태가 벌어졌습니다. 주인이 자기 땅에 소작으로 짓고 있던 농민들에게 종들을 보내서 세를 거두려고 했더니 일이 이렇게 된 사실들을 듣고, 그 일을 해결해서 질서를 회복해야 겠다고 생각했습니다. 그래서 싸운 양측과는 상관이 없으며 또 포도원 주인의 권위를 대신할 수 있는 자기의 독자를 보냈습니다. 즉 서로 싸울 수 있는 상대를 보내지 않고 그 위치나 권위가 훨씬 다른 자기 아들을 보낸 것입니다. 그러면 소작인들은 그 아들과 결산에 관한 사무를 시작해야 할 텐데, 그런 사무를 시작하기도 전에 그들은 그 아들의 몫으로 될 재산을 자기네가 강점하여 마침내 자기들 것으로 삼으려는 심산으로 그 아들을 살해하고 말았습니다. 여기까지는 이 복음서들이 모두 다 같이 기록한 이야기입니다.

포도원 주인과 농부들의 대조적인 성격

이 비유의 포도원 주인과 농부들은 아주 특수한 인물들이라고 앞서 말했습니다. 농부들은 소작 농민들인데, 이 세상에서 드물게 보이는 아주 잔악하고 게으르고, 폭력을 크게 믿고, 정의를 짓밟는 자들입니다. 그들은 자기들의 이익을 위하여 공동의 이해를 가진 동료들과 작당을 해서 주인의 재산을 강탈하려 했습니다. 그러기 위해서 아무런 원한도 있을 수 없는 세 받으러 간 종들과 일을 해결하고자 온 주인의 아들까지라도 다 살해해 버렸습니다. 여기에 비해 포도원 주인은 자기를 대표하여 소작인들에게 도조(賭租), 즉 소작료를 받으러 찾아간 그의 종들을 소작인들이 때리고 능욕하고 상해하고 살해했어도, 그것을 그냥 참고 견디면서 오히려 소작인들과 온화하게 문제를 해결하고자 했습니다. 이 주인은 이 세상의 대다수의 사람과는 전연 다른 성격을 가진 사람입니다. 그러한 참고 견딤, 그 관대함, 불쌍히 여기는 마음 등이 이 세상 사람 같지가 않다 말입니다.

이러한 비류 없는 인물을 주인공으로 하여 창작된 이 비유는 필연적으로 이 세상에 흔히 있음직한 그런 이야기가 아닙니다. 이 세상에 있음직한 자연스러운 이야기라는 말은, 그 비유 속에 나오는 인물이나 사건이 이 세상에서 흔히 혹은 더러 있음직한 주인공이나 배경을 가진 사건이라는 말입니다. 그러나 이 비유의 주인공인 포도원 주인은 덕성이나 또 그 일 처리하는 방식이 도무지 이 세상에는 있음직하지 않습니다. 한편 이 비유에 나오는 농부들 또한 희유의 악인들이긴 하지만, 그렇다고 그런 예가 세상에 전연 없다고 할 수는 없습니다. 그러나 포도원 주인의 인격은 이 세상에는 전무(全無)한 인격이요, 그의 내린 조처도 일반적인 이 세상의 사물 처리의 예 가운데서는 아무리 자세히 찾아보더라도 찾을 수가 없는 처사입니다. 주인은 그러한 인물이므로 그는 이 세상 사람이 이해하지 못할 만큼 오래 참고 기다리고 일을 온건하게 추진하고자 하였고, 마침내 독자까지라도 파견한 것이올시다. 이러한 전무후무한 인물의 일에 관한 이야기이므로 이 이야기가 결코 전혀 무리한 이야기는 아닙니다. 그런 이가 한 일이니까 그렇게 된 것입니다.

비유의 해석

주 예수께서는 이 포도원 주인으로 하나님 아버지를 표시한 것이올시다. 주인의 땅을 경작하도록 권위와 책임을 맡은 악한 농부들은 누구냐 할 때 역대의 유대 민족의 치리자들, 지도자들, 교사들이었습니다. 그리고 주인이 보낸 종들은 역대의 선지자들입니다. 주인의 아들은 곧 주 예수 그리스도를 의미합니다. 이렇게 이야기하면 이 비유는 특별한 해석을 하지 않더라도 자연히 알게 됩니다. 그리고 예수께서는 이제 앞으로 곧 발생하게 될 사실을 미리 이야기하시는 것입니다. 이 이야기는 당시 유대인 지도자들, 치자들, 지배자들이 마침내 하나님의 아들이신 예수 그리스도를 살해하는, 천지간에 둘도 없는 악을 행하는 사건에 대한 이야기입니다.

역대로 하나님의 경륜에 따라, 각 시대에는 통치자가 있고 지도자가 있고 가르치는 사람들이 있습니다. 그들이 타락하여 백성들을 오도(誤導)하고 죄 가운데 빠지게 할 때 여호와 하나님께서는 초야(草野)에서나 혹은 궁궐에서나 어디에서나 주의 뜻에 맞는 종을 불러내사 그 백성들과 그 치리자들의 사회에 보내셨습니다. 그들이 곧 역대의 선지자들입니다. 그러면 이스라엘 백성의 치자들, 지도자들은 이들 수많은 선지자들을 맞이해서 어떻게 했느냐 할 때, 결국은 많은 선지자들을 박해하고 죽였던 것이올시다. 그리고 이제는 하나님의 아들이신 예수 그리스도마저 죽이고자 해서 음모하는 일이 점점 익어가고 있습니다. 이런 악한 자들은 어떻게 심판해야 할 것인가? 주께서는 이를 제사장들, 서기관들, 장로들에게 물어 보신 것입니다.

'이 악한 농부들을 어떻게 해야 할 것이냐? 주인이 와서 어떻게 해야 하겠느냐?' 이때 저들은 스스로 그 대답을 했습니다. '이 악한 자들은 진멸하고 포도원은 제때에 세를 잘 바칠 다른 농부들에게 주어야 하겠습니다' 하고.

그것은 자기네 자신을 판단한 말입니다. 불원(不遠)에 무서운 진노가 이들에게 내릴 것입니다. 역대로 여호와 하나님은 그의 종들, 곧 그 말씀을 전달하고 선포하는 선지자들을 그토록 많이 파견하고 보내서 가르치셨지만, 그들은 또 그만큼 많은 사람들을 핍박하고 미워하고 죽였습니다. 이것은 이스라엘 역사에 있던 하나의 성격입니다.

지도자의 우매

그것은 심상한 일이 아닙니다. 이는 민족의 지도자와 교사와 치리자들이 마귀의 궤계를 능히 대적치 못하고 그렇게 하는 것입니다. 에베소서 6:11에 "너희는 서서 마귀의 궤계를 능히 대적하기 위하여 하나님의 전신 갑주를 입으라"고 했는데, 그들이 대적해야 할 큰 적이 누구였습니까? "정사와 권세와 이 어둠의 세상 주관자들과 공중에 있는 악한 신들이라." 그것을 볼 줄 알았어야 합니다. 그때의 치자들, 제사장들, 혹은 백성의 장로들 또 백성의 교사들은 정신을 차리고 그 민족이 가지고 있던 사상이나 제도, 그 사회 전체가 가지고 있는 성격이 어떤 것인가를 알았어야 했습니다. 그것을 모르면 아무런 계획도 할 수가 없습니다. 16세기의 위대한 개혁은 요컨대 그것이 단순한 신학적인 이론에 그친 것이 아닙니다. 그 사회를 지배하는 큰 기구 그것은 교회인데, 그것의 잘못을 알고 그것을 두드려 고친 것입니다. 이것은 쉬운 일이 아닙니다. 이스라엘 백성이 선지자를 박해했다고 했는데, 그 박해를 행한 사람은 누구였습니까? 권력을 잡은 자들이었습니다. 왕과 제사장들, 혹은 그들에 가까운 지배 계급의 사람들이 그렇게 했던 것입니다. 백성의 장로들도 그랬습니다. 그런 사람들이 역대로 박해를 했습니다. 역대로 하나님을 바로 알고 공경하고 일을 깨끗이 처리할 수 있는 사람이 왕이 되지 아니하고, 범용(凡庸)한, 용렬(庸劣)한 사람들이 군주가 되었기 때문에 그런 일이 나타난 경우도 있습니다. 그러나 제도는 어찌할 수가 없는 것 아닌가 할 수도 있습니다. 만일 그 사람들이 그 문제를 철저히 생각했다면 '아, 이 제도가 고쳐져야겠다. 그래서 역대로 하나님의 명령을 들을 줄 알고 그것을 행할 줄 아는 사람이 나와야겠다'고 했을 것입니다. 그런 예가 없지는 않습니다. 사울 뒤에 요나단이 아니라 다윗이 일어났던 것입니다. 그 후 북쪽 이스라엘 나라에서 역성(易姓) 혁명이 일어난 것은 힘을 가지고 곧 악을 가지고 그렇게 한 것이지만, 여기서는 하나님이 대신 세워 주신 것입니다. 하나님의 뜻대로 행하는 자를 세우신 것입니다. 그 후에도 이와같이 하나님의 뜻대로 하는 자를 세우도록 했다면 역사가 많이 달라졌을 것입니다. 그러나 많은 왕들이 제도상 왕가에서 났다는 그것 때문에, 왕위 계승자라고 못박아 놓은 그것 때문에 왕이 되어서는 선지자들을 박해하고 여호와를 반항하고 우상을 섬기고 하는 일을 계속했던 것입니다.

그러면 그 사람들이 그런 거룩한 사상을 품게 되려면 어떻게 했어야 하는가? 철저하게 하나님의 거룩하신 뜻을 배우고 그렇게 자라갔어야 합니다. 그런데 그렇게 하지 못했으므로 사회적인 기구나 조직이나 제도나 성격을 고칠 만한, 크고 확실한 안목을 가지지 못했고 또 고칠 만한 힘도 가지지 못했습니다. 백성들은 암매한 가운데 그러한 지도자들이 끌고 가는 대로 끌려갔습니다. 그리고 현실에서 충성스럽기만 하면 다 잘되는 것인 줄로 알았습니다. 그러한 생각이 그 사람들에게 만연해 있던 까닭에 개인으로는 열심히 하나님의 뜻대로 행하겠다고 했지만, 그 하나님의 뜻이 민족이나 혹은 하나님의 오이코노미아 전체 위에서는 어떻게 움직여야 할 것인가를 깨닫지 못했습니다. 다 그런 편협한 사람들이 되고 만 것입니다.

교회 위에 역사하는 사탄의 힘

이 나라에 그러한 악이 계속적으로 있게 된 것은 단순히 인간적인 탈에만 그 이유가 있는 것은 아닙니다. 거기에는 사탄의 궤계가 있습니다. 마태복음 12:26에 있는 말씀과 같이 사탄의 나라는 잘 통제되어 있는 나라입니다. 사탄은 잘 통제되어 있는 자기 나라의 모든 능력을 동원하여 지상의 인류 속에서 하나님 나라의 시민들과 또 역사상 그 나라의 경륜의 실현들을 공격하여 온 것입니다. 창세기 3:15에 시원적(始原的)인 복음 사실이 있는데, 거기 여인의 후손이 뱀의 머리를 상하고 뱀은 여인의 후손의 발꿈치를 상할 것이라는 예언이 있는데, 지금 제 머리를 상할 여인의 후손이 반드시 하나님의 오이코노미아에서 나올 것이라는 것을 아는 이 사탄은 제가 완전히 패망하기 전에 자기의 모든 지혜와 능력을 동원하고 또 자기에게 주어진 권한의 한계 내에서 정사와 권세와 이 어둠의 세상 주관자들과 공중에 있는 악한 신들, 이런 국권 조직의 모든 능력을 극성스럽게 동원하여 이 백성들의 치자와 지도자들, 가르치는 사람들의 정신을 자꾸 닫아 놓아 암매하게 만들어 놓았습니다.

그런고로 이 백성들은 선(善)을 이야기할 때 자기 개인의 도덕적인 완성만을 향해서 자꾸 올라간다는 거기에만 주력했습니다. 하나님이 자신들을 내신 목적이 무엇이었던가, 하나님의 그 거룩하신 경륜이 자신들의 사회 안에서 형성되고 실현돼 나가는 것을 막고 있는 것은 무엇인가, 무엇을 고쳐야 할 것인가, 이런 것들을 보는 안목들이 없었습니다. 그것이 암매라는 것입니다. 사람이 나쁜 것만이 문제가 아니라 암매가 또한 문제입니다. 이 암매가 시대에 따라 어느 때는 크게 작용을 하는 것입니다.

특히 오신 그분, 즉 옛뱀의 머리를 상하게 하실 그 여인의 후손의 출현을 가급적 저지하고자 사탄은 모든 궤계를 다 써서 이 백성을 암매에다 가두어 놓으려 하였습니다. 사탄은 지상의 인류 사회 내에 있는 하나님 나라의 백성－그때 당시에는 이스라엘 백성－그들을 암매에 가두어 놓으려고 줄기차게 일했습니다. 그렇게 주력으로 역사해 온 것인데, 이것이 사탄의 역사입니다. 그런고로 우리는 사탄의 역사가 있다는 것을 알고 또한 거기에 대항해야 하는 것입니다.

원가지를 꺾으시다

바울 선생도 교회 위에 사탄의 역사가 있는 것을 알았습니다. 그래서 사탄의 역사가 우리가 대적할 큰 세력이다 하는 것을 가르친 것입니다. 에베소서 6 : 11을 보면 "마귀의 궤계를 능히 대적하고 서기 위하여 전신갑주를 입으라"고 권고했습니다.

사탄은 이스라엘 민족의 지도자들의 마음을 세상으로 끌어들이고 하나님의 전신갑주를 입지 못하게 하였습니다. 그들의 정욕을 이용하여 하나님을 순종치 아니하는 세력이 되도록 했습니다. 마귀의 궤계를 타도하고 바로 서야 할 그들이 그렇게 된 것입니다. 이스라엘 백성의 치자들이 자기네 계급의 세력을 보존하기 위해 자기들을 반대하는 모든 세력을 쓰러뜨리고자 불의를 타매하던 역대의 선지자들을 계속 박해해 온 것입니다. 이로써 저들은 하나님의 진노에 저축된 것인데, 그것은 장래의 무서운 심판을 지금 불러들이고 있는 것입니다. 과연 그들은 독생자께서 오셔서 가르치심에도 불구하고 반항을 하였고, 그뿐 아니라 그를 미워하여 마침내 로마 사람의 손을 빌려 살해하고 말았습니다. 하나님의 진노와 무서운 심판을 다시는 면할 길이 없이 되어 버린 것입니다. 그들 스스로 그렇게 만든 것입니다.

저들은 선지자들을 박해한 자기 선조들의 행위를 비판했습니다. 마태복음 23 : 30을 보면 자기들이 만일 저희들의 선조 시대에 살았더면 선지자를 박해하는 그 일에 가담하지 아니했을 것이라고 한 말을 가지고, 주께서는 저희가 스스로 선지자를 박해한 자들의 후손인 것을 인정했다고 하시면서, '화 있으라'고 말씀하셨습니다. 그들은 자기네 조상들이 선지자를 살해한 그 행위에 대해서는 비판하면서도 자기들 대에 더욱 악한 짓을 하고 있는 것은 깨닫지 못했습니다.

자기네 선조를 비판하는 그 논리로 자신들을 비판해 본다면, 그들은 저희들의 조상이 범한 죄를 자기들도 반복하고 있다는 것을 발견할 것입니다. 현재 자기네가 누구를 박해하고 있는데, 그가 선지자라면 그들은 자기네 조상이 범한 죄를 반복하고 있는 것입니다.

그런고로 그들은 선조들이 범한 죄를 저희도 다시 범치 않는다는 것을 보이기 위하여, 현재 그들이 미워하고 박해하는 선지자를 선지자라고 하지 않고 거짓 선지자라고 논단합니다. 그가 하나님을 훼방했다든지 성전을 훼방했다든지 거룩한 것을 훼방했다든지 하는 그런 명목으로 정죄하고 박해하는 것입니다. 그러한 그들의 간지(奸智)와 사악은 그들의 선대 사람들보다도 더 교묘합니다. 그런즉 하나님께서는 그들을 작벌(斫伐)해 버리실 것입니다. "옳도다. 저희는 믿지 아니함으로써 꺾이우고 너는 믿음으로써 섰느니라. 높은 마음을 품지 말고 도리어 두려워하라. 하나님이 원가지들을 아끼지 아니하셨은즉, 너도 아끼지 아니하리라"(롬 11 : 20-21). 그래서 주님은 이스라엘 백성을 끊어 버리신 것입니다.

그런고로 교회도 반성을 해서, 우리가 바른길을 걷는가, 혹은 하나님의 거룩한 이름과 종교의 이름으로 오히려 악을 행하고 있지는 않은가 하는 것들을 잘 살펴야 합니다. 원가지인 이스라엘 백성은 그들의 치자와 함께 작벌당하고 말았습니다. 바울 선생은 이미 그 사실을 알고 이와같이 말한 것입니다. 그렇게 악한 치자들과 지배자들과 지도자들을 계속적으로 배출하던 그 사회의 기구나 제도는 그런 악과 불의를 개혁해야 하는데, 그것을 개혁하지 못하고 나가다가 결국 주후 70년에 민족이 대환난을 맞고 급기야 망국을 당한 것입니다. 주님은 이스라엘의 최후 멸망에 앞서 그런 이스라엘을 타매하신 것입니다.

그 나라의 열매 맺는 백성들이 얻으리라

"그러므로 내가 너희에게 이르노니 하나님 나라를 너희는 빼앗기고 그 나라의 열매 맺는 백성들이 얻으리라"(마 21 : 43). 그 나라의 열매 맺는 백성이란 누구인가? 교회입니다. 천하 만방에서 불러내신 새 백성입니다.

그 사람들이 하나님의 새로운 오이코노미아를 형성하기 시작한 것은 주후 70년 훨씬 전입니다. 40년이나 전입니다. 그런고로 이스라엘 백성에게서는 벌써 하나님의 경륜, 하나님의 오이코노미아로서의 임무나 특권이나 축복이 떠나간 것입니다. 주님께서 이 말씀을 하신 그때로부터 얼마 안 되어, 오순절에 신약의 교회가 형성됐습니다. 그리고 주후 70년은 그 이스라엘이 물리적인 모든 현실, 한 민족으로나 한 백성으로나 한 문화 사회로서 큰 환난을 받고 멸망을 받은 해입니다. 그러나 그 이전에 이미 그들이 과거에 가졌던 하나님의 백성, 하나님의 경륜으로서의 특권과 임무와 영광은 다 없어지고 만 것입니다. 이것을 주님께서는 악한 농부들의 비유를 쓰셔서 이야기하신 것입니다.

기 도

거룩하신 주님이여, 주께서 저희에게 개인의 도덕적인 생활만이 전부가 아니고, 거룩한 교회, 그리스도의 몸으로서 각각 자기가 그 분자로 있으면서 전체의 교회가 하나님의 영광을 위하여 신실하게 순결하게 살아 가는가, 그렇지 못하고 혼탁한 가운데 나아가는가를 반성하게 하셨고, 혼탁의 전진은 마침내 사탄적인 타락과 배교 속으로 빠져 들어갈 많은 교회를 예상하게 하는데, 그런 속에서 저희가 끝까지 바르게 서서 나아가야 할 것을 가르치셨나이다. 이스라엘이 하나님의 오이코노미아로서 모든 특권과 임무와 영광을 다 탈취당하고 만 것은 악한 농부들이 악을 반복하여 행하듯이 그들이 끝까지 회개 없이 여전히 선지자들을 박해하고 마침내는 하나님의 아드님이신 예수 그리스도를 살해한 데에 연유가 있사옵나이다. 주님이 비류 없는 그 성격으로 오래 참으시고 다시 회개를 촉구하고 기다리셨지만, 마침내 저들이 그 아드님까지라도 죽이고 마는 무서운 마귀의 도구 노릇을 한 사실 때문에 저들은 무서운 진노와 심판 가운데 들어갈 수밖에 없게 된 역사의 교훈을 보았나이다. 주여, 저희들을 보호하시사 주님의 엄위를 생각하게 하시고, 저희가 스스로 주의하여서 끝까지 주님의 인자 가운데 거룩히 거하게 합소서.

구주 예수 그리스도의 이름으로 기도하옵나이다. 아멘.

第 95 講

왕자의 혼연 비유(1)

예수께서 다시 비유로 대답하여 가라사대 천국은 마치 자기 아들을 위하여 혼인 잔치를 베푼 어떤 임금과 같으니 그 종들을 보내어 그 청한 사람들을 혼인 잔치에 오라 하였더니 오기를 싫어하거늘 다시 다른 종들을 보내며 가로되 청한 사람들에게 이르기를 내가 오찬을 준비하되 나의 소와 살진 짐승을 잡고 모든 것을 갖추었으니 혼인 잔치에 오소서 하라 하였더니 저희가 돌아보지도 않고 하나는 자기 밭으로 하나는 자기 상업차로 가고 그 남은 자들은 종들을 잡아 능욕하고 죽이니 임금이 노하여 군대를 보내어 그 살인한 자들을 진멸하고 그 동네를 불사르고 이에 종들에게 이르되 혼인 잔치는 예비되었으나 청한 사람들은 합당치 아니하니 사거리 길에 가서 사람을 만나는 대로 혼인 잔치에 청하여 오너라 한대 종들이 길에 나가 악한 자나 선한 자나 만나는 대로 모두 데려오니 혼인 자리에 손이 가득한지라 임금이 손을 보러 들어올새 거기서 예복을 입지 않은 한 사람을 보고 가로되 친구여 어찌하여 예복을 입지 않고 여기 들어왔느냐 하니 저가 유구무언이어늘 임금이 사환들에게 말하되 그 수족을 결박하여 바깥 어두움에 내어던지라 거기서 슬피 울며 이를 갊이 있으리라 하니라 청함을 받은 자는 많되 택함을 입은 자는 적으니라 (마 22:1-14)

제 95 강

왕자의 혼연 비유(1)

마 22 : 1-14

조금 전에 낭독한 하나님의 말씀에 의해서 오늘은 어떤 임금이 자기 왕자의 혼인 잔치를 벌이는 비유를 생각하겠습니다. 지금 이때는 아직 마지막 화요일입니다. 이번 비유도 예수님을 잡으려고 음모를 하고 있는 악당들, 즉 대제사장들과 백성의 장로들이 듣고 있는 데서 하신 것으로, 지난번에 하신 둘째 비유 '악한 농부들이 주인의 종과 아들을 죽인 비유'에 이어 세번째로 말씀하신 것입니다. 이 세 가지의 비유가 어떤 점에서 서로 현저하게 연결되어 있는가를 다시 보십시다.

세 비유

우리 주님은 이 세 비유를 통하여 주님을 십자가에 몰아넣으려고 음모를 하고 있는 악당들에게, 또 그들이 살고 있는 히브리 사람들의 사회에 다음과 같이 말씀하신 것입니다.

너희들은 생각하기를, 너희가 이렇게 하면 간단하게 사람 하나는 죽고 그럼으로써 너희들의 음모는 성공하고 그리고 그 일은 도도한 역사의 물결 속에 섞여 흐지부지 없어질 테니 남는 것은 아무것도 없을 것이라 하는데, 사실은 그것이 아니다. 거기에는 큰 것이 남는다. 우선, 히브리인들의 역사로 보아서 민족의 지도자들이라는 너희들은 결국 이룬 것이라고는 아무것도 없으니 하나님 앞에 문책을 당해도 대답할 게 전혀 없다. 히브리주의의 정통성 혹은 조그마한 등불이라도 쥐고 있는 것은 오히려 세리와 창기인 죄인들이다. 이 세상에서라도 한 국가나 사회를 형성할 때에는 하나의 주견(主見)을 가지고 있어야 하는데, 거기에 비해 너희들은 하나의 이상(理想) 사회를 형성할 책임을 가지고 더욱이 사회의 상층 지배 계급으로 앉아서 민족을 지도하고 가르쳐 가야 할 위치에 있으면서 오히려 하나님의 법을 버리고 마치 큰아들이 입으로만, 형식으로만 '예, 포도원에 가서 일하겠습니다' 하던 식으로 대답만 해놓고, 실질적으로는 하나님을 배반하고 있는 자들이다. 그것은 너희들만으로 그치는 문제가 아니다. 너희들한테 배우고 듣고 인도함을 받는 사람들에게도 문제가 된다. 너희는 그들을 이끌고 지금 큰 환난으로 치닫고 있는 것이다. 이것을 생각해라.

첫째 비유

첫째 비유, '아버지와 두 아들의 비유'에서는 앞으로 올 환난, 즉 하나님의 형벌이나 진노에 대한 이야기는 없습니다. 한 아들은 아버지의 분부를 들었다는 것이고, 다른 아들은 안 들었다는 것뿐입니다. 그 결과가 어떻게 되었느냐에 대해서는 아직 말씀하지 아니했습니다. 물론 어떤 결과가 온다면, 분부를 들은 자는 들은 데 대해서 안 들은 자는 안 들은 데 대해서 합당한 결과가 올 것입니다.

하나님의 나라에서는 명령을 들은 자와 듣지 않은 자를 똑같이 대하거나 혹은 아무 조처 없이 흐지부지 하고 마는, 그런 일이 있을 수 없습니다. 이 세상에서는 불의를 행하는 자들의 수가 하나나 둘이 있을 때에는 그것이 불법이었다가도, 나중에는 불의를 행한 자의 수가 많아질 것 같으면 그것을 합법화하는 일이 때때로 있습니다. 이 세상은 의냐 불의냐로 따지는 것이 아니라 어떻게 하면 현상을 그대로 꾸려 나가느냐로 따지는 것입니다. 말하자면 편의주의(expediency)에 의해서 움직이는 일이 많습니다. 그러나 하나님의 나라에서는 그렇지 않습니다. 하나님은 절대의 공의를 조금이라도 굽히시는 일이 없습니다.

이렇게 죄인들은 듣고 지도자들은 안 들은 것이 그때 히브리 사회의 현상인데, 주님의 첫째 비유는 어느 시대든지 들은 사람이 있고 안 들은 사람이 있다, 하는 그런 정도의 이야기가 아닙니다. 들은 사람은 누구냐 하면 그 사회를 운전하고 가는 사람들이 아니었고 오히려 사회에서 내쫓긴 사람들이었습니다. 그 사회에서 용납하지 못하겠다고 지목하고 비난하고 항상 욕하던 대상들이 들은 사람들이었던 것입니다. 그러기에 오히려 이 사회를 이끌고 갈 위치에 서 있는 자들은 너희들이 아니냐? 포도원을 맡은 사람들은 바로 너희들인데, 너희들은 어떻게 하고 있느냐? 너희가 바로 불순종하고 있는 자들이다고 하신 것입니다.

둘째 비유

그 다음 두번째의 '악한 농부들의 비유'에서는 다만 불순종에 대한 이야기만 한 것이 아니라, '너희들이 곧 포도원을 맡은 악한 농부들이다'고 하신 것입니다.

너희들은 지금 하나님의 거룩한 산업을 맡아 가지고 이루어 나아간다고 하는 사람들이다. 너희들은 자신들을 하나님의 산업의 주장자로, 인도자로 생각하고 있다. 그러나 너희들이 지금 무엇을 하고 있는 줄 알고 있느냐? 너희들은 오히려 하나님께서 너희의 잘못을 지적하고 깨닫게 하시려고 보낸 선지자들을 핍박하고 죽이더니, 마침내는 그 보내신 아드님마저 죽이려 하지 않느냐? 그러니 너희들이 바로 그 악한 농부들이다.

셋째 비유 : 부왕이 왕자의 혼연을 벌이는 비유

그런 후에 오늘의 세번째의 비유에서는, 왕과 가까이서 기쁨을 나눌 특권의 자리에 청함을 받았지만 도무지 청함을 무시하고 심지어 왕의 사자를 능욕하고 죽이기까지 한 사람들이 바로 너희들이다. 그러니 너희들은 철저히 진멸될 것이다고 하신 것입니다.

왕이 무엇을 주려고 너희를 청한 것이냐? 잔치를 베풀고 좋은 것을 주고 기쁨을 나누려고 한 것 아니냐? 청함을 받은 것은 특별한 명예고 특권이다. 그런데 너희는 그것을 어떻게 했느냐? 그런 명예의 자리, 특권의 자리, 그리고 왕과 가까이 있을 수 있는 자리에 청함을 받았지만 너희들은 도무지 오기를 원치 않고 무시해 버리고 응하지 아니했다. 그럴지라도 왕께서는 왕의 그 관대한 품성과 친절을 가지고 너희들을 용납하고 다시 다른 종들을 보내서 간곡하게 너희들을 청했다. 그런데 너희들은 왕사(王使)의 말을 다시 거절했을 뿐만 아니라 오히려 이번에는 왕사를 능욕하고 심지어 죽이기까지 했다. 그러면 왕이 너희를 어떻게 하겠느냐? 왕은 진노해서 군대를 이끌고 와서 너희들을 다 철저히 진멸하고 또 너희가 살던 자리까지라도 부정하게 여기고 불로 살라 버릴 것이다.

오늘의 비유에서는 주께서 앞서 베푸신 두 비유의 내용을 보강하는 그런 의미의 이야기만 하신 것이 아니고, 거기에 예복에 관한 이야기를 덧붙이셨습니다. 그 점이 이 비유가 다른 비유와 다른 독특한 점입니다.

지금 화요일에 예수께서 적당들과 그 뒤에 서 있는 군중을 향해서 계속하여 말씀하시는 세 비유의 관련은 지금 이야기한 대로 첫째는, 장자와 차자의 대답에서 당시 이스라엘 백성의 현상을 바라보게 하시는 것이고, 그 다음에 둘째의 비유에서는 악한 농부들에게서 그렇게 악한 음모를 하고 있는 당대 유대의 지도자 계급 전체를 생각하게 하시는 것입니다. 악한 농부의 비유에서는 민족의 지도자 위치에 있으면서도 그 의무를 깨닫지 못할 뿐만 아니라, 여호와 하나님께서 그들의 잘못과 결함을 보여 주시고자 회개를 촉구하려고 보낸 선지자들을 핍박하고 죽여버리고, 마침내 비할 수 없이 거룩하고 충만한 진리로서 보냄을 받으시고, 오직 진리 외에 다른 것을 말씀하지 아니하신 그분, 계시가 되시는 그분, 즉 하나님의 독생자를 죽이는 악을 행하는 지도자들을 보이신 것입니다.

누가복음의 유사한 비유

누가복음 14 : 15-24에도 오늘의 본문에 나타나는 큰 잔치 비유와 비슷한 내용이 있습니다. 누가복음의 비유는 베레아에서 하신 것입니다. 그 사회에서는 일반적으로 어떤 사람이 잔치를 베풀게 되면, 사람들에게 미리 한번 청하는 말을 전하고, 잔치가 임박하면 다시 초대를 분명히 하는 것이 그들의 풍습입니다. 그래서 그들 사이에는 심지어 자기가 세 번 청함을 받지 않으면 안 가려고 하는 사람도 있는 것이 때로는 그네들의 습관입니다. 여기서는 한번 초대장을 내면 가든지 안 가든지 둘 중에 하나를 대답해야 하는데, 그때 그 사회에서는 그렇지 않았습니다. '저희 집에서 잔치를 하겠으니 미리 생각을 해두십시오' 하고서는 사람을 보내 미리 통고를 해줍니다. 그렇게 해서 사람들로 하여금 잔치에 참석할 것인가 말 것인가를 미리 생각하게 해놓습니다. 그 후에 다시 '이제 잔치를 몇 시에, 어디서 열겠습니다. 그러니 꼭 와 주십시오' 하면, 그때는 자기가 가는지 안

가는지를 결정해서 대답을 해주는 것입니다.

누가복음의 비유를 보면 어떤 사람이 잔치를 크게 열고 사람들을 미리 많이 청해 두고, 잔치 시간이 임박해서 다시 잔치에 참석해 주기를 통고한 객들을 청했습니다. 그런데 청함 받은 사람들이 어떻게 했느냐 하면, 첫번째는 다 일치해서 사양을 했습니다. 한 사람은 사양하며 하는 말이, 나는 밭을 샀으니 불가부득 거기 가봐야겠다고 했고, 또 한 사람은, 내가 소 다섯 겨리를 샀으니 불가부득 시험을 해봐야겠다고 했고, 또 다른 한 사람은, 나는 장가들었으니 오늘은 갈 수가 없다고 했습니다. 이렇게 다 제 핑계들을 댔습니다. 그러니까 주인이 속으로 분이 나서, 그러면 종들을 빨리 시내나 거리나 혹은 골목으로 보내서 구제해 주기를 바라는 가난한 사람이나 불구자나 소경이나 절름발이들을 다 오게 하라고 했습니다. 그렇게 해서, 이 세상에서는 버림을 받은 듯한 사람들을 잔치 자리로 다 불러들인 것입니다. 종들이 그 주인이 하라는 대로 했는데도 아직 빈자리가 있으므로, 주인에게 빈자리가 남았다고 하니까 주인이 말했습니다. "너희가 길과 산울 가로 가서 사람들에게 간절하게 꼭 오라고 강청을 해가지고 이 공석을 다 채워라. 그리고 내가 너희에게 말한다. 전에 청함을 받았던 그 사람들은 하나도 내 잔치를 맛보지 못할 것이다." 이것이 누가복음 14 : 15-24에 있는 '대연의 비유'의 대강입니다.

이 비유는 세 부분으로 되어 있습니다. 첫째는, 어떤 사람이 큰 잔치를 열고 사람들을 청해 두었다가 잔치에 임해서 다시 초청을 하니까 모두 일치해서 사양을 했다는 것이고, 둘째는, 주인이 다른 사람들이라도 청해다가 이 잔치를 베풀어야겠다 생각하고 시내의 거리와 골목에 있는 가난한 사람, 불구자, 소경, 절름발이라도 다 청해 오는 것이고, 그리고 셋째는, 그렇게 했는데도 아직 공석이 남아 있으니까 성 밖의 큰길이나, 산울 가 즉 생나무 울타리 사이로 난 시골의 좁은 길로도 가서 사람을 강청해다가 자리를 다 채우라고 한 것입니다. 전일에 청함을 받은 자는 내 잔치를 맛보지 못하리라는 말씀이 거기 덧붙여져 있습니다. 오늘 읽은 왕자의 연회의 비유와 비슷한 내용을 여기서도 봅니다.

내용 구분

오늘의 왕자의 혼연 비유도 쉽게 그 내용을 세 부분으로 나눌 수 있습니다.

첫째 부분은 1-7절입니다. 어떤 임금의 연회에 청함을 받은 사람들을 그날이 되어 다시 초청했더니 오기를 원치 않고 거절을 하면서 제 논으로 혹은 제 상업차 가버렸습니다. 그리고 남은 자들은 오히려 왕의 종들을 잡아 죽이고 능욕하였으므로 임금이 노하여 군대를 보내 살인한 자들을 진멸하고 그 동네를 불살랐습니다.

둘째 부분은 8-10절입니다. 왕이 말하기를 사거리에 나가서 만나는 사람들을 다 데려다가 빈자리를 채우라고 했고, 그래서 연회의 자리는 어쨌든지 가득히 채워졌습니다. 막연하게 서 있던 그런 사람들이라도 다 데려다가 잔치 자리를 다 채운 것입니다.

셋째 부분은 11-14절입니다. 임금이 손들을 보려고 들어와서는 거기에서 예복을 안 입고 와 있던 어떤 사람을 보았습니다. 그래서 예복을 안 입고 어떻게 여기를 왔느냐고 물으니까, 손님이 유구무언(有口無言)이므로 자기 사환들을 불러서 그의 수족을 묶어서 바깥 어두운 데 집어 내던지라고 했습니다. 이것은 청함을 받은 사람은 많지만 택함을 입은 사람은 적다는 또 하나의 거룩한 도리입니다.

이처럼 마태복음 22장에 나오는 '왕자의 혼연의 비유'와 누가복음 14장의 '큰 잔치의 비유'가 서로 비슷한 데가 없지 않습니다. 그리고 이 네 가지 비유들, 즉 아버지와 두 아들의 비유, 악한 농부들의 비유, 왕자의 혼연의 비유, 큰 잔치의 비유에서 비슷한 점은 어떤 그룹 하나를 꼭 집어서 지정한 사실입니다. 다시 말하면 예수님을 잡아 죽이려고 음모를 하는 사람들이 그 속에 늘 나타난다는 것입니다. 이 마지막 화요일의 첫째 비유, 즉 아버지와 두 아들의 비유에서는 그들을 '예, 가겠습니다' 해놓고 안 가는 사람으로, 둘째 비유에서는 악한 농부들로, 셋째와 넷째 비유에서는 청함을 받은 손님들로 표현한 것입니다.

누가복음에 있는 큰 잔치의 비유가 마태복음의 왕자의 혼연 비유와 비슷한 데가 있을지라도 각각을 말씀하신 시기가 서로 다르고 내용상으로도 전혀 다른 점이 있습니다. 오늘 우리는 이 왕자의 혼연의 비유만을 공부하겠습니다.

특권 계급의 폐해

세 비유에서 공통적으로 꼭 집어서 지적하는 이 그룹은 일찍이 하나님의 법 아래서 제정된 제도에 의해서 민족의 지도자가 된 사람들입니다. 곧 이스라엘 역사와 함께 오래된 그 제도에 따라 민족의 제사장도 되고 교사도 되고 장로가 되어 그 사회와 백성을 지도하고 있던 사람들입니다. 그러므로 민족의 지도자는 하나님께서 빼어내시사 한 민족으로 형성시킨 그 민족에게 하나님께서 주신 바 신성한 사명을 가르칠 책임이 있는 사람들입니다. 그리고 그들 백성이 어떻게 살아 가야 할 것인가를 보여 주어야 할 사람들입니다. 그런고로 그들은 역사적인 대사명, 신성한 하나님 나라적 사명을 지고 있는 사람들입니다. 그 사명을 민족으로 하여금 수행하도록 지휘하고 나아가야 할 의무를 가진 사람들이라 말입니다. 대제사장들과 그 일당, 서기관들, 바리새인들, 백성의 장로들은 바로 이러한 책임과 의무를 가지고 있는 지배 계급입니다.

그러나 그들은 자신들이 가는 길, 또 그들의 소행이 과연 그 민족을 인도하는 신성한 의무를 정당하게 이행하고 있는지의 여부를 반성하는 일이 없었습니다. 오히려 그들은 누가 자기네의 특권 행사에 항거하면 즉시 저들을 공격하고 혹은 비판하고, 그 저항자를 말살하려 했습니다. 그들에게는 자기네 계급을 유지하는 일이 어떤 진리나 공의를 유지하는 일보다 우선적으로 중요했습니다. 이런 자취는 인류의 역사상 어느 시기에나 어떤 민족에게서나 볼 수 있습니다. 과거에만 있는 것이 아니라 오늘날까지 죽 있어 온 사실입니다. 어떤 사회가 형성되면 거기에는 반드시 열심으로 노력해서 특권 계급을 형성하는 사람들이 있습니다. 일단 특권 계급이 형성되면 그들은 그 사회가 가지고 있는 여러 가지 기구나 제도의 불공정과 많은 결함에도 불구하고, 자기네에게 유리한 것이라면 무엇이든지 그것을 끝없이 유지하고 이용하고자 합니다. 자기네의 이익을 위해 다른 계급을 착취할 뿐 아니라, 자기네에게 유리한 제도나 사회 기구를 유지하려는 욕심으로 어떤 수단이라도 써 가면서 기득권 수호에 매달립니다. 한마디로 특권 계급은 개혁을 향해 나아가고자 하는 정신이 없는 것입니다.

이스라엘 나라에서도 마찬가지였습니다. 그러면 이런 특권 계급이 이스라엘 백성을 어디로 이끌고 갔는가? 악한 농부의 비유에서 보는 것과 같이 마침내 그들은 이스라엘 백성을 몰락으로 이끌고 들어간 것입니다. 이 농부들은 주인으로부터 포도원을 소작할 권리를 받았습니다. 그게 그 사람들의 권리입니다. 다른 사람들이 받지 못했던 소작권을 그들은 받은 것입니다. 그렇다면 그들은 충성스럽게 그것을 소작해서 열매를 내서, 주인의 부분은 주인에게 주고 자기가 먹을 것은 자기가 먹고, 했어야 할 것입니다. 그러나 그들은 그렇게 하지 않았습니다. 항상 모든 것을 독식하고 독점하기를 원했습니다. 그래서 자기들의 독점에 해가 되는 요소들, 즉 자기들에게 와서 소작료를 받으려고 하는 종들을 죽였습니다. 또 나중에는 아들이 와서 문제를 해결하려고 하니까 그가 공정하게 일을 처리하는 것이 싫어서 죽여 버렸습니다. 이것이 그때 시대의 사회 현상일 뿐만 아니라 인류 사회의 모든 시대에 계속적으로 있어 온 현상입니다.

어떤 사회에 중요한 문제가 있어서 그 사회가 한번 뒤집어졌다고 하십시다. 그러면 뒤집어진 그것을 이용해서 어떻게든지 특권 계급을 형성하려고 하는 사람들이 반드시 있습니다. 그런 사람들의 정욕과 야심에 의해 벌어지는 음모와 획책이 어느 구석에서든지 일어나기 쉬운 것입니다. 심지어 하나님 나라의 거룩한 공의와 자비와 사랑을 구현해야 할 하나님 나라의 구체적인 표현, 그 사회적 기구 속에서도 사람들이 정욕에 이끌려 특권 계급을 형성하고 나아가려는 그런 경향이 뵈는 것입니다. 그렇게 되면 교회도 결국 어떤 지배자와 피지배자의 관계로 전락하는 것입니다. 신성한 교리라도 이용해서 지배 계급을 형성하고 그 안으로 들어간 것입니다. 그러면 지배자는 지배자의 위치에서 떨어지지 않기 위해서 자기들이 가지고 있는 병폐라고 할지라도 그것이 자기네에게 유리할 때는 계속적으로 그것을 유지하는 것입니다. 그것을 개혁하려고 하는 세력이 나타날 때는 일어나서 맹렬하게 반대를 합니다. 이런 것을 종교 개혁이라는 사실을 통해서도 우리가 충분히 볼 수 있습니다.

선지자의 역할

이에 대해서 예수님께서는 비유를 쓰셔서 하나님은 그것을 가만두시지 않는다는 것을 가르치셨습니다. '악한 농부들의 비유'에서 예수께서는 그들에게 '너희는 이러한 농부들을 어떻게 하면 좋겠느냐'고 하셨습니다. 저희들도 얼른 일반적인 정의 관념으로 대답했습니다. '아, 그 악을 행하는 놈들을 진멸해 버리고 포도원은 제때에 소작료를 정확하게 잘 바칠 농부들에게 나눠 줄 것입니다.' 말은 바로 한 것입니다. 그렇지만 일단 저희들이 사회에서 특권을 호지(護持)하고 살아 갈 때는 절대로 그렇게 하지 않았습니다. 이런 것들을 우리 주님께서 비유를 쓰셔서 꼬집어 지적하신 것입니다. 그 비유는 그때에만 적용되는 것이 아니고 모든 시대에 적용되는 것입니다. 그래서 우리는 하나님 나라의 거룩한 사상을 가진다고 할 때 사회에 대해서, 또 부조리나 불공의에 대해서 어떻게 생각해야 하느냐 하는 것을 이런 데서도 배우는 것입니다. 그들은 자기네의 비행을 지적하거나 경고하는 사람들을 배척했습니다.

주의할 것이 있는데 이스라엘의 사회는 또한 그것이 동시에 하나님께서 택하신 하나님의 오이코노미아라는 사실입니다. 말하자면 구약의 교회입니다. 그냥 악한 사람과 불신자가 가득한 이 세상이 아니라, 다 같이 하나님의 법으로써 민족을 형성해 가지고 나온 사람들입니다. 그런 까닭에 그 사람들에게는 민족을 단위로 하여 선지자가 나타납니다. 하나님께서 그런 불공의와 악을 간과하지 아니하시고, 제거하시려는 뜻으로 선지자들을 보내시는 것입니다. 선지자란 그 사회에 큰 불공의나 불의나 악이 있을 때, 그것을 그냥 그대로 좋습니다 하고 따라가지를 않고, 그에 대해서 하나님의 나라는 어떤 것이다 하는 것을 보여 주는 사람입니다. 그런 확실한, 능력 있는 활동으로 사람들을 가르치고 인도하는 사람입니다. 이것이 선지자입니다. 덮어놓고 사회 전반의 비(非)만을 지적하는 문명 비평가나 사회의 비판자가 아닙니다. 물론 그에게 그런 불의에 대한 비판 정신, 개혁의 정신이 있지만 그보다 더 중요한 것이 있습니다. 그것은 백성들이 하나님의 나라를 구체적으로 현실적으로 실증하고 살도록 그들에게 그 나라는 어떤 것이라는 것을 거룩한 도리로써 가르쳐 이끌고 나아가는 사실입니다.

교회의 역할

주께서는 교회를 하나님의 나라를 구체적으로 표현하는 중요한 도구로 세워 놓으셨습니다. 그러므로 교회는 교회 안의 인도함을 받는 사람들에 의해서 하나님 나라의 성격들을 드러내야 할 것입니다. 그러면 교회가 이 세상의 불의와 불공평과 악에 대해서는 어떠한 태도를 취해야 하는가? 교회가 세상의 불공평과 악에 대해서 일일이 쫓아다니면서 그것과 더불어 싸워서 그런 부조리한 사회 제도를 없이하려고만 해서는 안 되는 것입니다. 그런 문제는 어떤 시기가 되어서 전사회가 공동으로 해결을 생각하게 되어야 하는 것입니다. 사회는 그런 것에 대해 깨달음이 전혀 없는데, 교회만이 그리로 뛰어들어간다고 되는 것이 아닙니다. 그러나 적어도 교회는 '세상은 그렇지만 교회는 그렇지 않다'는 것을 반드시 보여 주어야 합니다.

그런데 그런 것을 보이고 가르치는 선지자들을 없애 버리려는 것이 특권을 호지하려는 자들이 하던 짓입니다. 왜 선지자들을 죽이기까지 하느냐? 거기에는 단순한 이해(利害)의 문제만 붙어 있는 것이 아닙니다. 생각건대 단순한 이해의 문제에서 시작해 가지고, 나중에는 증오라는 것이 그러한 범죄에까지 이끌고 가는 것입니다. 요한일서 3 : 15을 보면 "그 형제를 미워하는 자마다 살인하는 자니 살인하는 자마다 영생이 그 속에 거하지 아니하는 줄을 너희가 아는 바라"고 했습니다. 형제를 미워하는 것이 곧 살인으로까지 끌고 가는 것이라고 이야기합니다. 선지자를 죽이려고 한 사람들에게도 그런 선지자에 대한 미움이 있었을 것입니다. 자기네 나름으로 미워할 동기나 까닭을 가지고 있었을 것입니다. 그들은 그들의 특권을 악용하였습니다. 많은 중생을 자기네 계급의 호사와 허영을 만족시키는 도구로 이용하였고, 나아가 사람들을 압박하고 착취하는 일까지 했습니다. 많은 사람들을 압박하고 착취하면서 자기네는 그 위에서 지배욕의 만족을 얻으려고 한 것입니다. 그런데 선지자들이 나타나서 그러한 일들을 예리하게 비판하고 준엄하게 책망하니까, 그만 선지자들을 죽인 것입니다. 지금도 예수님께 그렇게 하려는 것입니다.

마귀의 역사

그러나 단지 분해서 선지자들을 죽이려고 한 것은 아닙니다. 그들에게 선지자 혹은 의인을 죽이려고 하는 정욕이 일어나는 까닭은, 다시 옛날 태고에 가인이 자기에게 해를 끼친 일이 없는 아벨을 왜 무고하게 죽였느냐 하는 데서 오히려 찾아 볼 수 있습니다. "아우를 죽였으니 어찐 연고로 죽였느뇨, 자기의 행위는 악하고 그 아우의 행위는 의로움이니라"(요일 3 : 12). 이렇게 하나는 의롭고 하나는 악하니까 결국은 악인이 그 마음 가운데 선인을 미워하다가 죽인 것입니다.

그런고로 그때 예수님을 죽이려는 자들의 마음 가운데 무엇이 일어나고 있었는가 하는 것을 우리가 바로 알아야 합니다. 덮어놓고 자기네 계급의 이해 상관 때문에만 죽였다고 생각하는 것은 너무 조급한 생각입니다. 더 중요한 것은 결국 그들은 마귀에게 속해 있었다는 사실입니다. 마귀는 그들의 마음 가운데 미움과 악한 정욕을 일으켜 가지고 상대의 의로운 행동을 미워하게 하고, 미워한 나머지 죽이게 한 것입니다. 가인은 '그 악한 자' 곧 마귀에게 속하였다고 했고, 또 마귀는 처음부터 살인자라고 했습니다.

요한일서 5 : 19을 보더라도 "너희는 하나님께 속하고 온 세상은 그 악한 자에게 처해 있느니라"고 했습니다. 자기는 행악을 하는데 아벨이 의를 행하는 것을 볼 때, 가인의 마음에는 미움이 생기게 된 것이올시다. 이 미움이 더욱 자라서 마침내 살인의 범행을 저지른 것입니다. 이 세상에는 행악자가 많아서 의를 행하는 자들을 미워합니다. 요한일서 3 : 13에 "형제들아 세상이 너희를 미워하거든 이상히 여기지 말라" 했고, 또 요한복음 15 : 18-19에 "너희가 세상에 속하였으면 세상이 자기의 것을 사랑할 터이나 너희는 세상에 속한 자가 아니요 도리어 세상에서 나의 택함을 받은 자인고로 세상이 너희를 미워하느니라"고 했습니다. 온 세상은 그 악한 자에 처해 있는 까닭에, 즉 마귀의 손에 누워 있는 까닭에 세상은 의인을 핍박하고 또 박대합니다.

사람이 모여 사는 사회의 기구나 제도에는 불공평도 있고 결함도 있습니다. 그런 것들을 끊임없이 개혁해야 할 것인데 그러한 정신은 없고, 오히려 불공정과 여러 다른 결함을 기화로 그것들을 악용하여 자기네의 이익을 도모하려는 사람들은, 의와 공평을 말하는 선지자들을 박해하지 아니할 수 없고, 미워하지 아니할 수 없습니다.

예수님 당시에도 대제사장들, 서기관들, 바리새인들, 백성의 장로들이 예수님을 살해하고자 음모한 것은 지극히 악한 일이었지만, 그 악행, 그리고 의인을 미워함, 마침내 살인까지 하고 만 것은 결국 자기는 악하고 상대는 의로우니까 그렇게 한 것입니다. 그런 까닭에 이러한 어려운 상태에서 교회가 하나님의 말씀을 전하고 하나님 나라의 참된 자태를 순실하게 드러내는 일은 하나님의 보호하심과 지키심이 아니면 결코 쉬운 일이 아닙니다. 하나님의 보호하심과 지키심이 아니면 할 수 없는 일입니다. 여러 가지로 장애가 많을지라도 하나님께서 당신께 속한 자들을 보호하시고 둘러 지키심으로, 마귀의 작해가 심한 이 세상에서 그의 백성들은 확호하게 서서 하나님의 나라를 증거하고 실증해 나아가는 것입니다.

기 도

사랑하시는 주님이여, 옛날 주님께서는 주님을 향하여 음모를 하는 가장 악한 이 사람들이 눈앞에 나타나서 권위를 힐문할 때 비유를 계속해서 세 가지를 쓰셔서 말씀하시사 하나님께서 저들을 그대로 두어두시지 않을 것을 깨닫게 하시고, 그때 그 시간에라도 회개하기를 바라셨지만, 그들은 마귀에게 사로잡혀서 큰 미움을 가지고 마침내 무서운 죄악을 범하고 그리스도를 십자가에 보내었나이다. 오늘날의 세상에서도 역시 마귀는 특별히 하나님의 거룩한 도리와 의를 박해하고자 하고, 또 마귀의 쓰임을 받은 자들이 의로운 것과 공정한 것을 미워하며 의인들의 일을 방해하지만, 주께서 그들을 막아내시고 주의 백성들을 지키시는 까닭에 하나님의 자녀들에게는 안전이 있고, 또한 할 수 있는 기회가 있음을 아나이다. 주여, 저희를 끝까지 보호하시고 지키사 주님이 일을 맡기신 거룩하신 뜻을 이루어 주옵소서. 또한 이 사회에 있는, 그리고 인류의 역사 가운데 있는 이 암흑한 현실을 생각해서 주님 앞에 주의 말씀을 받은 자로서 거룩한 임무를 행하되 주를 의지하여 충실히 행하게 합소서.

구주 예수 그리스도의 이름으로 기도하옵나이다. 아멘.

第 96 講
왕자의 혼연 비유(2)

예수께서 다시 비유로 대답하여 가라사대 천국은 마치 자기 아들을 위하여 혼인 잔치를 베푼 어떤 임금과 같으니 그 종들을 보내어 그 청한 사람들을 혼인 잔치에 오라 하였더니 오기를 싫어하거늘 다시 다른 종들을 보내며 가로되 청한 사람들에게 이르기를 내가 오찬을 준비하되 나의 소와 살진 짐승을 잡고 모든 것을 갖추었으니 혼인 잔치에 오소서 하라 하였더니 저희가 돌아보지도 않고 하나는 자기 밭으로 하나는 자기 상업차로 가고 그 남은 자들은 종들을 잡아 능욕하고 죽이니 임금이 노하여 군대를 보내어 그 살인한 자들을 진멸하고 그 동네를 불사르고 이에 종들에게 이르되 혼인 잔치는 예비되었으나 청한 사람들은 합당치 아니하니 사거리 길에 가서 사람을 만나는 대로 혼인 잔치에 청하여 오너라 한대 종들이 길에 나가 악한 자나 선한 자나 만나는 대로 모두 데려오니 혼인 자리에 손이 가득한지라 임금이 손을 보러 들어올새 거기서 예복을 입지 않은 한 사람을 보고 가로되 친구여 어찌하여 예복을 입지 않고 여기 들어왔느냐 하니 저가 유구무언이어늘 임금이 사환들에게 말하되 그 수족을 결박하여 바깥 어두움에 내어던지라 거기서 슬피 울며 이를 갊이 있으리라 하니라 청함을 받은 자는 많되 택함을 입은 자는 적으니라 (마 22:1-14)

제 96 강

왕자의 혼연 비유(2)

마 22 : 1-14

누구를 상대로 말씀하시는가

지난 주일에 계속해서 주께서 말씀하신 왕자의 혼연 비유를 더 생각하겠습니다. 이 비유를 지금 누구한테 하시느냐 하면, 보통으로 오다가다 만난 사람들이나 아니면 평소에 사이가 좋지 않았던 어떤 사람들에게 하시는 것이 아닙니다. 예수님을 죽이려고 음모를 하며 어떻게 하면 예수를 책잡을까 하고, 와서 예수님의 권위를 묻는 사람들에게 하시는 것입니다. 예수님을 죽이려고 하는 대제사장들, 즉 사두개인들과 백성의 장로들을 상대로 하시는 것입니다.

이들이 예수님을 죽이려고 모의를 시작한 지가 벌써 석 달이나 됐습니다. 나사로를 다시 살리신 일이 예수님의 지상 생애 최종 3개월 시작 때의 일인데, 그때 임시로 공회를 모으고 대제사장 가야바가 "한 사람이 여러 사람을 위하여 죽는 것이 더 유익하다"(요 11 : 50)는 말을 했는데, 그 말을 한 이래로 그들은 예수님을 어떻게 죽일꼬 하고 모의하기 시작했습니다. 지금쯤은 그 모의가 상당히 진전되어 어떻게 해서든지 예수님을 죽음에까지 몰아넣으려는 단계에까지 이르렀고, 그런 무서운 악계 속에서 지금 예수님의 권위를 묻고 있는 것입니다. 예수님은 그러한 사람들에게 지금 대답을 하시고 계신 것입니다. 그런 까닭에 이 관계가 보통 심상한 관계가 아닙니다. 이들이 그냥 아무 생각 없이 몰려 온 것이 아니고 예수님의 생명을 노리고 어떻게든지 어떤 꾀로든지 넘어뜨려야겠다고 해서 몰려 온 것입니다. 한 사람이 아니고 일당입니다. 사두개당도 있고 바리새당도 있고 서기관도 있고 백성의 장로들도 있습니다. 거기에다 헤롯당까지도 이 음모에 끌어들였습니다. 주께서 이 비유들을 베푸신 바로 직후에 그들은 다시 납세 문제를 가지고 예수님을 올무에 걸려고 했는데 그때는 헤롯당까지 함께 와서 질문을 했습니다. 바리새인들과 헤롯당은 원래 서로 원수시하는 빙탄간(冰炭間)이었습니다. 그런고로 헤롯당이 모든 모의에 항상 다 참가한 것은 아닐 것입니다. 바리새인들이 예수님을 얽어매는 데 필요한고로 그렇게 원수시하던 헤롯당까지라도 끌어들인 것입니다.

그런 사람들의 그 마음에 대해서 예수님이 대답을 하셨습니다. 여기 본문에 "예수님이 대답하셨다"(마 22:1)는 말이 있는데, 예수님이 대답하셨다는 말은 누군가 무엇을 특별히 물은 것은 아니지만, 마치 그 사람들이 품고 있던 그 심정에 대해서 대답을 해나가시는 것같이 말씀을 하셨다는 것을 의미합니다. 누가 무엇을 묻지 않았다 하더라도, 예수님의 권위를 물은 데 대한 답변을 하시면서 예수께서는 계속적으로 그들의 마음을 파헤치셔서 말씀하시되, 비유라는 형식을 취해서 무서운 선언을 해나가시는 것입니다.

혼인 잔치의 의미

앞에서도 말한 바와 같이 당시에 그 사회에서 잔치를 배설하려면 먼저 '잔치를 배설할 테니 다시 오라고 기별을 하거든 와 주시오' 하고 미리 청하는 것이 관습이었습니다. 그러니까 왕은 관습대로 혼인을 미리 알려서 사람들을 다 청해 두고, 그날이 되어서 다시 사자들을 보내서 초대한 사람들을 오라고 한 것입니다.

여기서 혼인 잔치라는 것은 대체 무엇을 나타내는 것인가? 혼인 잔치에 사람을 오라 하는 것으로써 무엇을 나타냈느냐 하면, 그것은 하나님 나라의 의와 평강과 기쁨, 그리고 진리를 더욱 깨달아 장성해 나가게 하는 사실을 말합니다. 그것이 마치 사람들이 혼인 잔치에 가서 거리낌 없이 잘 먹고 기뻐하는 것과 같다는 것입니다. 하나님께서 주시는 큰 은혜, 진리를 깨닫게 하시는 사실, 성신 안에서 누리는 의와 평강과 기쁨의 사실, 성신으로 말미암아 도덕적 성격의 열매를 맺어가는 사실, 진정한 성도가 자기네끼리 진리에 터를 두고 서로 담화하며 깨달은 바를 나누고, 또 하나님이 주신 바 거룩한 일을 이루어 나아가기 위해서 같이 손을 잡고 협력해 나아가고 하는 사실, 이런 것들을 말합니다. 성도의 교통이라고 할 때 그것이 개인간에 인간적인 정리가 깊어야 한다든지 하는 그런 얘기가 아닙니다. 성도의 교통이라고 할 때는, 어떤 한 거룩한 목적을 위해서 나는 나대로 힘을 쓰고 저 사람은 저 사람대로 힘쓰더라도 거기에 성도의 교통은 있는 것입니다. 어쨌든지 한 목적을 위해서 힘을 합치는 것입니다. 어떤 감정의 자별함이 있어야만 하는 것은 아닙니다. 담담한 것 같으나 확실히 이성적이고 목표를 위해서 힘을 기울여서 분투해 나아가는 그런 데서 가지게 되는 교통, 그러한 협력, 이것이 하나님 나라를 실현하는 것인데, 그것을 무엇에 비교했느냐 하면 임금이 혼인 잔치를 베풀고 사람을 오라고 하는 것에 비교한 것입니다. '너희들 다 그런 하나님 나라를 맛보고 살아라' 하고 청해 가는 것에 비유한 것입니다.

하나님 나라와 혼인 잔치

로마서 14장에 보면, 하나님 나라는 먹는 것과 마시는 것, 즉 이 세상 사람들이 자별하게 서로 좋아하고, 먹고 마시고, 청하고 청함 받고 하는 그런 것이 아니다. 오직 성신 안에서 의와 평강과 기쁨이다(14:17)고 했습니다. 그리고 또 누가복음 17장에서는, 하나님 나라는 볼 수 있는 형식으로 여기 있다 저기 있다고 말 못 한다. 제도나 형식, 단체 운동, 그런 것에 있는 것이 아니고 너희들 안에 있는 것이다. 너희들이 자연스럽게 거룩한 교회를 형성하고 살아 가면 그 안에 하나님 나라가 있는 것이다(20-21절)고 했습니다. 그리고 또 하나님의 나라라는 것은 하나님의 성신에 의지해서 여러 가지 도덕적인 성격, 곧 사랑과 희락과 화평, 또 인내, 자비, 양선, 충성, 온유, 절제와 같은 이러한 요소들이 합쳐서 이룬 바 한 커다란 하나님 나라적인 인격을 내놓는 데 있는 것입니다.

예수님께서는 또한 혼인 잔치를 가지고 무엇을 또 비교하셨느냐 하면, 당신이 이 세상에 계시고 당신을 따르는 자들은 늘 함께 당신과 생활하는 그것을 혼인 잔치에 비교하셨습니다. 마태복음 9:15을 보면, 누군가가 금식의 문제를 가지고 와서 물으니까 주께서는 '혼인 잔치에 신랑의 친구나 혹은 들러리나 객으로 간 사람이 잔치 자리에 앉아서 금식을 할 수 있는가'고 말씀하셨습니다. 혼인 잔치에 간 사람이 거기서 금식하는 것이 아니라고 하신 것입니다. 결국 예수님께서 당신이 이 세상에 계시고 주를 믿는 사람들이 그 예수님과 함께 늘 같이 생활하는 그것을 또한 혼인 잔치에 비교하신 것입니다. 물론 오늘날은 예수님이 육신으로 거하시사 우리와 같이 다니시는 것은 아닙니다. 그렇지만 하나님의 성신으로, 예수님의 신으로 우리 안에 거하시고 동행 동거하실 뿐 아니라, 또 필요한 때에는 특별한 의미의 임재(臨在)를 하시는 것입니다. “두세 사람이 내 이름으로 모인 그곳에 내가 있으마. 두세 사람이 합심해서 기도하면 거기에 내가 있으마. 그리고 성찬을 베풀 때 거기에 내가 있으마”(마 18:19-20) 하셨는데, 이런 독특한 임재의 현실이 우리에게는 무엇으로써 비교되느냐 하면, 왕의 아들의 혼인 잔치와 같은 잔치로 비교된 것입니다. 그리고 또 우리가 성경을 보면, 여호와와 그분께 속한 백성 혹은 예수님과 신약 교회와의 사이의 거룩한 사랑의 관계를 무엇으로 비교했느냐 하면, 신랑과 신부의 사랑의 관계로써 표시하였는데 그러한 표현은 구약에도 신약에도 많이 있습니다.

“하나님의 나라는 말에 있지 아니하고 그 능력에 있다”(고전 4:20)고 하신 바와 같이 믿는 사람은 하나님 나라의 사실을 경험하고 그 능력을 이렇다 하고 실증을 해야 하는데, 그러한 능력의 실증을 표상적으로 혹은 비유로써 나타낼 때 필연적으로 이런 혼인 잔치로써 표시하는 것입니다. 우리가 진정 하나님 나라에 지금 거한다면 우리의 종교 생활이 어떤 계율적인 형식을 만들어 내는 인조적이고 조형적인 것이 아니고, 참으로 성신 안에서 의와 평강과 기쁨으로 늘 나타나야 하는 것입니다. 하나님 나라를 우리가 실증하려면 성신님이 우리 안에서 역사하셔서 내시는 바 의와 평강과 기쁨이라는 것이 있어야 합니다. 사실상 우리가 항상 하나님 나라에 거하지 아니하면 아니되는 것은 성신님으로 말미암은 평강을 얻지 않고는 우리 마음에 참 평안이 있을 수가 없기 때문입니다.

그러면 우리가 하나님 나라의 진실에 거처하지 못하고 살아 가는 이유는 무엇인가? 그것은 명색만 하나님 나라의 백성이고, 그 능력이 우리 안에서 실증적으로 역사하지 못하기 때문입니다. 그런즉 항상 불안을 극복하지 못하고 또 의롭지 못하고 또 수정과 같이 맑고 안정된 평안을 가지지 못합니다. 그것은 또 무엇 때문에 그렇게 되느냐 하면 우리와 그리스도와의 관계가 바르지 않기 때문입니다. 그리스도께서 거하시는 곳에 자연스럽게 나타나는 하나님의 나라의 분위기, 거기에 실제로 흐르고 있는 능력, 또 그런 것이 현실적으로 실현되고 있는 하나님 나라의 사실, 이런 것 안에 살지 못하고 있는 까닭입니다. 한마디로 말하면 그리스도와의 관계가 먼 까닭에 그러한 것입니다.

책임을 저버린 이스라엘의 지도자들

왕자의 혼인 잔치 비유에서도 초대를 받은 이들이 돌아보지도 않거나, 일언(一言)의 대꾸도 없이 본체만체해 버리거나, 혹은 밭으로 혹은 자기의 상업차 갔다고 했는데, 그 비유 이야기만 가지고 우리가 생각하면 대체 왕의 혼인 잔치에 청함을 받을 만한 사람이라면 이 세상에서 그냥 시시한 사람이 아닙니다. 그 나라 사회 제도 안에서 그만한 지위나 명예나 세력을 가지고 사는 사람들임을 알 수 있습니다. 그런 사람들에게 청을 했는데 안 온다고 한 것입니다. 물론 지난번 우리가 배운 바대로 먼저 청함을 받았는데 가지 않은 이 악한 사람들이 누구냐 하면 결국 이스라엘 민족의 지도자들입니다. 하나님의 오이코노미아인 이스라엘을 다스리고 있고 거기서 권세를 부리고 있는 사람들입니다. 일찍이 하나님께서 그러한 번영과 직위와 권력을 주셨다는 것은 하나님의 거룩한 경륜을 땅 위에다가 잘 펴 나갈 중요한 특권과 영광과 책임을 주었다는 표시입니다. 이스라엘 백성의 지도자들이 그것을 안 받은 것이 아닙니다. 이스라엘의 지도자가 됐다면, 그만큼 이스라엘이 가진 하나님 나라의 역사적 사명을 수행하는 일에 앞장서야 하는 것입니다. 예수님 당시나 그 이전 시대에 서기관이나 바리새인으로 서 있었다면 그만큼 민중의 사표가 돼 있어야 합니다. 왜냐하면 그들은 민중의 지도자로서 이스라엘 백성의 민족 사명 수행의 큰 책임자요 또 능력을 나타내야 할 사람들이었기 때문입니다.

그런데 그 사람들이 하나님의 종들에게 냉정했고 모욕을 주었고, 오히려 종들을 능욕하고 죽이고 한 것입니다. 임금이 청하는데도 그렇게 냉정하게 대한다면 그것은 보통 일이 아닙니다. 어떻게 임금의 신하로서 그럴 수가 있습니까? 왕이 보낸 사람들을 능욕하고 죽인다는 것은 한마디로 말해서 왕권에 대한 도전입니다. 나아가 반역을 꾀하는 것입니다. 역심(逆心)을 품고 반역할 기회를 찾을 때 그렇게 하는 것입니다. 청함을 받은 자들이 무례를 행할 뿐만 아니라, 임금이 보내는 사신들을 능욕하는 반역을 행하고, 또 임금이 보낸 사신을 죽이는 큰 패역까지라도 나타낸 것은 뭐냐하면 그것은 그들의 역심을 드러낸 것이라 말입니다. 역심이 없이는 감히 그런 일을 하지 못하는 것입니다. 이제는 임금한테 화살을 쏴 보는 것입니다. 칼을 가지고 겨루는 것입니다. '덤빌 테면 한번 덤벼라' 하고. 그러면 그것은 무엇을 위하여 그렇게 하는 것인가? 그 나라를 차지하려고 그렇게 하는 것입니다.

임금은 그런 반역을 그냥 둘 수 없습니다. 그들의 그러한 세력의 응고(凝固)나 집결을 그대로 방치할 수 없습니다. 그것을 강타(強打)해서 분쇄해 버려야 합니다. 이런 강타와 분쇄라는 것은 하나님의 징계의 현실로 반드시 나타나는 것입니다. 하나님이 어떠한 방식으로 징계하시겠는가? 그들은 단순히 무례만 행한 것이 아니라 무서운 반역을 꾀하여 온 것이기 때문에 하나님께서는 반역자를 다루는 율로써 다루시는 것입니다. '너희들이 그렇게 모여 있는 세력을 기화로 악을 행해서 그 사랑하시는 아드님까지 죽이는 패역을 내가 그냥 방치할 수가 없다. 그것은 하나님의 오이코노미아에 대한 가장 큰 반역이다.'

"남은 자들은 종들을 잡아 능욕하고 죽이니 임금이 노하여 군대를 보내어 그 살인한 자들을 진멸하고, 그 동네를 불사르고." 그들의 상태는 왕이 군대를 보내서 빨리 진멸하지 않으면 아니 될 만큼 그 악이 극에 달했습니다. 반역을 내심으로 품기만 하고 겉으로 나타나지 아니할 때는 취체(取締)를 당하지 않고 검색을 당하지 아니하지만, 때가 되면 그 역심이 폭발하는 것입니다. 이 자들은 지금 예수님의 권위에 대한 질문을 계기로 해서 역심을 구체적으로 표시한 것입니다. 그것은 그들의 악이 그대로 방치될 수 없을 정도로 심중해졌다는 것을 의미합니다. 이것이 아무래도 보통 일은 아닙니다. 이럴 때는 그 세력이 퍼져서 커지기 전에 빨리 탄압하거나 혹은 숙청할 수밖에 없습니다. 그러니 그런 때라면 어떻게 하겠나? 임금은 노해서 당연히 군대를 끌고 가서 진멸해 버릴 것입니다. 지금 반역자들이 난을 일으키려고 획책하고 무슨 토출구(吐出口)를 찾고 있는 판인데 어떻게 그들을 가만히 버려 두겠는가 말입니다. 그러니 결국 그들을 잡아서 진멸하고, 그 다음에는 그 사람들이 살고 있던 동네를 불살라 버렸습니다.

반역자들의 최후

이제 이것이 예수님을 죽이려고 음모하던 이스라엘의 지도자들에게 나타난 무서운 역사입니다. 무슨 역사냐? 주께서 십자가에 달려 돌아가신 그때부터 시작해서 40년간 로마에 대한 민족의 반란이 끊임없이 일어났고 그리고 불안이 계속되는 가운데 악행이 막 횡행하고 치안이 어지러웠습니다. 이러한 것을 로마가 보았을 때 로마의 강권은 그것을 그냥 두어둘 수가 없다 해서 베스파시안(Vespasian) 황제 때 대군을 몰아 가지고 온 것입니다. 원래 베스파시안 그가 황제 때 온 것은 아닙니다. 그가 아직 장군으로서 자기 아들 티투스(Titus)와 함께 대군을 이끌고 예루살렘을 포위하고 있는 도중에 로마의 황제 네로가 죽었다는 소식을 들었고, 그는 사태를 관망하기 위해 일 년 동안 공격을 중지하고 있다가 재빨리 돌아가서 제위(帝位)에 올랐습니다. 자연히 예루살렘에는 자기 아들을 사령관으로 두어두고 왔는데, 이 사령관 티투스가 왕자로서 예루살렘을 괴멸시키는 것입니다. 그는 예루살렘을 완전히 불을 질렀습니다. 왜냐하면 거기가 유대인들이 응집해서 음모를 꾸미던 그런 곳이니까 절대로 용인할 수 없다 해서 그렇게 한 것입니다.

반역 세력들의 집결

아무튼 지금, 과거에는 서로 원수였던 자들끼리라도 예수님을 살해하겠다는 한 점에서 모두 친구가 되어서 모였습니다. 예수님을 죽이겠다는 그 점에서는 아무도 이의가 없었습니다. 그래서 아까 말한 대로 제사장의 그룹 사두개들과 바리새인들만이 야합한 것이 아니라, 서기관도 합하고 심지어 헤롯당까지도 야합해서 예수님의 말에 올무를 놓아 가지고 잡으려고 자꾸 돌아다닌 것입니다. 헤롯당이 돕는 이야기는 다음 번에 우리가 배우겠지만, 이렇게 전에는 서로 반목하고 다투고 경쟁하던 세력들이 이런 문제 하나로 집결한 것입니다. 이것을 볼 때, 거기에 드러나는 공통적인 성격은 뭐냐하면 다 같이 반역을 한다는 것입니다. 다 같이 악하다 하는 것입니다. 다 같이 하나님을 반역하고 악을 행하는 데 협력하고 손을 잡았던 것입니다. 그러면 이 사람들의 사주를 받아 이끌려 가는 그 민족 전체가 다 같이 고통 가운데 빠져 들어가는 것입니다. 과연 그렇게 된 것입니다. 그래서 주후 70년에 마침내 성전도 완전히 불타고, 그리고 그 불탄 도시는 돌들이 서로 첩놓이지 않게 된 것입니다. 요세푸스의 기록대로 보면 그런 말도 있는데, 금 같은 것이 뜨거운 불에 막 녹아 들어

가기도 하니까 로마 군사들이 모두 그 속에 무엇이 있을까 하고 돌을 떠둥그뜨렸다고 합니다. 그래서 돌 하나도 돌 위에 첩놓이지 않게 되었던 것입니다.

잔치에 참석할 자들

그러나 그 진멸로 끝난 것이 아닙니다. 혼인 잔치는 그냥 남아 있습니다. '이 잔치는 너희들에게 주려고 한 잔치다. 너희 신민에게, 백성에게 주려고 한 잔치다'고 했지만 일찍이 청함을 받은 사람들은 오히려 반역과 불의를 저질렀기 때문에 다 제거되고 숙청을 당했습니다. 그렇다면 이 남아 있는 잔치에는 누가 참석해야 할 것인가? 그 대답이 지금 우리가 읽은 마태복음 22 : 8-10에 있습니다.

"이에 종들에게 이르되 혼인 잔치는 예비되었으나 청한 사람들은 합당치 아니하니 이제는 다른 사람들을 청할 수밖에 없다. 사거리 길에 나가서 사람을 만나는 대로 혼인 잔치에 청하여 오너라 한대 종들이 길에 나가서 악한 자나 선한 자나 만나는 대로 모두 데려오니 혼인 잔치에 손이 가득한지라." 세상에서 악한 자, 선한 자를 가리지 않았습니다. 즉 도덕적인 품성 여하를 본 것이 아닙니다. 마음이 좋은 사람만 데려오고, 세상에서 악을 행하는 사람, 불의를 행하는 사람, 흑암 가운데 있는 사람은 데려오지 말아라 하는 것이 아닙니다. 이제 신약의 교회가 문을 열고 전세계를 향하여 하나님의 말씀을 전달하고, 성신님이 역사하시사 택한 백성들을 불러들이는 판입니다. 주께서 흑암 가운데 있는 사람들을 사탄의 권세에서 하나님께로, 어둠의 권세에서 빛으로 이끌어 오셨습니다. 사도 바울도 강하게 주장하기를, 어둠에서 빛으로, 사탄의 권세에서 하나님께로 돌아오게 하려고 너희를 불렀다고 했습니다. 주께서 부르신 내용을 이야기한 것입니다. 골로새서 1 : 13을 보더라도 "우리를 흑암의 권세에서 건져내어 그의 사랑하시는 아들의 나라로 옮겨 주셨다"고 했습니다. 잔치에 보내 주신 것입니다. 이렇게 세상에서 악하든지 선하든지 하는, 부름 받을 당시의 그의 도덕 상태가 중요하지 않습니다. 다만 하나님께서 새로운 생명을 불어넣어 주심으로 새사람이 되어 잔치에 들어갈 수가 있게 되는 것입니다. 그런고로 이 세상에서 악하다 하는 자라도 주께서 성신으로 그를 부르시면 주께로 나오게 되는 것입니다. 사람의 척도로 악하다 혹은 선하다 하는 것을 따져서 잔치에 부른 것은 아닙니다. 이것은 그리스도 교회의 복음이 모든 사람에게, 그 사람의 도덕적 정도나 상태 여하에 구애됨이 없이 전해지는 것을 말합니다. 도덕적으로 저락되어 있고 흑암 권세의 노예가 돼 있으면 그런 만큼 더 그리스도의 복음은 그 사람들에게 필요한 것입니다. 좋은 사람만을 골라 뽑는 그런 일이 없어요. 그러니까 결국은 신약의 교회로 들어가는 수많은 이방 사람의 상황이 여기에 기록된 것입니다.

예복을 입지 않은 손

그런데 왕이 잔치에 온 사람들을 보려고 들어와서 보니까 한 사람이 예복을 입지 않고 앉아 있었습니다. "임금이 손을 보러 들어올새, 거기서 예복을 입지 않은 한 사람을 보고 가로되, 친구여 어찌하여 예복을 입지 않고 여기 들어왔느냐 하니 저가 유구무언(有口無言)이어늘 임금이 사환들에게 말하되 그의 수족을 결박하여 바깥 어두움에 내어던지라 거기서 슬피 울며 이를 갊이 있으리라 하니라. 대저 청함을 받은 자는 많되 택함을 입은 자는 적으니라." 왕가의 혼인 잔치이므로 청함을 받은 손님들은 마땅히 왕가의 잔치에 오는 사람에 상당한 예복을 갖추어야 할 것입니다. 그러나 지금 청함을 입어 잔치에 온 사람들은 왕의 종들이 사거리 노상에서 만나는 대로 데려온 사람들이므로 하가(何暇)에, 어느 겨를에 예복을 갖출 수 있었겠습니까? 그런고로 왕가에서는 그 손님들이 혼인 잔치에 입장하기 전에 당연히 불러서 이 예복을 입고 들어가시오 하고 예복을 입힌 것입니다. 혼인 잔치에 들어갈 수 있는 자격은 이 예복을 입는 데 있다는 것을 가르쳐 준 것입니다. 그래서 객들이 혼인 잔치에 입장하기 전에 당연히 예복을 입도록, 한 사람 앞에 한 벌씩 빠짐없이 나누어 준 것입니다. 물론 본문 가운데는 예복 나누어 주는 장면이 없습니다. 그러나 모든 경위로 보아서 그러했기에 예복을 안 입은 사람에게 그렇게 물은 것입니다. 어떻게 해서 예복을 안 입고 여기까지 들어왔느냐고 묻는 그 말 뒤에는 '예복을 입어야 여기까지 들어올 수 있었는데 어떻게 해서 왕가의 큰 법칙을 무시하고 그냥 들어올 수 있었느냐' 하는 뜻이 들어 있습니다. 그랬기에 예복을 입지 않고 들어온 자를 거기서 내쫓고, 내쫓을 뿐만 아니라 처벌까지 한 것입니다.

그런데 그 예복은 누가 준비하였겠습니까? 만약 개인이 준비해서 입었다면, 가지각색으로 입고 왔을 것입니다. 가서 좋은 옷을 입고 오라고 했다 하더라도 그것은 예복이 안 됩니다. 가령 어떤 사회에서 어떤 것이 예복이다 하는 것을 분명히 서로 알고 있을 때는 그 예복을 입을 것입니다. 그러나 어떤 왕가의 혼인 잔치라면 그 왕가의 혼인 잔치에 상당한 대로 왕가가 어떤 것을 제정하고 제정한 그것을 공고하든지 표시를 했을 것입니다. 그런데 지금 오찬이 다 준비돼 가지고 기다리고 있는 판이라고 하면서 사거리 길가에서 사람들을 서둘러 불러들일 때에는 왕가가 제정한 규례 그대로 사람들이 무엇을 준비하고 갖출 만한 형편이 못 되는 것입니다. 그러니까 왕가에서 친히 규격에 맞게, 또 위의(威儀)를 갖출 수 있게 준비한 예복을 각 사람에게 나누어 준 것입니다. 그렇게 나눠 주기 전에는 이 왕가

혼인 잔치에 들어가기에 합당한 예복을 각각 개인이 갑자기 준비할 길이 없습니다.

자기의 의를 족한 것으로 여기는 자

그러면 예복을 입지 않은 사람은 못 들어오게 했는데도 자기 뜻대로 옷을 입고 잔치 자리에 들어간 이 사람은 왜 그렇게 했는가? 문 앞에서 종들이 '자, 이것을 입고 들어가시라'고 하면서 예복을 내주는데도 그는 그것을 입지 않고 그냥 쑥 들어가 버린 것입니다. 그것은 요컨대 자기의 복장은 이대로 족하다 하는 마음에서 나온 행동입니다. '이 왕의 혼인 잔치에 내가 이만한 복장을 입었으면 충분합니다. 그 위에다가 다른 것을 안 입더라도 족하니까 나는 나눠 주는 그 예복이 필요 없습니다' 하고 고집을 부리면서, 자기의 복장을 신뢰하고 대담하게 들어간 것입니다. 왕가에서 주는 예복을 제가 취하지 아니하고 제 복장을 신뢰하여 자의대로 들어간 것입니다. 그러했기에 왕이 왜 예복을 안 입고 여기까지 오게 됐는가 하고 까닭을 물었을 때 달리 핑계할 말이 없었던 것입니다. '아, 나는 내 옷이 여기에 들어오기에 넉넉한 줄 알고 그대로 들어왔소이다' 하는 말밖에는 할 말이 없습니다. '내가 불가부득해서 이렇게 했습니다'고 할 수가 없는 것입니다. 그래서 유구무언이었던 것입니다. 만일 불가부득한 일이었다 할 것 같으면, 예복을 입지 아니한 자신의 만부득이한 까닭을 주인 앞에 고하고 용서를 빌고, 곧 가서 어떻게 다른 조치를 취했을 것입니다. 그러나 예복을 입지 아니한 것에 대해서 핑계를 할 수 없는 처지에 있으니까 아무 말도 못한 것입니다.

이것은 무엇을 의미하는가? 예복이 없으면 하나님 나라의 잔치에 아무도 감히 들어가서 참석하지 못하고, 만일 예복 없이 참석하는 일이 있다면 그는 쫓겨날 수밖에 없다는 것을 의미합니다. 결박을 당하여 쫓겨나는 무서운 율에 처하는 처벌을 받는 것입니다. 골로새서 1 : 13에 보면 "우리를 흑암의 권세에서 건져내어 사랑하시는 아드님의 나라로 옮기셨느니라"고 했는데, 하나님께서 흑암의 권세에 예속되어 있던 우리를 거기에서 건져내서 사랑하시는 아드님 나라인 하나님 나라의 혼인 잔치로 옮겨 놓았다는 뜻입니다. 하나님께서 우리를 흑암의 권세에서 건져내사 천국으로 들어가도록 하셨을 때는 우리에게 입히신 옷이 있습니다. 그것은 예수 그리스도의 속죄의 공로이고 의의 공로입니다.

예복 : 예수 그리스도의 속죄의 공로

우리가 우리의 도덕적인 선(善)으로 그 나라에 들어갈 수 있는 자격을 얻는 것이 아닙니다. 또 우리 자의로 그것을 취할 수 있는 것도 아닙니다. 하나님께서 우리로 하여금 그 나라에 들어갈 수 있게 하시려고 흑암의 권세에서 건져내신 다음에, '이것을 입어라' 하고 예수 그리스도의 속죄의 공로를 입혀 주심으로써 그 사랑하시는 아드님의 나라로 들어가게 되는 것입니다. 하나님께서 주시는 예수 그리스도의 속죄의 공로와 의를 내가 온전히 입고 들어가야 할 것입니다. 로마서 13 : 14을 보면 '오직 주 예수 그리스도로 옷 입고'라는 말이 있습니다.

그리스도로 옷 입는다는 말에는 늘 두 면이 있는데, 한 면은, 내 의(義)를 가지고 하나님 나라에 못 들어가는 것이다, 예수 그리스도의 의만을 가지고 하나님 앞에 의롭다 하심을 얻고 들어가는 것이다 하는 것이고, 그리고 또 하나의 면은, 정욕을 위하여 육신의 일을 도모하지 말아라 하는 것입니다. 예수 그리스도로 옷 입어서 예수 그리스도의 의를 입은 이상 이제부터는 네 정욕을 도모하지 말아라 하는 것입니다. 정욕을 도모하는 것은 자기의 책임입니다. 그러니 자기의 옛사람이 자기를 잡아 가지고 흔들 때 그대로 따라가지 말라 하는 것입니다.

주 예수님의 의로 자기의 죄를 가리울 뿐만 아니라, 또한 하나님을 따라 의와 진리의 거룩함으로 지으심을 받은 새사람을 입으라는 것입니다. 우리에게는 의와 진리의 거룩함으로 하나님을 따라 지식에까지 새롭게 된 새로운 생명을 주셨습니다. 즉 새로운 생명이 나타나기에 적응하게 우리의 영혼의 기능에 중대한 변화, 아주 큰 극단적인 변화를 일으켜 주신 것입니다. 우리는 그로 말미암아 나타난 새사람을 나타내고 살아야 하는 것입니다. 우리가 새사람을 나타내고 살아야지, 이 세상의 어떠한 문제가 있을 때 어느새 그것이 나에게 유리하다고 해서 옛사람적인 악습을 따라 그것을 그대로 따라가면 안 됩니다. 그렇게 되면 새사람을 나타낼 여지가 없어집니다. 나는 다시 옛사람적인 도덕 성격 가운데 빠져 들어가고, 내가 스스로 무엇을 해보겠다고 하고, 그러다 결국 '내 의가 훌륭하니 이만하면 나는 예수님께 용납될 사람이다'고 하게 됩니다. 사람이 그러한 자기 종교를 가졌을 때, 예복을 안 입은 채 제 옷을 그대로 입고 들어간 사람이 되는 것입니다.

날마다 성신으로 새사람을 입으라

골로새서 3 : 9-10에도 보면 "너희가 서로 거짓말을 말라. 옛사람과 그 행위를 벗어버리고 새사람을 입었으니 이는 자기를 창조하신 자의 형상을 따라 — 하나님의 형상대로 우리가 지음을 받았는데 — 지식에까지라도 다 새롭게 하심을 받는 자니라"고 했습니다. 이렇게 '입으라'는 말을 자꾸 썼습니다. 이는 '예복을 입으라'는 말과 같은 말입니다. 하나님 나라의 의와 평강과 기쁨이라는 그 아름다운 세계를 맛보고 살아 가려면 자기의 능력으로 안 되고, 또 예수 믿는다는 그 말만 가지고도 안 되고, 성신을 의지하여 새사람을 입어야 합니다. 새사람을 입는다는 말은 의와 진리의 거룩하심으로 지음을 받은 그 사람을 입는다는 것입니다. 그 새사람을 입어서 그리스도적인 새로운 품성을 가지고 성신을 의지하여 인격적인 활동을 하게 되면, 그것이 바로 그리스도로 옷 입은 것입니다. 그리스도로 옷 입어서 나의 모든 결핍, 하나님 보시기에 죄스럽고 또 하나님께 용인받을 수도 없는 그런 모든 인간적인 연약이 가리움을 받게 되고, 또 그리스도를 옷 입음으로써 새사람적인 것이 나에게서 한 인간으로 늘 나타나게 되면 필연적으로 하나님 나라의 의로운 것과 평안한 것과 기쁜 것을 늘 가지고 살게 됩니다.

하나님 나라의 의와 평강과 기쁨이라는 것은 이 세상의 돈이나 혹은 세상의 먹는 것, 마시는 것, 사람끼리의 자별한 정분, 서로의 교통, 그런 데서 얻는 것이 아닙니다. 성신으로 얻는 것입니다. 성신으로 옛사람을 버리고 성신으로 하나님 나라의 실상을 맛보는 것입니다.

천국의 능력을 맛보고 살아 가야

왕자의 혼인 잔치는 곧 천국의 실상이 되는 의와 평안과 기쁨 그런 것을 의미하는데, 그리스도의 의로 내가 옷 입어서 그 아들의 나라로 들어갔으면 내 생활은 늘 천국의 능력을 맛보고 살아 가는 것이어야 합니다. 그런데 옛사람에게 속하면, 옛사람이 나를 지배하고 있는 동안에는 하나님 나라의 능력을 내가 충분히 속속들이 맛보고 살지 못합니다. 그렇게 될 때에 하나님께서는 우리가 예수님의 공로를 의지한 그 사실을 인하여 우리를 불쌍히 보시고, 이 세상에서 여러 가지의 문제로 교훈받게 하시고 혹은 징계를 받게 하십니다. 그래서 깨닫게 하십니다. 이것이 하나님의 사랑입니다. 그는 세월이 갈수록, 또 경험을 쌓을수록, '아, 내가 이래서는 안 된다. 과거에는 그렇게 하는 것이 유리하고 좋을 줄 알아서 그렇게 했지만 이제는 그래서는 안 된다' 하는 것을 깨닫게 되는 것입니다. 깨닫고서 비로소 오직 성신을 의지하여 새사람으로 살고자 합니다. 나에게 주신 새로운 생명이 구체적으로 새사람을 나타내며 사는 생활 가운데서 새사람을 입은 보람을 느끼는 것이고 또한 그것의 실증을 드러내는 것입니다.

그런고로 그리스도의 의로 내가 옷 입어서 그 아들의 나라로 들어왔다 하더라도, 오늘도 내가 이 세상에서 천국의 실상을 맛보고 살아 가기 위해서는 내게 있는 옛사람을 날마다 벗어버려야 합니다. 우리의 옛사람은 부활하는 날 완전히 없어지겠지만, 아직 이 세상에서 육신을 입고 사는 동안에, 그리스도께서 재림하시기 전 시대에 살고 있는 동안에 천국의 실상을 맛보기 위해서는 날마다 옛사람을 벗어버리고 새사람을 입어야 하는 것입니다. 옛사람을 벗어버리고 새사람을 입는 일은 내가 마음으로 작정할 일이고, 내가 성신님을 의지함으로 하는 일입니다. 의지한다는 것은 내가 할 수 없다는 것을 인정하는 것이고, 성신께서 오셔서 해주시지 아니하시면 내가 어떻게 할 수 없다는 것을 늘 호소하는 것입니다. 그러할 때 내 속에 진리와 의를 따라가도록 하는 새로운 생명의 깨달음이 생기는 것이고 그런 외침이 늘 있게 되는 것입니다. 새로운 생명은 하나님의 말씀이 가르치시고 성신이 비추어서 깨닫게 하신 바에 의해서 내가 나아가도록 합니다. 그렇게 하면 새사람이 나타나는 것입니다. 내가 도덕적인 노력을 해가지고 새사람이 나타나는 것은 결코 아닙니다.

요약

이 비유가 우리에게 보이는 것을 다시 한 번 종합해서 보면, 우리는 이 왕의 관대와 친절을 통해서 하나님의 관대와 친절을 볼 수 있습니다. 왕은 그 포학 무도(暴虐無道)한 무리들의 그 포학과 무도가 아직 구체적으로 나타나기 전에 그들을 신민으로 여겨서 청해 두었지만, 즉 일정한 수의 신민에게 산해 진미(山海珍味)를 맛보게 하려고 혼인 잔치에 청해 두었지만, 청함 받은 자들은 패역과 반심을 드러냈습니다. 그들은 왕의 초대를 거절할 뿐 아니라 왕이 보낸 종들에게, 왕의 친애를 전해 준 사신들에게 능욕을 가하고 심지어는 살해까지 했더라 말입니다. 왕에게 무례를 행하고 또 왕을 그토록 멸시하는 행악자들이라면 필시 그들은 왕에게 반심을 품었던 자들인데, 그 반심이 이제 터져 나온 것입니다. 그들은 나라의 유력자들이었지만 그런 짓을 했습니다. 그런 것이 아니라면 그들이 자기 나라 임금의 자비와 진리를 그렇게 짓밟을 수가 없습니다. 여기에 청객(請客)들의 그 어리석음과 암매와 무지가 드러납니다. 제 나라의 임금에게 이러한 포학을 감행하고도 무사하기를 바랄 수는 없었습니다. 왕이 군대를 끌고 나가 반심을 품고 반역의 세력을 형성해가는 자들을 무력으로 철저히 응징(膺懲)하고 혹은 숙청을 하고, 그 다음에는 그 잔치는 다른 사람들에게 주신 것입니다.

지금 우리 주 예수 그리스도를 살해하고자 음모하는 이 음모꾼들, 대제사장들과 백성의 장로들은 그들의 암매와 어리석음으로 인해 자기들이 바로 저 반란의 청객들과 같은 존재인 것을 깨닫지 못했습니다. 또 왕자의 혼인 잔치라는 것은 국가적인 일인데 왕이 미리 준비해 둔 그 예복을 착용치 않고 들어온 그 심지는 역시 왕을 배반하고 청을 거절한 자들과 통하는 심지인 것을 깨닫지 못했습니다. 예복을 입지 않은 자는 왕의 제도에 반항하고 그것을 파괴하려는 자입니다. 왕의 잔치에 참석할 때에는 반드시 왕이 제정한 예복을 착용해야 합니다. 천국에 들어오는 자는 대주재 하나님께서 제정하신 그 거룩한 법대로, 입어야 할 그리스도의 의를 옷 입고 그 공로에만 의지해서 들어와야 할 것입니다. 그래야 대주재께서 그를 천국 백성이라 승인하시고 천국의 능력과 그 실상을 주시는 것입니다. 이 법을 무시하고 자기의 인위적인 종교 사상에 근거하여, 예수 그리스도의 공로라는 것을 입으로는 승인하면서 자기의 의를 거기다가 자꾸 갖다 붙여 가지고서 천국의 실상을 맛보려고 하는 자의 교만과 또 그 신법(神法)을 무시하는 불순종, 그것은 그에 해당한 열매를 거둘 수밖에 없습니다. 그 열매란 수족을 결박당해서 밖의 어둠으로 내어던져지는 것인데, 그러면 거기서 슬피 울며 이를 갈 것입니다.

기 도

거룩하신 주님이여, 우리 주님의 거룩하신 은혜와 공로가 아니면 저희가 천지간에 설 데가 없는 자들이오나 이제 그 크신 사랑의 은혜로 저희를 덮어 주시고 천부께서 저희들을 받아 주심으로 저희에게 지극히 큰 은혜가 계속적으로 임하게 하셨사오며, 또한 성신님을 의지하여 새사람으로 살게 하심으로 하나님 나라의 의와 평강과 기쁨을 맛보고 살게 하셨사옵나이다. 세상에 살면서 참 평안을 가지고 또한 참 의를 나타내며 기쁨을 가지고 살게 하신 우리 주님의 거룩한 배려와 사랑의 주선이 얼마나 감사한지 말할 수 없사옵나이다. 이제 저희들이 참으로 주신 은혜를 충분히 받고 살게 하시고, 옛사람으로 생활하지 아니하고 성신을 의지한 새사람의 생활로 하나님 나라의 기쁨과 평안함을 참으로 맛보고 그 능력을 실증하고 살게 합소서.

구주 예수 그리스도의 이름으로 기도하옵나이다. 아멘.

第 97 講

가이사에게 세금 바치는 문제

이에 바리새인들이 가서 어떻게 하여 예수로 말의 올무에 걸리게 할까 상론하고 자기 제자들을 헤롯당원들과 함께 예수께 보내어 말하되 선생님이여 우리가 아노니 당신은 참되시고 참으로써 하나님의 도를 가르치시며 아무라도 꺼리는 일이 없으시니 이는 사람을 외모로 보지 아니하심이니이다 그러면 당신의 생각에는 어떠한지 우리에게 이르소서 가이사에게 세를 바치는 것이 가하니이까 불가하니이까 한대 예수께서 저희의 악함을 아시고 가라사대 외식하는 자들아 어찌하여 나를 시험하느냐 셋돈을 내게 보이라 하시니 데나리온 하나를 가져왔거늘 예수께서 말씀하시되 이 형상과 이 글이 뉘 것이냐 가로되 가이사의 것이니이다 이에 가라사대 그런즉 가이사의 것은 가이사에게 하나님의 것은 하나님께 바치라 하시니 저희가 이 말씀을 듣고 기이히 여겨 예수를 떠나가니라 (마 22:15-22)

제 97 강

가이사에게 세금 바치는 문제

마 22 : 15-22

오늘도 주님의 공생애 마지막 주간의 화요일에 있었던 일 가운데 하나를 공부하겠습니다. 이날은 사건도 많은 날이었고 또 주께서도 여러 가지로 많은 가르침을 주신 날이올시다.

주께서 비유를 베푸신 그 다음에 바로 무슨 일이 발생했는지 우리가 자세히 알 수는 없으나 대개 순서로 봐서 지금 이 가이사에게 납세하는 문제에 대해서 대답하신 것으로 보입니다. 이 이야기는 우리에게 대단히 잘 알려진 이야기입니다. 바리새인들은 자기네가 직접 예수님을 어떻게 하지 못하겠으니까, 이번에는 정탐꾼들을 보내 가지고 예수님을 시험해서 어떻게든지 말의 올무에 걸리게 하려고 했습니다. 예수께서 그 말의 올무에 걸리시면 바리새인들이 그것을 빌미로 논박을 하려고 한 것입니다. 뿐만 아니라 지금 그들이 꾸미고 있는 음모는 예수님을 어떻게 무슨 수를 써서든지 빨리 체포하는 것입니다. 일단 말의 올무에 걸리면, 비록 그 당장에는 군중 때문에 불리하므로 행동을 취하지 못하더라도, 뒷날에 예수님을 체포하는 데 그것을 유용하게 쓰려고 한 것입니다.

모든 지배 세력이 음모에 가담하다

그래서 병행구인 누가복음 20:20을 보면 "정탐꾼들을 보내서 스스로 의로운 체하게 했다"고 했는데, 그 정탐꾼들이란 누구냐 하면 바리새인의 제자들입니다. 시험자들이라는 것이 결국은 바리새인의 젊은 제자들입니다. 이 바리새인의 제자들이 헤롯당과 함께 예수님 앞에 나아와서 무엇을 묻는고 하니, 가이사에게 세 주는 것의 가부를 묻는 것입니다. 우리가 세 복음의 그 부분을 각각 읽어 보면, 이 정탐꾼들인 시험자들을 보낸 사람들, 즉 예수님을 해하려고 음모를 하고 있는 사람들은 바리새인들과 제사장들이라고만 되어 있지 않습니다. 누가복음에는 특별히 서기관도 있고, 대제사장 일문 혹은 그의 종자들인 사두개도 나와 있습니다(눅 20:19,27). 또 처음 힐문하러 왔을 때는 유대의 장로들, 즉 백성의 두목들이 있다고 했습니다(눅 20:1; 막 11:27). 그런고로 모든 지배 세력이 다 망라되어 있습니다. 그래서 서로 평소에는 굉장히 의견들이 갈려 있던 이들까지도 이때는 모두 의견이 일치한 것입니다. 사두개와 바리새는 각각 교리나 신조가 많이 다르지만 예수님을 모해(謀害)해 나가는 데는 의견이 일치하였고, 또 헤롯당과 바리새가 도저히 같이할 수 없는 사람들이지만 예수님을 모해하는 점에서는 일치해 가지고 함께 움직였던 것입니다. 그런고로 시험자가 바리새나 헤롯당 사람들 중에서 나온 것입니다. 헤롯당이란 말하자면 주로 헤롯의 정책에 부화 뇌동(附和雷同)하거나 혹은 협동함으로써 자기네들도 거기서 어떤 이익을 따먹으려는 사람들로서 간교한 헤롯의 이용 대상이 되었던 사람들입니다. 말하자면 제일 이질적인 사람들이 서로 야합을 한 것입니다. 특별히 갈릴리에서 헤롯 안디바스가 더욱 현저하게 예수님께 대해서 건방진 태도를 취하고 있었는데, 그러한 그를 추종하던 사람들이 헤롯당입니다. 그렇다면 그들은 주로 헤롯이 갈릴리에 있을 때 거기서 추종하던 사람들인지도 모릅니다. 헤롯은 예루살렘에도 있었고 혹은 갈릴리에도 가 있었습니다.

예수님을 정치적으로 책잡으려는 질문

"이에 저희가 엿보다가 예수를 총독의 치리와 그 권세 아래 붙이려 하여 정탐들을 보내어 그들로 스스로 의인인 체하며 예수의 말을 책잡게 하니 그들이 묻기를 가이사에게 세를 바치는 것이 가하니이까 불가하니이까"(눅 20 : 20-22). 그들은 우리가 세를 바치리이까 말리이까 하고 물었습니다. 여기서 세(稅)는 인두세(人頭稅)를 말합니다. 이것은 유대 사람들 성인 남자는 누구나 반드시 내는 세입니다. 인두세를 바치리이까 말리이까 하는 문제를 가지고 와서 교묘하게 물은 것입니다. 그러나 예수님은 그들에게 걸릴 말을 조금도 하시지 않았습니다. 예수님의 답변은 심오한 것이었는데 세를 바치지 말라는 뜻이 그 말에 조금이라도 포함되어 있지 아니합니다.

그러나 지금 이것이 화요일인데, 바로 며칠 지나서 금요일 새벽에는 무리가 다 일어나 가지고는 예수님을 빌라도에게 끌고 가서 고소를 합니다. "우리가 이 사람을 보매 우리 백성을 미혹하고 가이사에게 세 바치는 것을 금하며 자칭 왕 그리스도라 하더이다"(눅 23 : 1). 가이사에게 세 바치는 것을 금했다고 하는 것입니다. 백성을 미혹했다는 것은 백성들이 어떻게 할지 모르게 만들었다는 뜻입니다. 반란을 꾸미기 위해서 백성들이 안정하고 살아 가는 생활을 방해했다는 것입니다. 예수님이 물론 그렇게 하신 일은 없습니다. 그러나 금요일 새벽에 그들이 예수님을 빌라도의 법정에 끌고 와서 그렇게 고소한 것입니다. 그리고 그들은 또한 '자칭 왕 그리스도라 하더이다' 하고 고소했습니다. 이는 결국 될 수 있는 대로 예수님을 정치적인 문제로 끌고 들어가서 걸리게 하기 위해 그런 말을 한 것입니다. 종교적인 문제를 가지고 아무리 떠들어 보았댔자 빌라도가 아랑곳하지 않을 터이니까 이 자들은 예수님이 로마의 통치에 대해 반란을 하려 한다든지 이심(二心)을 품었다든지 해서 반역죄에 저촉되도록 자꾸 이야기를 꾸며 나간 것입니다. 그런고로 '유대 무리로 미혹하게 한다'는 고발은 '그가 자칭 왕이라고 했다'고 한 것으로 보아 유대 사람들을 가이사에게 반역하는 길로 끌고 가서 자기를 왕으로 섬기도록 한 것이라는 뜻을 나타내기 위해 그렇게 한 것입니다.

있는 사실을 그대로 말한 것일 뿐

나중에는 그렇게 모함을 할 자들이 지금은 예수님 앞에 나와서 이렇게 굉장히 칭찬해 올리는 말을 하는 것입니다. 물론 아첨하는 것입니다. "선생님이여 우리가 아노니 당신은 참되시고 진실을 가지고 하나님의 도를 가르치시며 아무라도 꺼리는 일이 없으시니 이는 사람을 외모로 보지 아니하심이니이다"(21절). 아마 바리새인의 젊은 제자들 자신들이 이 말을 창작했다기보다는 그 노회(老獪)하고 교묘한 늙은이들이 앉아서 고안해 냈을 것입니다.

예수가 회피하지 못하게 미리 말로 눌러 놓아야 할 터이니 칭송을 한바탕 하고, 요렇게 말하면 요렇게 걸리고 저렇게 말하면 저렇게 걸릴 질문을 하면 꼼짝없이 걸려 들겠지 하는 그런 교묘한 예료(豫料) 가운데 '당신은 참으로 하나님의 도를 가르치고 아무것도 거리끼는 일이 없습니다. 그러니 어디 한번 가이사에게 세 바치는 이 문제도 말씀해 주시지요' 하는 말을 만들어 주었을 것입니다.

그러면 예수님을 칭송한 이 칭송은 완전히 외식자들의 아첨에 불과한 것이냐 하면, 주의해서 들어 보면 반드시 그런 것만은 아니라는 것을 알 수 있습니다. 아첨이라고 할 때는 그에게 있는 것 없는 것을 합쳐서 크게 과장하고 확대해서 듣기 좋게 만들어 가지고 환심을 사려고 하는 것입니다. 그러나 여기서는 환심을 사려는 의도에서 그렇게 한 것은 아닙니다. 요컨대 말의 올무에 걸리게 만들려는 수단으로 그렇게 한 것뿐입니다. 만일 그들이 예수를 악의로 왜곡하고 폄하(貶下)하려고 들지만 않았다면 지금 한 그들의 말은 결코 아첨이 아니고 진실 그대로입니다. 과연 예수님의 거룩하신 진실을 볼 것 같으면 그는 참되신 분이고, 참을 가지고 하나님의 도를 가르쳐 주신 분입니다. 그에게는 하나도 거짓이 없습니다. 또 아무에게라도 꺼리는 일이 없으십니다. 사람을 꺼려 가지고 할 말을 못 하신다든지 또 사람을 보아 가면서 그에게 듣기 좋으라고 말씀을 한다든지 하는 그런 일이 없습니다. 누구의 속도 다 보고 계시니까 아무도 사람을 외모로 취하는 일이 없으십니다.

예수님께는 이 말들 중 어느 하나도 진실이 아닌 것이 없습니다. 공평한 마음의 눈으로 볼 때 그들의 눈에 비친 예수님은 과연 참되신 분, 하나님의 도를 가르치시는 분, 그리고 꺼리는 일이 없이 진실을 다 말씀해 주시는 분이었습니다. 저들은 자기들이 의로운 체하고 의인의 눈에 비친 예수님은 어떻다고 만들어 낸 것입니다. 그래야 자기네가 '저희는 사람을 정당하게 공평하게 잘 봅니다. 편중됨이 없이 공의롭게 봅니다' 하는 것을 나타낼 수 있는 것입니다. 그래 공의의 안목으로 본다면 예수님은 어떻겠는가 하고 생각해 낸 결과, 결국은 진실을 이야기할 수밖에 없게 된 것입니다. 그렇게 해서 자연스럽게 나온 말, 그 평가, 그 가치 판단이 이런 말이 된 것입니다. 그러니까 자기네가 열심으로 연극을 꾸며서 가장 그럴 듯하게 보이려고 했지만 결국 사실을 이야기할 수밖에 없게 된 것입니다.

이 세상의 참된 의인들의 눈에 비친 예수님은 어떠할까 하고 상상해 보면 지금 이 사람들이 말한 대로 그런 분입니다. 저희들도 예수님을 보고 공정히 평가한다면 지금 저희들이 한 말처럼 할 수밖에 없는 것인데, 저희도 부지불식간에 그렇게 하고 만 것입니다. 사람이 그의 마음 가운데 아무리 악을 꾀하고 있을지라도 자기도 의로운 체하고 그런 위치에서 어떤 의에 대해 평가를 할 때는 결국 이렇게 정당히 평가할 수밖에 없습니다. 예수님께 아무리 해악을 가하려는 마음을 가지고 있다 하더라도 이렇게 표현할 수밖에 없는 것입니다. 완전 무결하신 분인 까닭에 그러합니다. 사람에게는 여러 가지 흠이 있는데 그 흠을 끄집어내 가지고 그것을 나열해 놓고 하나 하나를 확대해서 보면 그는 굉장히 흠이 많은 사람이 되고 맙니다. 그러나 예수님께 대해서는 자기들이 의인인 체하고 공정한 눈으로 쳐다보면서 어떤 흠을 끄집어낼까 하고 찾아보아도 한 가지 흠도 발견할 수 없으니까 결국은 있는 그대로의 사실만을 이야기할 수밖에 없었던 것입니다.

세금에 대한 두 가지 입장

이 젊은 사람들이 그렇게 정직하게 예수님을 보고서 '아! 이런 분 앞에 내가 어떻게 이럴 수 있단 말인가. 이런 분의 가르침 앞에 내가 무릎 꿇어야겠다' 하고 회개를 하고 진정한 도리를 배우려 했더면 얼마나 좋았겠습니까? 하지만 이 사람들은 그들의 스승의 악한 계획에 따라 그 눈 빛깔이 악한 정욕으로 염색돼서 그 마음들이 예수님을 모살한다는 한 목표로 자꾸 끌려 들어간 것입니다. 자기네가 지금 모살하려고 하는 그분이 누구인지 생각지도 못하고 가장 무섭고 악한 일을 하려고 치닫고 있습니다. 예수께 나온 자들은 바리새인의 젊은 제자들과 헤롯당인데, 예수께 칭송의 말을 한 사람들은 생각건대 헤롯당원이 아니고 주로 바리새의 제자들일 것으로 생각됩니다.

바리새인들이 헤롯당과 야합해서 한 커미티(committee)를 이루어 예수께 나온다는 것은 참 기괴한 조합(combination)입니다. 헤롯당은 가이사에게 납세하는 것에 대해 말할 것도 없이 그것을 마땅히 해야 할 것으로 생각합니다. 아직 영주의 이름만 가지고 있을 뿐 왕의 칭호는 가지고 있지 못한 헤롯 안디바스나 헤롯 빌립은 백성을 수탈해서 가이사에게 많은 것을 바쳐서 잘 뵈어 가지고 저희 아버지가 누렸던 왕의 칭호까지 받기를 원했습니다. 이때에는 로마 총독이 직접 와서 다스렸는데 물론 빌라도도 그 총독 중의 하나입니다. 그런데 이 총독이 유대 백성 남자들에게 인두세를 받아서 그것을 로마 제국 국고에 납입한 것입니다. 그래서 헤롯 안디바스는 물론 헤롯 빌립도 가급적 자기의 영지에서 많은 돈을 거두고자 획책했을 것입니다.

그러나 유대 백성들은 세금 내기를 좋아할 리가 없습니다. 그중에서도 열심당의 당원들은 납세를 적극적으로 반대하면서 '오직 하나님 한 분만이 우리의 주가 되시고 주장자가 되시는 까닭에 우리가 가이사를 섬기지도 말아야 하고 그의 명령을 순종하지도 말아야 한다'고 했습니다. 그러나 공공연하게 그렇게 하다가는 잡혀갈 것이니까 비밀 결사를 하고 음모를 꾸미고 그리고 가끔 아주 기교(技巧)하게 질서를 교란하곤 했습니다. 그것은 요세푸스의 기록에도 나와 있습니다.

한편 바리새인들은 어떠했느냐 하면 열심당의 원칙에 대해서는 탄식을 해가면서 '그 원칙이야 뭐 나쁘지 않지. 주님 한 분밖에 주가 어디 있느냐' 하고 동의는 했지만, 현실에서는 실제의 행정 기구나 통치자나 통치 권력을 무시하려고 들지는 않았습니다. 그들은 하나님의 신정 정치(theocracy)가 현실 생활 위에서 직접 지금 당장 나타나기를 별로 바라지 않았습니다. 왜 그랬는가? 전에도 이야기한 것같이 유대 사람의 상층군, 지배 계급과 특권 계급을 형성하고 있는 그 사람들은 가급적 현상이라는 것을 유지하려고 했지 현상을 뒤엎으려고 하지 않았기 때문입니다. 그들은 열심당과 같이 지금의 현상이 뒤엎어진 다음 여기에 금방 메시야 왕국이 서야겠다는 그런 광신자들은 아닙니다. 그만큼 바리새인들은 현실과 타협해 가면서 지냈던 것입니다.

그러나 일반 민초(民草), 백성들은 세금 내는 것을 싫어했습니다. 세리들이 와서 세금 뜯어가는 것이 참으로 싫어서 세리들을 죄인이라고, 가장 낮은 사람들이라고 욕질을 하기도 했습니다. 사실 세리들 편에서도 그들대로 '우리가 반역자라는 욕을 먹어가면서 이렇게 살아 가야 하는가' 하고 한탄한 것입니다. '세리와 죄인과 창기'라는 표현은 그들을 다 하나의 계급으로 낮추어 본다는 것을 의미합니다. 그렇게 욕을 먹고 사는 세리들은 무엇 때문에 그렇게 하고 사는가? 돈이나 벌려고 그렇게 하는 것입니다. 자기가 가지고 있는 권리를 가지고 가급적이면 돈이나 벌어야겠다는 것입니다. 그 사회의 여러 계층이 각기 이러한 상태 가운데 있었습니다.

양쪽에 다 함정이 있는 질문

바리새의 제자들과 헤롯 당원들이 갈릴리 사람이었는지 어쨌는지 모르나 그들이 와서 예수께 드린 찬사는 조금 전에 말한 것같이 모두 진실이었습니다. 찬사를 드린 다음 이어서 그들은 물었습니다. "우리가 가이사에게 세를 바치는 것이 가하니이까 불가하니이까?" 마가복음 12장에 보면 그 말끝에 "우리가 바치리이까 말리이까"(15절) 하는 말이 더 붙어 있습니다.

아까도 이야기했지만 일반 백성들은 세금 바치기를 싫어했습니다. '바치지 않아야 할 무슨 원칙이 있을 것 같으면 어떻게 해서라도 그냥 견뎌 보았으면 좋겠다'고 생각하고 있었습니다. 또한 그들은 어서 빨리 메시야께서 오셔서 이렇게 포학하게 착취하고 수탈하는 로마의 세력을 다 물리쳐 버리고 여기다가 메시야 왕국을 건설해 주기를 바랐습니다. 이렇게 세금에 대한 부담으로 마음 가운데 슬퍼하고 괴로워하는 일반 사람들은 지금 예수님을 보고 '저 이가 메시야 아닌가' 하고 생각하고 있었습니다. 그런데 그런 예수님이 만일 백성들에게 세금을 내라고 말한다면 '저 이가 메시야로서 가이사의 세력을 대적하여 쳐 무찔러 버리고 괴멸시킬 분으로 알았더니, 웬걸, 세금이나 내고 그냥 로마의 세력 밑에 가서 살라고 하니 그것 말이나 되느냐'고 댓바람에 예수님을 비난할 것입니다. 그러면 정탐꾼들의 배후 세력은 그걸 이용해서 민중을 선동할 수 있습니다. 적어도 민중이 예수님께 대해서 큰 환멸을 느끼고 실망하게 되는 일이 발생하는 것입니다. 그들은 그것을 노렸습니다. 그러나 만약 세를 바치지 말라 한다면, 그것은 두말할 것 없이 헤롯당원들이 돌아가서 '우리가 증인이다' 하고 떠들어대 가지고 로마가 붙들어다 보복을 하도록 만들 것입니다. 그러므로 예수님께는 그 어느 편도 취하기가 어려운 대답입니다.

종교상 문제와도 관련시켜 생각하는 광신자들

그런데 여기서 우리가 한 가지 주의하여 볼 것은, 이 가이사에게 세를 바치리이까 말리이까 하는 것은 단순히 정치상의 문제로만 끝나지 않고 종교상의 문제로까지 들어간다는 것입니다. 하나님을 한 분으로 모신다는 신조를 가졌다면 어떻게 가이사를 또 주인과 같이 섬겨서 그 명령하에 세금을 내라는 것이냐 하는 것입니다. 또 그 세금으로 내는 돈이 로마의 화폐입니다. 가이사 아구스도가 통화 개혁을 하면서 통화를 통일했는데, 그때 데나리온이라는 것을 쓰도록 했고, 따라서 로마 정부에 바치는 일체의 세금은 로마에서 주조해 낸 데나리온으로 내도록 했습니다. 그런데 데나리온이라는 것은 은전입니다. 그리고 한 데나리온은 군인이나 노무자의 하루 임금에 해당합니다.

그런고로 광신자의 눈으로 엄격하게 볼 때에는 돈 자체도 로마의 이교적인 내용을 표시합니다. 왜냐하면 세로 바치는 그 돈에는 가이사 디베리우스가 나오기 때문입니다. 예수님 당시에 주조한 데나리우스 은전을 보면, 한쪽에는 디베리우스 황제의 목상이 새겨져 있고 약자로 디베리우스 가이사 오거스트, 즉 신성한 오거스트의 아들이라고 쓰여 있고, 다른 한쪽에는 디베리우스가 옷을 입고 면류관을 쓰고 의자에 앉아 있는 그림이 새겨져 있는데, 거기에 지극히 높은 제사장(HIGHEST PRIEST) 말하자면 대제사장이라는 라틴 말이 명각(銘刻)되어 있습니다. 그래서 황제를 반신화(半神化)했습니다. 물론 그런 것들이 다 로마의 종교사 속에서 종교적인 주장하에서 혹은 종교적인 어떤 의식(cult) 가운데에서 거기다 축복하고 그것을 주조해서 세상에서 유통하게 만든 것입니다. 그러니까 열심당원 같은 광신자들의 눈으로 보면 그런 점까지라도 '이것은 우상 섬기는 것이다. 저를 신화해서 신으로 높여 앉히는 것이다'고까지 말할 수 있는 것입니다. 그러나 우리가 엄밀히 생각하면 돈에 로마의 이교적인 제의(祭儀)가 붙었다고 하더라도 돈을 쓰는 것이 우상 섬기는 것은 아닙니다. 그리고 또 그것은 로마 사람들의 문제일 뿐입니다. 돈을 쓰는 것은 경제적인 약속으로서 지불을 이행하는 것이니까 그것이 돈이 됐든지 혹은 구리가 됐든지 무엇이든지 국가에서 권위를 주면 증표로서 유통되어 돌아가는 것입니다.

바리새인들은 거기에 대해서 열심당원과 같이 그렇게까지 생각하지는 않았습니다. 어쨌든지 그런 것이 그때의 형편입니다. 그런데 이제 중요한 것은, 세금을 바치리이까 말리이까 하는 이 질문을 한 사람들도 그 질문이 가지고 있는 의미의 심중성(深重性)을 모르고 했다는 사실입니다. 그 질문을 한 젊은 사람들만 모르고 한 것이 아니라 그런 질문을 만들어 낸 그들의 노회한 스승들조차도 그것을 모르고 있었습니다.

질문자들의 무책임한 태도

이런 중요한 문제를 물을 때에는 묻는 사람들이나 그 문제를 낸 사람들은 거기서 어떤 대답이 나오면 그 대답에 대하여 그만큼 책임이 있는 신중한 자세를 취해야 하는 것입니다. 이것이 질문자의 마땅한 자격이고, 또 정당한 태도입니다. 지금 우리는 세금을 바치리이까 말리이까 하는 문제를 물은 자들이 가지고 있는 무책임한 태도 그리고 무자격한 상태를 꼬집고 있는 것입니다. 요컨대 예수님이나 다른 어떤 훌륭한 스승에게 아주 신중한 문제를 하나 가지고 왔다고 하십시다. 그것이 종교상의 문제가 될 수도 있고 정치상의 문제가 될 수도 있는데, 이런 문제를 물을 때는 그 대답이 위험한 말이 될 수도 있습니다. 그러면 그만한 것을 그 대상인 스승한테서 끄집어내려면, 내가 그것을 아는 날에는 어떻게 하겠다 하는 책임 있는 태도를 취해야 하는 것입니다. 그냥 오다가다 '그것 어떻습니까' 하고 한마디 물어 보고 그 대답에는 아무런 관심을 치중하는 일이 없이 그냥 지나친다면, 그것은 공연히 남의 말을 따먹으러 다니는 사람밖에 안 되는 것입니다. 아주 무책임한 사람의 태도입니다.

그러니까 질문하는 그 태도의 무책임성을 여기서 우리가 주의해야 합니다. 왜냐하면 이 문제가 대단히 중요한 문제이기 때문입니다. 가이사에게 세를 바친다는 그 행동 하나만이 중요한 것은 아닙니다. 그것은 무엇을 전제로 하고 그런 생각을 낼 수 있느냐 하는 것이 걸리는 문제이기 때문입니다. 그러니까 이런 문제의 답변을 어떻게 다루고자 하는가 하는 질문자들의 마음 자세 여하가 문제가 되고, 그것을 보고 이 질문자들에게 자격이 있는가 없는가를 결정할 수 있는 것입니다.

로마의 지배에 의한 평화의 시대

이때는 어느 때냐 하면 대체로 주후 30년경입니다. 그때 로마 제국의 판도 안에는 훗날 역사가들이 일컫는 팍스 로마나(Pax Romana) 사상이 보편화된 시대입니다. 로마의 힘과 그 영향력이 넓은 세계에 뻗어서 평화가 유지되어야 한다는 시대입니다. 이 사상은 주전 1세기부터 주후 2세기까지 사이에 특별히 높이 제고(提高)되고 구가되던 사상입니다. 로마 제국의 강력한 힘을 가지고 평화를 유지한다는 것입니다. 오늘날의 세계에서 말할 때, '팍스 아메리카나'라고 해서 아메리카의 힘에 의해서 평화를 유지한다 하는 정치상 아이디어와 같은 맥락입니다. 그 사상이 그때는 아주 높이 제고되고 지지되던 때입니다. 그러니까 로마 제국의 강압하에 평화가 천하에 임하고 있던 그런 때입니다. 따라서 로마 제국의 판도 내에서 만일 어떤 거민들이 소요를 일으키면, 로마의 군은 그들을 가혹하게 처벌하고 반란자들을 극형인 십자가형에 처해 버렸습니다. 다른 무엇보다 민심을 교란하고 선동해서 로마의 정권에 반항하게 하거나 혹은 반란을 일으키는 것에 가장 신경을 곤두세우고 맹렬하게 다루었던 것입니다. 이 유대 백성은 지금 로마에게 정복만 당한 것이 아니라 점령을 당하고 통치를 받고 지배를 받고 살아 가는 처지인데, 그것이 근 1세기에 걸쳐 이어지고 있습니다. 폼페이우스가 주전 약 64년경에 이 팔레스틴을 다 정복해 버린 이래로 지금이 주후 30년이니까 벌써 근 백년이 가깝습니다. 1세기나 되는 기간 동안 유대 사람들은 로마의 그 고도적인 세계 정책하에서 자기네 민족의 종교와 그에 의한 여러 가지 제도나 절기, 그런 것들로 말미암은 생활 풍속 들을 유지하는 데에는 어느 정도 자유를 얻어 가지고 있었습니다. 그러나 만약 이 민족이 그런 것을 기화로 해서 집단으로 로마의 법을 어기거나 제국의 중요한 명령을 반항한다고 하면 로마 정부가 그냥 좌시하지 않습니다. 로마의 힘을 그렇게 얕볼 수가 없는 처지였습니다.

이러한 상황에서 어떻게 공공연하게 '세금을 내지 말라'는 말을 하겠는가 말입니다. 세금을 안 내는 것은 소위 애국자들 가운데 광신자들, 아까 말한 그 열심당원들이 자기네끼리 서로서로 비밀리에 의논해 가면서 어떻게든지 눈을 피해 가며 하는 것뿐입니다. 그러나 그런 것을 로마가 계속적으로 좌시해 주지는 않을 것입니다. 강력한 군대를 끌고 와서 이스라엘을 토벌해 버리고 말 것입니다. 그렇다면 자기가 세금 불납을 고집하다가 잡혀서 죽더라도 상관없다는 각오가 없는 사람으로서, 즉 그런 종교적 광신을 가지지 아니한 그런 사람들이라면 어떻게 세금 불납을 선전하며 인심을 선동하고, 혹은 세금을 안 내고 살겠는가 말입니다. 당시 유대 사람들 속에 있는 열심당원들은 주 여호와 외에는 세상에 아무도 자기네에게 주인이 없다고 하고 다른 아무도 인정하지 않았습니다. 따라서 가이사에 대한 납세를 반대하고 하나님께만 드린다는 원칙을 도무지 양보하지 않았습니다. 그리고 그것을 고수하기 위해서 차라리 자기네는 전쟁을 일으켜 한바탕 싸우겠다고 했습니다. 그들은 그만한 정도의 열심, 광신을 가지고 있었습니다. 그래서 그 이름도 열심당원이라고 한 것입니다. 그러나 바리새는 이런 열심당원과 같은 그런 광신주의자가 아니고 열심당원의 납세 원칙에 동의는 하더라도 현상을 안온하게 유지하는 데 더 치중하기 위하여 현실에 타협하고 있었습니다. 일반 백성들로서는 로마 정부가 유대인 세리들을 교묘하게 앞장 세워서 백성의 돈을 거두어 가는 것을 좋게 생각할 까닭이 없습니다. 그러므로 세리들은 아주 욕질을 받고 혐오를 받았습니다. 이 시기에 특히 일반 유대인 대중은 예수님을 메시야로 알고서 당장에라도 이분이 로마를 괴멸시키고 메시야 왕국을 세워 주리라고 고대하고 있었습니다.

얼마 전의 일로서 여리고의 삭개오 집에서 예수님께서 므나 비유를 얘기하신 사건을 기억해 봅시다. 사람들이 생각하길, 예수님이 예루살렘을 향해 가시고 또 하나님 나라는 당장에라도 나타날 것으로 생각하므로 예수께서는 므나의 비유를 베푸셔서 그들의 생각이 잘못된 것을 가르치셨습니다(『예수님의 행적』 제7권 86강). 그러면 그러한 사람들에게 가이사에게 세금을 내라고 한다면 그들로서는 크게 실망을 할 것이고 환멸을 느낄 것입니다. 또한 만일 예수께서 가이사에게 세금을 내지 말라고 하면 물론 로마가 와서 보복을 할 것입니다.

이것을 시문(試問)하는 이 스파이들이나 그들을 보낸 사람들은 가이사에게 세금을 내야 할 것인지 말 것인지의 여부를 알아야 할 만한 자격이 있는 자들이 아닙니다. 그들은 오히려 교활한 자들로서 앞잡이들을 내세워서 이와같이 하고 있는 것입니다. 지금 자기들이 어떠한 악을 저지르는지도 모르는 우맹들입니다. 그런고로 예수께서도 저희의 악함을 아시고 가라사대 "외식하는 자가 어찌하여 나를 시험하느냐"고 하셨습니다(막 12 : 15). '너희가 물을 자격을 가지고 묻는 것이 아니다'고 하시는 말씀입니다.

예수님의 질문에 내포된 의미

그러나 예수께서는 '셋돈을 내게 보이라'고 하셨습니다. 그래서 누구인가 데나리우스 하나를 가져다가 보였습니다. 그러면 셋돈을 보이라는 이 말씀의 의미는 무엇인가? 세로 바치는 그 돈에는 형상과 글이 새겨져 있습니다. 거기에는 형상과 명각한 글이 있는데 예수님은 그것을 가지고, '이게 뉘 것이냐'고 물으셨고, 그때 사람들이 두말할 것 없이, '가이사의 것입니다'고 대답했습니다. 이 사람들이 가이사의 것이라고 승인하는 그 말은 저희들이 입으로 한 말이니까 스스로 중요한 사실 하나를 고백한 셈입니다. 지금 저희들은 굉장히 큰 꾀를 가지고 예수님 앞에 묻고 있는 줄로 스스로 알고 있는데, 예수님의 물음에 가이사의 것이라고 아무 생각도 없이 덮어놓고 대답을 한 이 말에는 매우 중요한 의미가 들어 있습니다. 주께서는 그들 자신이 이 문제를 바로 알도록 하시기 위해서 그들이 무엇을 명심해야 하고 또 어떠한 사실을 깊이 생각하고 추리하여야 할 것인지를 깨닫게 해주시려는 뜻으로 그렇게 하신 것입니다. 그들이 그 문제를 깨닫는 데 좋은 도움이 되는 어떤 사실 하나를 알도록 해주시려고 그렇게 말씀하신 것입니다. 예수님이 말씀하신 뜻을 풀어서 생각하면 이렇습니다.

'그래, 너희가 대답한 대로 지금 너희는 가이사의 것을 쓰고 있는 사회에서 살고 있지 않느냐? 너희들이 지금 어떤 조건에서 나한테 질문도 하고 음모도 하고 있는 줄 아느냐? 그것은 팍스 로마나 혹은 적어도 가이사의 통치와 명령하에서 이만큼이라도 질서를 유지하고 있는 안정한 사회에서 살고 있는 까닭에 너희들이 나한테 묻기도 하고 음모도 하고 하는 것이다. 지금까지 너희들이 종교를 환난 속에서, 전쟁 속에서 해왔느냐? 안정한 까닭에 앉아서 책도 읽고 토론도 하고 강설도 하고 듣기도 하고 한 것 아니냐? 결국 가이사의 시책하에서 경제계나 정치계에 이만한 안녕과 질서를 누리고 있는 것이 아니냐? 그런데도 너희가 세금을 내야 할 것인가 말 것인가에 대해서 이야기를 한다면, 너희는 이 안녕과 질서를 파괴하고 반란을 일으키겠다는 말이냐? 그리고 만일 세금을 내지 말라고 한다면 너희는 그럴 용의를 가지고 있느냐? 또 세금을 내지 않겠다고 한다면 그것은 반란을 일으키는 것과 다름 없는데 무슨 원칙하에서 너희가 반란을 일으키려고 하느냐? 나도 너희와 같은 생각을 가진 줄로 아느냐?'

이러한 중요한 의미가 예수님의 질문에 내포되어 있는 것입니다. 그러한 까닭에 '그런 것도 알지 못하고 그런 문제를 생각지도 못했으면서 덮어놓고 세금을 내리이까 말리이까 하느냐'고 꾸짖으신 것입니다.

강자의 포학을 참고만 있어야 하는가

이 문제의 뒤에는 또 하나의 문제가 있습니다. 그것은 뭔가? 어떠한 사회에서나 우리가 그 사회의 질서를 유지하면서 교묘하게라도 살아 가는 것이 항상 정당한 것인가 하는 것입니다. 예컨대 로마와 같이 강력하고 상당히 포학한 나라가 유대 나라와 같은 약소 국가를 강탈해 가지고 많은 괴롬을 주고 착취를 하고 수탈을 해가고 그러는데도 가만히 보고만 있어야 하는가 하는 것입니다. 이른바 약육강식(弱肉強食)의 사실이 전개되는 역사 현실 앞에서 약소 민족이 강자에게 그저 '좋습니다' 하고 섬기고만 살아 가야 하는가? 거기에 대해서 반항 운동을 일으키는 것이 정당한 것이 아닌가? 가이사에게 세를 안 바치겠다는 것도 일종의 반항 운동인데, 그렇게 하는 것이 온당한 것이 아닌가 하는 것입니다.

그때 그 장소에는 이 문제에 대해 예수님이 답변하시는 것을 듣는 사람들이 많았을 것입니다. 그냥 저희들 몇 사람만이 와서 물어 보고 그냥 가고 한 것이 아닙니다. 예수님이 성전에서 가르치실 때도 많은 사람들이 와서 물어 보았을 것입니다. 지금 이 일이 같은 화요일에 있던 일이니까 아직 예수님을 둘러싼 사람들은 그대로 있었을 것입니다. 이 문제 앞에서 그 많은 사람들은 어느 쪽의 대답을 바라고 있었겠는가? 물론 그들은 예수님이 세금을 바치지 말라는 말을 하시기를 바랐습니다. 그래야 비로소 예수님은 이제 정치적으로 공공연하게 반 로마의 기치를 드는 것으로 알 수 있겠기 때문입니다. 지금 그들은 '언제 예수께서 반 로마의 기치를 들 것인가? 이제 드는가' 하고 기다리던 중입니다. 그런고로 그들은 예수님이 '세금을 바치지 말아라. 지금은 세금 바칠 때가 아니다. 이제는 로마를 향해서 진격을 해야겠다'고 말씀하시길 바랐을 것입니다. 민중이 그렇게 기대하고 있는 이런 상태에서 예수께서는 무엇이라고 대답하셨는가?

이때에 정탐꾼들은 예수님을 로마 총독의 권세에 붙이려는 자기들의 간계(奸計)에 예수님이 빠져들기를 기다렸습니다. 그러나 예수님은 셋돈을 하나 갖다 뵈라고 하셨습니다. 예수께서 그들에게 셋돈을 갖다 뵈라고 하신 것은, 그 사람들이 셋돈을 가져오는 그 사실과 '이게 누구의 것이냐' 할 때 그들이 '가이사의 것입니다'고 대답하는 사실을 통해서 그들로 하여금 어떤 중요한 사실 하나를 붙잡고 있게 하려고 그렇게 하신 것입니다. 비록 그들이 그것을 붙잡고 있다고 하더라도 그 당시에는 그 의미를 모르겠지만 그러나 훗날에는 그 의미를 깨닫게 될 것을 아시고 계셨기 때문에 그렇게 하셨습니다. 이것은 아주 인상적인 정경입니다. 셋돈을 놓고 '자, 이것은 누구의 화상이며 누구의 글인가' 하셔서 그 사람들에게 어떤 사실 하나를 강하게 인식하게 하신 것입니다. 다시 한 번 그 내용을 상기해 보면 이렇습니다.

'너희의 질문 가운데는 이런 사상적인 배경이 붙어 다닌다. 납세를 하지 말라고 말하면 독립 운동을 하는 것이 모든 사람에게 지상의 명령이 되겠고, 그러지 말고 현재 너희를 누르고 있는 이민족(異

民族)의 세력 앞에서 그냥 조용히 맹종하고 살아라 한다면 그것은 나를 메시야로 아는 사람들에게 큰 실망을 줄 것이다. 이민족에게 맹종을 요구한다면 그것은 또한 어떤 이민족이 와서 강탈을 하더라도 그들에게 '예, 예' 하고 따라다니라는 말밖에 안 될 것이다.'

여기에는 사상적으로 심오한 내용을 포함하고 있는데 거기에 대해서 우리가 알고 있어야 할 것이 두 가지가 있습니다.

은혜의 왕국을 다스리려고 오신 예수님

첫째는, 예수님은 어째서 세상에 오셨는가 하는 것입니다. 예수님은 만민의 죄를 속하시려고 오셨을 뿐만 아니라, 그 거룩한 은혜의 왕국을 인류의 역사 가운데 세우사 다스려 나아가시려고 오신 것입니다. 이것이 중보자로서의 임무 중 하나입니다. 그런고로 중보자로서 예수님이 하실 일은 그 은혜의 왕국을 다스려 나가시는 것이지, 이스라엘 민족을 중심으로 메시야 왕국이라는 하나의 민족 국가를 세워 가지고 로마와 대결하고 또 그 로마를 쳐 없애는 것이 아닙니다. 로마의 통치하에서 어떤 질서를 유지하여 가는 이 사회, 이것이 지금 하나의 역사적 과정인데 이 역사적인 과정을 떠엎으려고 예수님이 오신 것은 아닙니다. 세상의 역사 가운데 약육강식의 사실이 수없이 일어났는데 예수께서 그것들을 뒤엎으려고 오신 것이 아니라는 것입니다. 예수님이 초림하신 그 거룩한 목적은 만민의 속죄와 동시에 중보자로서 당신이 마치셔야 할 임무를 행하시려고 오신 것입니다. 그리고 예수님이 오셔서 다스리는 나라는 권능의 왕국이고 은혜의 왕국이지 유대 사람들이 생각하는 유대의 민족 국가가 아닙니다. 하나님의 크신 경륜 가운데서 땅 위에서는 어떤 나라가 일어나서 다른 나라를 치고 이 민족이 일어나서 저 민족을 치는 이런 일들이 계속적으로 있어 왔는데, 그것은 그런 역사의 기간을 하나님께서 용인하셔서 그렇게 되는 것입니다.

각각 하나님께서 주신 임무를 충실히 감당해야

둘째로 알고 있어야 할 것은 어떤 국가나 민족이 다른 세력의 억압과 통제로 고통을 당하는 경우에 사람이 항상 자기의 국가나 민족만을 지상(至上)으로 여겨서 국가나 민족이 당하는 속박이나 괴로움만을 없애기 위해서 일생 일을 한다면, 그가 하나님께로부터 받은 여타의 은사들은 다 필요 없게 된다는 사실입니다. 다른 은사는 내놓을 것이 없게 되는 것입니다. 왜냐하면 모든 사람 각자는 자기 나라를 위해서 일생을 바치고 살아야 할 것이기 때문입니다. 그러나 하나님의 나라는 어떤 사람은 정치를 하고, 어떤 사람은 경제계에서, 어떤 사람은 문화계에서 활동하고 하는 등 각각 그 받은 바 은사에 따라 자기 분야에서 활동함으로써 그 나라의 여러 가지 성격을 조화 있게 이루도록 되어 있습니다. 은혜의 왕국도 권능의 왕국도 다 그렇게 하도록 형성되어 있는 것입니다. 그러니까 사람은 각각 하나님께서 자기에게 주신 임무를 충실히 감당해 가야 하는 것입니다.

예를 들면, 쇼팽의 이야기 가운데 이런 장면이 하나 나옵니다. 쇼팽이 바르샤바에서 아직 공부하고 있을 때 그의 나라 폴란드는 독립운동을 일으켜 가지고 많은 젊은이들이 전선에 나가서 죽어가는 그런 일이 발생했습니다. 그때 쇼팽의 친구들은 그에게 '너는 전선에 나가서 피 흘리고 싸우는 것보다 세계로 나가서 폴란드를 선전해야겠다. 피아노로, 그 음악으로 폴란드를 현양(顯揚)해야겠다. 그것이 훨씬 더 큰 일이다'고 말하여 그를 외국으로 내보낸 것입니다. 누구든지 다 그렇게 생각할 것입니다. 쇼팽이 그렇게 외국으로 나가지 않고, 그냥 전선에 나가서 싸우다 죽어 버렸다면 어떻게 되었겠는가? 쇼팽의 이야기를 꼭 우리가 예로 들지 않더라도, 사람은 각각 하나님께서 주신 은사를 가장 잘 살려 씀으로 자기의 민족이나 동족에게도 그만큼 봉사를 하는 것이고, 또 세계의 사람에게도 그만큼 기여를 하는 것입니다. 하나님은 사람을 그렇게 내신 것입니다. 그런데 여기서 주의할 것 하나는 어떤 사람에게 획일적으로 어떤 것 하나에만 일생을 바치라고 해서는 안 된다는 사실입니다. 뭐든지 그것이 신화화되면 안 되는 것입니다.

아무튼 이때의 유대 사람들은 정치적인 메시야 왕국에 대한 기대를 가지고 무엇보다도 로마 제국에 대해 반항을 꾀해서, 할 수만 있으면 그놈을 떠엎고, 떠엎은 다음에는 그 위에 자기네 민족 국가를 세우기를 기대하고 있었습니다. 그들은 그것을 이루어 내는 것에다가 항상 메시야 왕국이라는 종교적인 색채를 붙여서 생각하고 있었던 것입니다.

모든 권세는 하나님께로서 나옴

그러나 참된 메시야는 권능의 왕국과 은혜의 왕국을 땅 위에 세우고, 중보자로서 땅 위에 와서 일하시는 것입니다. 그런고로 이 점을 우리가 주의해야 할 것입니다. 이 문제에 대해서 하나님의 말씀이 가르친 것이 로마서 13장에 있습니다. "각 사람은 위에 있는 권세들에게 굴복하라. 권세는 하나님께로 나지 않음이 없나니 모든 권세는 다 하나님의 정하신 바라"(1절). 하나님께서 어떤 나라를 세우기도 하시고 그것을 망하게도 하십니다. "여호와께서 성을 지키지 아니하시면 파수꾼의 경성함이 허사로다"(시 127:1). "그러므로 권세를 거스르는 자는 하나님의 명을 거스림이니 거스르는 자들은 심판을 자취하리라"(롬 13:2). 이렇게까지 명확하게 이야기하신 것입니다. 땅 위의 권세는 하나님의 명령하에서 움직이는 것이라고 했습니다. "관원들은 선한 일에 대하여 두려움이 되지 않고 악한 일에 대하여 되나니 네가 권세를 두려워하지 아니하려느냐. 선을 행하라 그리하면 그에게 칭찬을 받으리라. 그는 하나님의 사자가 되어 네게 선을 이루는 자니라. 그러나 네가 악을 행하거든 두려워하라. 그가 공연히 칼을 가지지 아니하였으니 곧 하나님의 사자가 되어 악을 행하는 자에게 진노하심을 위하여 보응하는 자니라. 그러므로 굴복하지 아니할 수 없으니 노를 인하여만 할 것이 아니요 또한 양심을 인하여 할 것이니라. 너희가 공세를 바치는 것도 이를 인함이라. 저희가 하나님의 일꾼이 되어 바로 이 일에 항상 힘쓰느니라. 모든 자에게 줄 것을 주되, 공세를 바칠 자에게 공세를 바치고 국세를 바칠 자에게 국세를 바치고 두려워할 자를 두려워하며 존경할 자를 존경하라"(롬 13 : 3-7).

안녕 · 질서의 중요성

한 군데 더 볼 곳이 있습니다. "그러므로 내가 첫째로 권하노니, 모든 사람을 위하여 간구와 기도와 도고와 감사를 하되 임금들과 높은 지위에 있는 모든 사람들을 위하여 하라. 이는 우리가 모든 경건과 단정한 중에 고요하고 평안한 생활을 하려 함이니라"(딤전 2 : 1-2). 이것이 특별히 로마의 네로 시대에 사도 바울이 디모데에게 한 편지 내용입니다. 네로같이 그렇게 괴악한 폭군의 시대인데도 그렇게 쓴 것입니다. 바울 사도가 디모데에게 이 편지를 쓴 시기는 로마의 정계에 또 황실에 특별히 부패와 악이 크게 뻗어 있던 그런 때입니다. 그런데도 임금을 위해서 기도하라고 한 것입니다. 질서가 교란되기 위함이 아니라 오히려 안녕과 질서가 바로 유지되기를 바라서 그런다고 했습니다. 이것이 바울 선생의 가르침입니다. "(그런 생활을 하는) 이것이 우리 구주 하나님 앞에 선하고 받으실 만한 것이니 하나님은 모든 사람이 구원을 받으며 진리를 아는 데 이르기를 원하시느니라. 하나님은 한 분이시요 또 하나님과 사람 사이의 중보도 한 분이시니 곧 사람이신 이 곧 그리스도 예수라. 그가 모든 사람을 위하여 자기를 속전으로 주셨으니 기약이 이르면 증거할 것이라"(딤전 2:3-6).

예수께서 중보로서 속전(贖錢)이 됐다는 것을 말합니다. 중보의 임무는 제사장의 역할을 하는 것입니다. 그런데 여기서는 제사장이 드린 제물이 됐다고 했습니다. 그런고로 이 말씀의 뜻을 생각해 보면 이렇습니다.

'예수님은 속전이 됐다. 예수님이 돌아가신 그 희생의 죽음 때문에 우리의 죄가 속함을 받았다. 그리고 그는 중보로서, 제사장으로, 선지자로, 그러나 무엇보다도 더 현저하게 왕으로 우리를 다스리시는 것이다. 그러니까 그런 크신 경륜 안에 사는 우리가 이 세상에서 살 때 안 믿는 사람처럼 세계를 보아서는 안 된다. 권세자를 향하여 '너희들은 우리의 원수다. 그러니 오늘이라도 망했으면 좋겠다'고 하지 말고 임금들을 위해서 기도하고 높은 지위에 있는 사람들을 위해 기도해야 한다. 왜냐하면 그것은 너희가 경건하고 단정히 그리고 고요하고 평안하게 살기 위함이다.'

신앙 생활에서나 종교 생활에서 사람들이 장성해가는 데는 안녕과 질서가 잘 유지되는 것이 참으로 필요합니다. 이미 지성인이 된 이는 소란하고 시끄럽고 반동이 일어나는 가운데서도 그런 것들을 잘 이용할 수 있는 것이지만, 자라나는 사람들은 그런 것을 이용하기는커녕 그러한 소란 속에서 잘못 자라기가 쉽습니다. 그러한 까닭에 이런 여러 가지 사실을 아는 바울 선생은 너희를 다스리는 임금, 그가 누구이든지 그를 위해 기도하고 높은 관리들을 위해서 기도하라고 분명히 가르친 것입니다. 그들의 다스림을 받는 가운데 경건하고 단정하게 또한 고요하고 평안하게 생활하기 위해서 그렇게 하라고 한 것입니다. 예수님은 속전이 되셨습니다. 그런즉 그리스도 예수는 중보자이십니다. 중보의 왕이신 것입니다. 그리고 그 통치하에서 우리가 삽니다. 바로 그 나라를 세우고 또 구현하기 위해서 우리가 있는 것입니다. 물론 육신의 나라, 민족 국가가 최고가 아닙니다. 그러나 우리들에게는 집이 있듯이 국가가 있고, 또 옆에는 다른 민족도 있습니다. 우리가 집을 고쳐 가면서 살듯이 민족이나 국가에도 늘 기여하고 또 도와 가면서 사는 것입니다. 그러나 중심을 잊어버리지 아니해야 합니다. 하나님의 나라를 구현하는 것이 더 큰 일입니다. 예수님이 초림하신 이래로 다시 재림하셔서 전부를 심판하시고 다시 새롭게 하시기까지는 그렇게 하고 나아가야 합니다.

그런고로 예수께서 '이 형상과 이 글이 뉘 것이냐' 하신 질문 뒤에는 '그럼 로마의 통치에 대해서는 어떻게 하자는 말이냐' 하는 또 하나의 질문이 붙어 있는 것입니다. 예수께 묻던 자들은 이런 도리에 대해서는 생각조차 한 일이 없이 덮어놓고 와서 물은 것입니다. 약한 나라와 강한 나라 사이의 문제에 대해서는 어떻게 생각해야 하는가 하는 데 대해서도 특별히 생각한 일이 없습니다. 우리 역시 하나님 앞에서 하나님의 나라를 적극적으로 나타내는 이것도 하지 않고, 세상 나라를 나타내는 저것도 하지 않는다면 가장 나약한 사람이 된다는 것을 항상 기억하고 있어야 합니다.

기 도

거룩하신 아버지시여, 아버지께서는 저희에게 높고 고귀한 사명을 주시고 또 큰 의무를 짊어지게 하시사 각 사람이 주님의 나라를 증거하여 나타내 보이는 일을 하도록 하시고, 그리고 저희를 그리스도께서 다스리시는 은혜 왕국의 참된 자태를 잘 드러내기 위하여 쓰이는 도구로 삼아 주시사 주님께 충성을 다하여 주의 크신 뜻을 드러내고 살아야 할 것을 가르쳐 주셨사온데, 저희들이 힘이 연약하여 그 일들을 충실히 행하지 못하고 이 세상의 시끄러움에 빠져 들어가서 더 중요하고 기본적인 문제에 대해서는 때때로 잊고 오히려 세상에 착목하기가 심히 쉽사옵나이다. 그러한 데서 저희를 건져내 주셔서 주님의 거룩한 나라의 참된 것을 바라보게 하시고, 하나님의 것을 횡령하여 이 세상을 위해 쓰는 일이 없게 하시며 하나님의 것은 하나님께 드리게 하옵소서. 가이사에게 하나님이 그 권세를 주시고 힘을 주시고 그러한 역사 현실을 허용하신 한에는 그 안에서 경건히 그리고 단정히 주의 백성으로 살아야 하듯이, 주님께서 저희에게 새로운 역사 현실을 보여 주시고 인도해 주시기까지는 저희가 각각 처한 그곳에서 항상 단정하고 경건하게 또 고요하고 평안하게 살면서 오직 하나님 나라의 거룩한 도리를 깊이 배우고 깨닫고 장성해 나아가게 하여 주옵소서.

구주 예수 그리스도의 이름으로 기도하옵나이다. 아멘.

第 98 講

사두개인의 부활에 대한 질문

부활이 없다 하는 사두개인들이 그날에 예수께 와서 물어 가로되 선생님이여 모세가 일렀으되 사람이 만일 자식이 없이 죽으면 그 동생이 그 아내에게 장가들어 형을 위하여 후사를 세울지니라 하였나이다 우리 중에 칠 형제가 있었는데 맏이 장가들었다가 죽어 후사가 없으므로 그의 아내를 그 동생에게 끼쳐두고 그 둘째와 셋째로 일곱째까지 그렇게 하다가 최후에 그 여자도 죽었나이다 그런즉 저희가 다 그를 취하였으니 부활 때에 일곱 중에 뉘 아내가 되리이까 예수께서 대답하여 가라사대 너희가 성경도 하나님의 능력도 알지 못하는 고로 오해하였도다 부활 때에는 장가도 아니가고 시집도 아니가고 하늘에 있는 천사들과 같으니라 죽은 자의 부활을 의논할진대 하나님이 너희에게 말씀하신 바 나는 아브라함의 하나님이요 이삭의 하나님이요 야곱의 하나님이로라 하신 것을 읽어 보지 못하였느냐 하나님은 죽은 자의 하나님이 아니요 산 자의 하나님이시니라 하시니 무리가 듣고 그의 가르치심에 놀라더라 (마 22:23-33)

제 98 강

사두개인의 부활에 대한 질문

마 22 : 23-33

사두개인

오늘의 문제는 사두개인들이 예수께 나와서 부활에 관해서 물은 것입니다. 이 사건도 예수님의 공생애 마지막 화요일 중에 일어난 일입니다. 이 일에 대해서는 공관복음에 각각 다 기록되어 있습니다 (마 22 : 23-33; 막 12 : 18-27; 눅 20 : 27-40). 마태복음에서는 사두개인들을 지언(指言)할 때 '부활이 없다 하는 사두개인들'이라고 했습니다. 누가복음에서는 '부활이 없다 주장하는 사두개인 중에 어떤 사람들이' 해서 표현을 조금씩 달리했습니다만 의미는 같습니다.

이 사두개인들은 여러분이 잘 아시는 바와 같이 제사장의 일당으로서 구약의 기록들 가운데서 모세의 오경을 가장 존중히 여기는 사람들입니다. 그들은 다른 기록들도 승인은 할지라도 그 중요성과 신빙성에 대해서는 차등을 두고 있습니다. 또한 그들은 성경이 가르치는 거룩한 도리들 가운데 어떤 것에 대해서는 저희들 자의대로 그것을 믿지 아니하기도 했습니다. 이에 대한 실례가 훗날 사도 바울 선생이 제3차 전도 여행을 마치고 예루살렘에 왔을 때 일어나게 됩니다. 바울 선생이 예루살렘에 왔다가 그만 폭도들에게 붙들려 가지고 시끄러워진 것을 글라우디오 루시아(Claudius Lysias)라는 천부장이 건져내서, 처음에는 그가 바울을 고문하려 했지만 바울이 로마 시민인 것을 알고 두렵게 생각하고, 어떻게 된 연유인가를 알려고 결국 그를 공회 앞에 세웠습니다(행 22-23장).

이 사건은 사두개인들이 부활에 대해 질문하는 이때로부터 적어도 근 30년 이후에 발생하는 일입니다. 이 당시를 대개 주후 30년으로 보면 바울 선생이 공회 앞에 섰던 그때는 대체로 주후 58년경이 됩니다. 바울이 공회 앞에 서서 자기를 변명할 때 그는 그 공회 의원들 가운데 얼마는 사두개인들이고 얼마는 바리새인들인 줄 알고 말했다고 했습니다(행 23 : 6). 즉 자기가 바리새인의 아들로서 자신도 바리새인이요 자기들이 다 같이 믿는 바 부활의 소망을 인하여 자신이 이렇게 고생한다는 이야기를 한 것입니다. 그랬더니 듣고 있던 그들이 두 편으로 갈라져 가지고 굉장하게 훤화(喧譁)를 일으킨 것입니다(행 23 : 8-9). 바리새인들은 부활도 있고 천사도 있고 영(靈)도 있는 것으로 다 알고 있지만 사두개인들은 그렇지가 않았습니다. 그들은 부활도 없고 천사라는 것도 없다고 했습니다. 가령 영혼이 있다고 하더라도 그것은 결국 사람의 육신과 같은 것이어서 그 육신이 존재하고 있는 동안에만 같이 있다가 육신이 죽는 때에는 다 함께 온전히 소멸해 버리고 마는 것이라고 생각했습니다. 아주 현실주의적이고 물질주의적인 사람들입니다.

사두개인들의 시험

우리는 이런 일을 봄으로써 그들이 어떠한 사람들인가를 알 수 있는데, 이제 그들이 예수님 앞에 나와서 시험을 하는 것입니다. 이때의 문제는 정치적인 문제는 아닙니다. 다시 말해 조금 전에 바리새인, 서기관들, 대제사장 그룹이 와서 가이사의 권위를 승인하느냐 마느냐 하고 묻던 그런 문제와는 다른 문제입니다. 이때는 사두개인들만 쏙 빠져 나와서 물었습니다. 아마 이들은 자기들끼리 '우리가 종교적으로 비합리적이고 미신적이고 망상과 같은 이론을 내놓고 그것을 가지고 예수와 한번 겨루어서 그를 궁지에 몰아넣자' 하고 의논을 하고 온 것 같습니다.

그들은 교묘하게도 모세의 법 가운데 있는 수혼법(嫂婚法)을 끄집어내다가 예수님 앞에 놓고 물었습니다. 예수님이여, 모세는 우리에게 이렇게이렇게 써서 전했습니다 하고 모세의 권위에 의지해서 묻는 것입니다. 우리 히브리인들이 그 권위를 존중하는 모세가 이런 말을 했으므로 이 법은 변경할 수가 없는데, 그러나 만약 이 법대로 꼭 해야 한다면 부활이라는 것이 있을 때 몹시 괴상한 일이 발생하지 않겠습니까 하고 질문한 것입니다. 자기네는 지금 굉장히 잘하는 질문으로 알고 묻는 것입니다.

이 수혼법은 신명기 25 : 5-6에 있는 법이올시다. 이런 혼인을 레버릿 매리지(levirate marriage), 제수 또는 형수라고 부를 때 쓰는 수(嫂)자를 써가지고 수혼법이라고 하는데, 이것은 특별히 유대 사람에게 내린 법입니다. 그런 법은 보통 없는 법이니까 다른 나라에는 그런 이름을 가진 법이 돌아다닐 까닭이 없지만 유대 사람들의 사회에 있는 법입니다. 이 법을 지킴으로써 그들의 각 집안이 하나님께로부터 받은 은혜의 내용들을 현실적으로 계승 유지하고 그 사회에서 한 몫을 차지하고 활동할 수 있게 하려고 한 것입니다.

그 법대로 보면 맏이가 장가를 들었다가 씨를 남기지 않고 죽으면 그 다음 동생이 그 형수와 혼인을 하여 거기서 낳는 첫아들을 형의 집안을 이을 사람으로 주는 것입니다. 이 법은 이미 족장 시대에 지키도록 되어 있었는데 이 법을 제대로 지키지 않으려고 꾀를 부린 사람이 있습니다. 유다의 아들 오난이라는 사람입니다. 야곱의 넷째 아들인 유다에게는 세 아들이 있었는데 첫째가 엘, 둘째가 오난, 셋째가 셀라입니다. 첫째 엘이 죽었는데, 둘째 오난이 자기 형의 대(代)가 이어지지 않게 하려는 나쁜 마음을 가지고 꾀를 부린 것입니다. 그로 말미암아 하나님께서 그를 악하다고 하여 죽이셨습니다(창 38 : 6-11). 죽음의 형벌을 받은 것입니다.

사두개인들은 여기서 실상 부활이라는 것이 얼마나 이치에 맞지 않는 배리(背理)의 상태를 초래하는 것인가를 보이고자 이 수혼법을 이용하여 물은 것입니다. 그들은 차라리 이야기를 만들어 내어 질문을 한 것입니다. 우리가 이러이러한 이야기를 만들어 내서 예수님한테 물으면 예수님은 궁지에 몰릴 것이다, 결국 해결할 수 없는 결과가 나올 것이다 하고 생각한 것입니다. 그렇게 함으로써 부활이란 이 사회에서는 어긋나는 이론이다 하는 것을 변증하려고 했습니다. 그들의 질문 내용은 여러분이 잘 아시니까 반복하지 않겠습니다.

사두개인들의 사상

그러면 이러한 질문을 한 사두개인들의 사상은 무엇입니까? 그들의 이러한 질문이 있기 전에도 예수님은 이미 그들이 잘못된 사상을 가지고 있다는 사실을 아셨겠지만, 이 질문 속에 아주 그릇된 사상이 명시돼 있는 것을 주님은 금방 보셨습니다. 그들은 자기들이 가지고 있는 그 잘못된 기저적(基底的) 사상 위에서 이런 이야기를 엮어 낸 것입니다.

그들이 천사도 부인한다고 했는데, 천사들은 하나님께서 당신의 대통어(大統禦)와 영광을 위해서 부리는 신들로서 항상 하나님을 찬송하면서 하나님의 명령을 언제든지 그 자리에서 복종하는 큰 권능을 가진 신들입니다. 그들은 필요할 때 어떤 형상을 취하고 나타나는데, 사람의 형상을 취하고 나타나기도 합니다. 우리는 발람이 저에게로 오라는 발락의 청에 따라 그가 길을 갈 때에, 타고 가던 나귀의 눈에는 천사가 보였지만 발람의 눈에는 보이지 않았던 것을 알고 있습니다(민 22 : 21-30). 사두개인들은 천사를 부인하지만 그들이 존중한다고 말하는 모세의 오경에는 이렇게 천사에 대한 이야기가 몇 번이나 나옵니다. 소돔 · 고모라를 치러 갈 때에도 천사가 갔다고 했습니다. 그러니까 그들은 모세가 서술한 바 천사에 관한 이야기들(창 19 : 1,15; 28 : 12; 32 : 1)을 믿지 않는 것입니다. 그들은 이렇게 제멋대로 모순된 사상을 가지고 있습니다. 요컨대 하나님께서 통어하시는 이 위대한 세계는 어떻다 하는 세계관이 그들에게는 있어야 했는데 그러한 세계관은 가지지 못하고 대단히 잘못되고 비꾸러진, 빈곤한 세계관을 가지고 있었던 것입니다. 천사는 없다, 보이는 것밖에는 없다 하는 이런 생각으로 치닫는 사람들입니다. 하나님이 당신의 경륜 가운데 사람을 만드셨을 때에 사람에게 영원한 불멸의 영혼을 주셨습니다. 그로 말미암아 사람은 이런 몸뚱이로 그냥 살아 가는 것이 아니라 부활 때에는 아주 충만한 영광을 가진 영화로운 몸, 썩지 아니할 몸을 다시 입고 일어날 것이라고 고린도전서 15장에서 가르쳤습니다.

그러나 사두개인들은 그런 것을 도무지 생각하지 않습니다. 그들의 생각은 인간에게는 그런 것이 없고 죽으면 영혼이고 육신이고 다 소멸된다는 것입니다. 그들의 사관(史觀)이나 인생관은 대단히 물질적이고 근시안적입니다. 즉 자기네가 감각으로 캐치(catch)할 수 있는 현상만을 전부라고 하는 것입니다. 현상만이 전부이고 실재라고 우겨 대면서, 하나님이 크신 경륜으로 인생을 창조하시고 목적을 세우셨다는 이런 데 대해서는 도무지 생각이 미치지 못하는 사람들이었습니다. 그들은 영혼이 불멸하다든지 인간이 영원하다든지 하는 사실은 알지 못합니다. 결국 그들이 가진 생각은 사람은 영혼 없이 한 개의 동물로 만들어진 것이라는 식이었습니다. 영혼도 물질과 동일한 법칙하에서 규율되고 없어지고 만다고 생각했습니다. 그들은 사람이 고귀한 가치를 가진 존재로 창조됐다는 것을 믿지 않았습니다. 하나님을 믿는다고 하면서도 그들의 생각은 유물론적이고 물질주의적이고 혹은 무신론적입니다. 이런 사람들이 바로 사두개인들입니다.

사두개인들의 물질주의적인 독단

사두개인들의 질문은 이런 사상적인 근거를 가지고 만들어 낸 이야기였으므로 그 이야기에서 예수님은 얼른 그들의 생각을 간취하셨습니다. 그것은 '부활이라는 것은 현세에 살고 있는 물질적인 이 육신이 죽었다가 다시 일어나서 여전히 현세의 육신에 적용되는 모든 자연의 법칙들의 규제와 규율 안에서 살아 가는 것이다' 하는 생각입니다. 말하자면 지금 나타나고 있는 물질적인 현상이 부활 후에도 그대로 계속될 것이라는 생각입니다. 단지 다른 것은 죽었다가 다시 살아난다는 그것뿐입니다. 마치 나사로가 다시 살아난 것같이, 나인 성 과부의 아들이 다시 살아난 것같이, 죽기 전의 생이 그대로 계속하는 것인 줄로 안 것입니다. 그런 까닭에 벌써 그들의 이론의 전제가 얼마나 물질주의적인가, 또 얼마나 하나님의 거룩한 경륜이나 계획에 대해서는 도무지 맹목인가 하는 것을 금방 알 수 있습니다. 제멋대로 부활을 꾸며 댄 것입니다. 사두개인들이 가지고 있는 신관이라는 것도 심히 결함 투성이인데, 그것이 얼마나 빈곤한가를 댓바람에 여기서 나타내 보인 것입니다. 성경이 우리에게 가르쳐 주는 부활의 거룩한 교리는 그렇게 사람이 제멋대로 꾸며 댈 수 있는 것이 아닙니다. 사람이 보고 듣고 알고 있는 이 현실을 토대로 그것을 그냥 연장해서 나온 얘기가 아닙니다.

사두개인들의 사상적인 오류

이 질문은 사두개인의 사고가 아주 무서운 독단 위에 서 있음을 밝히 보여 줍니다. 그러한 사상에다 발을 붙이고서 어떤 현실적인, 객관적인 진리를 저희가 생각할 수 있는 한도 안에서, 저희가 이론할 수 있는 논리하에서 이야기를 한 것입니다. 그런데 사실은 그들이 먼저 부활의 상태란 어떤 것인가를 조금이라도 학문적으로 신중하게 알아보았어야 했습니다. 그러나 그것은 알아보지도 않고 부활은 당연히 그럴 것이다 하는 저희들의 그 독단 위에서 '이것은 없다. 이것은 있다' 하고 떠들어댄 것입니다. 그들이 가지고 있는 큰 오류는 하나님이 만드신 사람의 고귀한 가치, 또 하나님이 사람을 부활시켜서 영화의 정점에 오르게 하시려는 그 큰 계획과 경륜을 알지 못하는 그것입니다. 예수께서는 그들이 그런 것을 전연 생각하지 못하는 사람들이라는 것을 이미 간취하고 계셨습니다. 그들로서는 자기들이 가지고 있는 이론을 그럴 듯하게 꾸며 냈지만, 진리의 관점에서 볼 때 그것은 그들의 암매와 무지, 무능을 여실히 보여 주는 것밖에 안 됩니다.

그들의 질문을 통해서 그들 자신이 가진 독단과 그와 함께 품고 있는 물질주의나 혹은 현세가 최종의 생이다 하는 사상을 금방 보신 주님께서는 그들이 크고 깊은 오류의 수렁 속에 빠져 있는 것을 곧 느끼셨습니다. 그래서 그들에게 말씀하셨습니다. "너희가 성경도 하나님의 능력도 알지 못하는고로 오해했다." 여기 오해한다는 말은 그전에도 말했듯이 양이 길을 잃고 간다는 말과 같은 동사입니다. 플라나오(πλανάω), 스스로 속아서 길을 잃고 딴길로 갔다 하는 그런 말을 쓰신 것입니다. 마가복음에는 "그렇게 너희들은 오해한 것이 아니냐" 하고 말씀하셨습니다. 저들은 모세가 가르친 말씀을 존중한다는 의미로 질문에다 모세를 끄집어다 댔지만, 그 모세의 오경이 명시한 것들에 대해서는 다 믿지를 않은 것입니다.

이는 결국 그들이 하나님의 말씀도 안 믿고 능력도 안 믿는 것을 뜻합니다. 성경은 부활에 관해서 말하고 사람이 얼마나 고귀하게 만들어졌는가를 말합니다. 성경이야말로 참된 인간관이나 인생관이나 사관을 우리에게 아주 넉넉하게 가르쳐 주고 있는데도 불구하고 그들은 성경의 그 가르침들을 모르고 있었습니다. 그들은 열심으로 모세의 오경을 가장 존중하는 듯이 이론을 하고, 또 성경에 대해서 상당히 아는 체하고 비판을 합니다. 가령 선지자들의 글이라든지 성기록이라든지에 대해서는 그것들이 다 모세 오경만치는 권위가 없다고 하면서 이러고저러고 비평을 합니다. 소위 근대의 자유주의의 비평과 같은 비평을 하는 것입니다. 그러면서도 사실 성경이 가르치는 깊은 도리는 모르고 있었습니다.

현대의 사두개인들

옛날에 사두개인들이 그랬는데 현대에 와서도 그런 사두개 같은 종류의 인물들이 신학계에나 혹은 기독교계에서 세계적으로 이름을 날려 가면서 활동하고 있는 것을 여러분은 아셔야 합니다. 세상은 이렇게까지 되어 가고 있습니다. 그들은 성경의 깊은 도리는 모르면서 성경의 문장이라든지 혹은 어떤 역사상 기록이라든지 또 어떤 이야기라든지 그런 것들을 가지고 그것이 옳다 그르다 하면서 성경 자체를 비판하고 공격하여 파괴합니다. 성경이 우리에게 주고자 하는 그 풍성한 은혜는 전혀 깨닫지 못합니다. 지식 있는 사람이라면 성경에서 바른 사상의 가르침을 받아서 그로써 자기의 사상을 튼튼하게 하고, 또 그 사상 위에서 어떤 문제들에 대하여 인식도 하고 판단도 하고 사유 작용도 해야 할 것입니다. 그러나 그런 이들은 그런 사유 작용을 해야 할 인식의 기저가 대단히 빈곤합니다. 제 마음대로 어디서 주워들은 것을 가지고 덮어놓고 성경의 내용이 불합리하다고 공격을 하는 것입니다. 이러한 것이 그때의 사두개인들에게도 있었습니다.

예수님의 두 가지의 지적

그러한 빈곤을 예수님은 두 가지로 지적하셨습니다. "너희가 성경도 또 하나님의 능력도 알지 못하는고로 오해했다." 이 예수님의 지적이 중요합니다.

첫째의 지적은 이것입니다. '너희가 성경을 모르니까 부활에 대한 바른 인식이 없지 않으냐? 부활을 좀 바로 인식해라. 그리고 부활 때에는 장가도 아니 가고 시집도 아니 가고, 하늘에 있는 천사들과 같은 것이다.'

마태복음은 아주 간략하게 이렇게 이야기를 했는데 누가복음은 좀더 자세히 말씀했습니다. "예수께서 이르시되 이 세상의 자녀들은 장가도 가고 시집도 가되 저 세상과 및 죽은 자 가운데서 부활함을 얻기에 합당히 여김을 받은 자들은 장가가고 시집가는 일이 없으며 저희는 다시 죽을 수도 없나니 이는 천사와 동등이요 부활의 자녀로서 하나님의 자녀임이니라"(20 : 34-36). 그런고로 이것은 하나님의 생명의 부활을 이야기하는 것입니다. 심판의 부활 혹은 안 믿는 사람의 부활을 이야기하신 것이 아닙니다. 하나님께서 그 사람을 어떻게 여기시느냐 하면 죽은 자 가운데서 부활함을 얻기에 합당한 자로 여기신다는 말입니다. 그렇게 여김을 받은 자들은 장가가고 시집가는 일이 없으며, 저희는 다시 죽을 수도 없나니 이는 천사와 동등이요 참말로 부활을 받는 자녀로서 하나님의 자녀이니라. 여기서 죽은 자가 살아난다는 것은 하나님의 자녀에 대한 이야기입니다.

둘째는, 모세의 오경 가운데 출애굽기 3:6을 인용해서 말씀하셨습니다. 그것은 간단한 말씀입니다. "나는 아브라함의 하나님이요 이삭의 하나님이요 야곱의 하나님이라." 출애굽기의 형극편(荊棘篇)이라는 장면에 있는 말씀입니다. 모세가 미디안에 있을 때 호렙산에 갔다가 가시나무가 사라짐이 없이 활활 불타는 것을 보고 그리로 갔습니다. 그때 거기서, "모세야, 너는 네 발의 신을 벗어라" 하는 말씀을 들었습니다. 모세가 "누구시오니이까" 하니 "나는 하나님, 즉 아브라함의 하나님, 이삭의 하나님, 야곱의 하나님이라"는 말씀이 들려 왔습니다. 이 말씀이 거기서 한 번만으로 끝난 것이 아니고 그 다음에 또 15절에도 나오고 16절에도 나오고, 또 4:5에도 하신 것으로 나옵니다.

결국 예수께서는 계속해서 말씀하신 내용은 이것입니다. '죽은 자의 살아남에 대해서는 모세도 가시나무 떨기에 관한 글에서 보여 주었는데, 주를 아브라함의 하나님이요 이삭의 하나님이요 야곱의 하나님이라 칭함으로써 보였다. 성경은 하나님을 그렇게 말씀하신다. 너희같이 그렇게 좁은 소견을 가지고 관견(管見)을 하고 있는 그런 하나님인 줄 아느냐? 하나님은 죽은 자의 하나님이 아니시요 산 자의 하나님이시다. 하나님에게는 모든 사람이 살았느니라.'

아브라함의 하나님, 이삭의 하나님, 야곱의 하나님

여기에 '아브라함의 하나님, 이삭의 하나님, 야곱의 하나님'이라는 말씀이 일종의 공식(formula)처럼 나타나는데 주께서는 그 말씀을 인출하시사 그들로 하여금 그것을 가지고 어떤 중요한 신관과 사관을 형성하도록 하신 것입니다. 우리도 보통 여기를 읽을 때 이게 무슨 말인가? 그냥 붙어 있는 일종의 교회의식적인, 종교의식적인 말인가 하는 정도로 생각할 수도 있습니다. 그러나 이 가르침은 예수께서 사두개인들에게 그들이 가지고 있는 큰 오류와 사상의 빈곤에 대해서 바로 가르쳐 주시기 위해 하신 말씀이지만, 그때 옆에서 같이 듣고 있던 제자들과 또 그들과 함께 있던 무리들에게도 다 같이 주신 말씀입니다. 이 간단한 한 공식과 같은 말씀을 인용하셔서 의미 심장한 내용을 깨우쳐 주신 것입니다.

결국 이 말은 한마디로 말한다면, 하나님은 죽은 자들의 하나님이 아니고 현재 살아 있는 자들의 하나님이시다 하는 것입니다. 하나님께서는 옛날의 아브라함이나 이삭이나 야곱 같은 족장들에게 또한 그들의 하나님이셨습니다. 여기서 이 말씀의 뜻이 무엇이고 또 사두개인들은 어떻게 생각한 것인가를 주의해서 생각해 보세요. 하나님은 족장 시대에 아브라함 이삭 야곱에게 그들의 하나님 노릇을 하셨습니다. 그러나 그들은 다 죽었습니다. 그러면 그때는 그들의 하나님이셨지만 그 사람들이 죽은 다음에는 즉 그들은 이미 다 죽어서 그들의 영혼이고 육신이고 기억이고 모두가 사라졌으니까, 한 인격이 완전히 소멸해 버렸으니까 이제는 그들의 하나님일 것이 없다는 말인가? 다만 과거에 한때 그랬느니라 하는 그런 의미의 말씀인가? 만일 그런 의미로 생각한다면 그것은 사두개인들의 생각과 같은 것입니다. 아브라함, 이삭, 야곱은 적어도 모세보다 500년이나 앞서서 살았습니다. 벌써 여러 세기 전에 살다가 이 세상에서 떠나갔습니다.

예수께서는 그 말씀의 뜻을 이렇게 일러주신 것입니다. 하나님께서 모세에게 당신을 지칭하실 때 아브라함의 하나님이요 이삭의 하나님이요 야곱의 하나님이라 하신 것은, 그 아브라함은 지금도 살아 있고, 이삭도 살아 있고, 야곱도 살아 있다는 것을 말씀하신 것이다.

하나님은 죽은 자의 하나님이 아니시고 산 자의 하나님이시다. 죽은 자에게는 하나님이 될 것이 없지 않느냐?

만일 죽음 그것이 완전한 최종이라면, 그것이 모든 인간 역사의 최후의 사실이라면 어떤 사람 말마따나 죽음이라는 것이 가장 강한 것이어서 결국 이러고저러고 하다가도 죽음이 오면 그 다음에는 다 없어지고 아무것도 남는 것이 없다고 한다면 그때는 하나님도 없는 것입니다. 그러나 하나님은 아브라함이나 이삭이나 야곱이 살아 있는 동안에 구주시요 보호하시고 지키시는 자시요 인도하시는 자이실 뿐 아니라, 특별히 그들과 영원한 언약을 맺으신 분입니다. 그 사람들이 영원이라는 사실과 전혀 관계가 없다면 영원의 언약도 그들에게는 아무런 의미가 없는 것입니다. 그러나 하나님께서 그들에게 언약하실 때는 영원한 언약으로 내려 주셨습니다. 그것은 '아브라함아, 너는 땅 위에서나 많은 무리의 아비가 되고, 네 자손도 땅에서나 계계승승해서 바다의 모래같이 하늘의 별같이 번성할 것이라'는 정도의 이야기가 아닙니다. 거기서 말씀하신 '하늘의 별같이 바다의 모래같이'라는 것은 결국 하나님의 크신 경륜 가운데 그들을 써서 영원한 하나님의 나라에서 하나님의 백성으로 활동하게 해주마 하시는 뜻입니다. 그러므로 이런 영원한 하나님의 백성을 땅에 존재하게 하셨을 때에는, 그가 땅 위에서 살다가 때가 되어 육신이 영혼과 분리될지라도 그 영혼이 그대로 한 인격을 실증하고 사는 것입니다. 그렇게 불멸하는 존재로 만드신 것입니다. 그리하여 하나님이 정하신 일정한 시간이 올 것 같으면 그것은 인류 역사의 끝인데, 그 끝에는 예수님께서 재림하시고 동시에 우리는 분명히 새로운 영광스러운, 썩지 아니할 거룩한 육신을 입고 부활할 것입니다.

부활의 세계

이렇게 해서 새로운 세계가 시작되되 거기에는 다시는 죽음이 없고 다시는 이 세상의 죄로 말미암은 모든 악의 과정이나 결과가 없이 영원히 새롭게 살게 될 것입니다. 그러기 위해서 하나님께서 당신이 정하신 곳에서 아브라함으로 하여금 기다리고 있게 하시고 거기서 하나님을 찬송하고 살게 만드셨습니다. 우리도, 우리 선조들도 즉 주께서 건지신 주를 믿는 사람들은 다 주님 앞에서 찬송하면서 살게 만드셨습니다. 우리가 지금 살고 있는 이 세계가 하나의 현상세계에 불과하다면 신령한 세계, 참으로 더욱 현실적이고 또 생생한 실재의 세계가 거기에 있습니다. 그 세계로 다 들어가서 기다리고 있다가 나중에는 영광스러운 예수님이 부활하셨을 때 입으신 몸과 같은 그런 완전한 몸을 입고 살아 갈 것입니다. 이렇게 해서 아브라함이나 이삭이나 야곱 같은 족장들에게 그 언약대로 복을 주시고 보호하시고 인도하시고 양식을 주시고 힘을 주신 것과 같이, 지금도 그 후손들에게 영원한 은혜의 사실들을 이루어 주시고자 양식을 주시고 보호하시고 인도하시고 힘 주시고 또 그들이 노예 가운데 있을지라도 다시 건져내시는 것입니다.

'나는 아브라함의 하나님, 이삭의 하나님, 야곱의 하나님이다. 무엇보다도 그 언약 가운데 맺어진 하나님이다. 그 언약은 땅 위에서만 이루어질 것이 아니라 영원한 세계에까지 이루어지고 그때야말로 충만한 현실로 나타날 것이다.'

성경은 우리에게 이 사실을 계승해서 가르치고 있습니다. 이 사실을 상기하도록 주께서는 출애굽기 3 : 6이나 15-16절에서 그것을 보여 주신 것입니다. 왜 아브라함의 하나님, 이삭의 하나님, 야곱의 하나님이라고 했나? 그 말은 무슨 뜻인가? '너희들과 내가 맺은 언약은 영원하다. 그러므로 너희들도 영원에 관여하는 자들이다. 영원의 요소를 가진 자들이다. 너희들은 그 영원의 요소를 가지고 생생한 현실로서 인격적인 활동을 해야 할 것이다.' 우리가 이 세상에서 하는 활동보다 더 자유롭고 더 능력 있는 인격적인 활동을 할 수 있는 세계가 부활의 세계입니다.

다시 한 번 아브라함의 하나님, 이삭의 하나님, 야곱의 하나님이라는 말씀의 뜻을 생각하면 이렇습니다. '하나님은 죽은 자의 하나님이 아니라 산 자의 하나님이시다. 완전히 죽은 자에게는 하나님이 있을 필요가 없지 않으냐? 그러나 산 자는 비록 육신과 영혼이 분리될지라도 영혼은 그대로 살아서 인식의 모든 작용을 그대로 하고 있다. 그래서 예수님을 만나 뵙고, 하늘에 있는 모든 천군 천사를 보고 또 땅 위에 있을 때 알았던 사람들도 거기서 만나 볼 것이고, 그리고 마음 가운데 큰 기쁨을 가질 것이다. 그러나 인간의 현상 세계에만 적용되는 어떤 자연법이 부활의 세계에까지 적용되는 줄로 생각지 말아라. 부활의 세계는 너희 사두개인들의 그런 생각과는 다른 것이다.'

낙원에서의 영혼의 기능

잠깐 다른 이야기 한마디를 하고 넘어가십시다. 어떤 사람이 가령 육신과 영혼이 분리돼서 영혼이 낙원으로 간다면, 그리고 만일 거기에 가장 가까웠던 식구들이 먼저 가 있다면, 그는 거기서 그들을 만날 것입니다. 그때 영혼은 그 기능이 갑자기 다 없어지고 다른 무엇이 이상하게 하나 남는 것은 아닙니다. 인격적인 모든 활동 기능을 그대로 가지고 있습니다. 그런고로 세상에서 가장 가까웠던 사람, 그렇게 가장 잘 기억하던 사람을 거기에 가서는 '나는 모르오' 할 수가 없습니다. 거기에서는 어떻게 보면 슬픔도 가지고 있을 수 있습니다. 그러나 그것은 땅 위의 사람들이 느끼는, 절망적으로 탄식하는 그런 슬픔이 아닙니다. 거룩한 슬픔입니다. 거기서는 참으로 신령한 세계에 합당한 인식 능력이 발휘되므로 그에 따라 누구를 만나도 가장 큰 기쁨을 가지고 만나게 됩니다. 땅 위에서는 인간이 가지고 있는 감정의 작용 혹은 어떤 제한된 인식 가운데에서만 생각하고 알고 좋아하고 기뻐합니다. 그러나 거기서는 더 아름다운 세계 그리고 무엇보다도 속죄함을 받고 완전히 씻음을 받은 그런 상태 가운데서 서로를 알고 또 만나는 것입니다. 이것은 이 세상에 있는 어떤 관계보다도 좋고 아름다운 관계입니다. 우리는 이런 관계를 가지고 거기서 만나 볼 것입니다.

이렇게 우리가 부활을 생각할 때는 땅 위에서 있었던 관계가 더욱 완전하게 이루어진다는 것을 생각해야 합니다. 그런 것을 생각지 못하고 땅 위의 자연법의 제도하에 있는 어떤 관계, 가령 혼인을 한다 하는 이런 제도와 그에 따른 관계 정도만을 생각한다면 그것은 참으로 잘못된 생각입니다. 그런 것에 비교할 수가 없는 훨씬 아름다운 관계 가운데에서 서로 보고 듣고 생각하고 하는 것입니다.

우리 주님께서는 족장들과 영원한 언약을 맺으신 하나님을 그렇게 말씀하시는 것입니다. 사두개인들은 족장들이 임시로 장소를 바꿔서 가 있는 것도 모르고 있습니다. 그들은 하나님께서 베푸신 그러한 경영을 모르고, 하나님께서 언약을 그렇게 지켜 주시는 것도 모르고, 또 하나님이 무한하신 능력으로 그 모든 일을 이루어 나가시는 것도 알지 못하고 있습니다. 성경이 가르친 거룩한 도리를 모르고 저희가 멋대로 이론을 만들어 가지고 와서 부활에 대해서 묻고 있는 것입니다. 성경이 가르치는 가장 복스럽고 아름답고 고귀한 이 부활의 진리를 저희가 멋대로 생각해서 그렇게 꼬부려 가지고 물은 것입니다. 그들은 그저 물질주의적인 사상과 인식 가운데서 판단하여 그런 이야기를 하게 된 것입니다.

이것이 그때 사두개가 가지고 있던 큰 오류이지만 아까도 말한 것과 같이 오늘날도 세계의 기독교 안에는 이런 사람들이 많다는 사실에 우리는 정신을 차려야 합니다. 그리고 우리들 자신은 하나님께서 우리에게 가르쳐 주신 바 이 고귀한 사상 즉 부활의 사실, 영원이라는 세계, 영광이라는 것, 또 주께서 그것을 우리에게 약속하신 것, 그리고 거기에 이르게 하고자 예수님 당신이 목숨을 버리시고 우리에게 새로운 생명을 주시어 하나님의 크신 경륜을 준비하셨다는 사실을 늘 감사하면서 살아야 할 것입니다.

기 도

거룩하신 주님이여, 무한하신 사랑으로 저희들에게 참된 세계를 알게 하시고 거룩한 바른 사상을 가지게 하셔서 진리에 확고하게 터를 두고 살아 가게 하신 것을 감사하옵나이다. 이를 위하여 십자가에 달려 돌아가시고 저희에게는 새생명을 주시고 새로운 사람으로 거룩한 나라를 사모하면서 살아 가게 하신 것을 생각할 때 또한 감사하옵나이다. 아버님께서 주신 바 이 신령한 나라, 거룩한 나라가 더욱 현실적으로 능력 있게 충만한 것으로 나타나는 그 시기에는 저희들도 다 영화되어서 영광 가운데 주님을 찬송하면서 살아 가게 될 것을 믿사옵나이다. 많은 사람들이 하나님의 말씀을 읽으나 그 말씀의 거룩한 뜻을 알지 못하는 가운데 있습니다. 성신님의 역사로 저희들에게 그 말씀의 뜻을 잘 깨달아 알게 하시고 감사하게 하시고 또 그 영광을 찬양하게 합소서.

구주 예수 그리스도의 이름으로 감사 기도하옵나이다. 아멘.

第 99 講
큰 계명에 대한 질문

서기관 중 한 사람이 저희의 변론하는 것을 듣고 예수께서 대답 잘 하신 줄을 알고 나아와 묻되 모든 계명 중에 첫째가 무엇이니이까 예수께서 대답하시되 첫째는 이것이니 이스라엘아 들으라 주 곧 우리 하나님은 유일한 주시라 네 마음을 다하고 목숨을 다하고 뜻을 다하고 힘을 다하여 주 너의 하나님을 사랑하라 하신 것이요 둘째는 이것이니 네 이웃을 네 몸과 같이 사랑하라 하신 것이라 이에서 더 큰 계명이 없느니라 서기관이 가로되 선생님이여 옳소이다 하나님은 한 분이시요 그 외에 다른 이가 없다 하신 말씀이 참이니이다 또 마음을 다하고 지혜를 다하고 힘을 다하여 하나님을 사랑하는 것과 또 이웃을 제몸과 같이 사랑하는 것이 전체로 드리는 모든 번제물과 기타 제물보다 나으니이다 예수께서 그 지혜 있게 대답함을 보시고 이르시되 네가 하나님의 나라에 멀지 않도다 하시니 그 후에 감히 묻는 자가 없더라 (막 12:28-34)

제 99 강

큰 계명에 대한 질문

막 12 : 28-34

바리새인들의 시기

오늘의 이야기는 아까 낭독한 하나님 말씀에서 이미 본 대로 바리새인 혹은 서기관 중 한 사람이 예수님께 나아와 계명 중 첫째가 무엇인가를 물은 이야기입니다. 예수님께서 사두개인들의 그릇된 부활론을 바로잡아 주시고 그들의 어리석음을 깨닫도록 하신 일을 바리새인들이나 혹은 서기관들이 듣고, '예수님이 대답을 잘하셨다'고 하면서 계명 중에 첫째가 무엇인가를 물은 것입니다.

바리새인들은 자기네도 부활을 지지하고 천사와 영의 존재를 다 믿고 있는 까닭에, 또 예수님께서 대답하신 말씀의 근거가 되는 그 사상과 교리가 자기네의 것과 같은 까닭에 그런 점에서 마음 가운데 찬탄을 했습니다. 하지만 그것으로 인해 예수님께 대한 군중의 지지와 열망이 더해 간다는 것을 생각할 때, 일방 저희들 마음 가운데는 불안감도 없지 않았습니다. 무슨 말로든지 예수님에게서 티를 잡아서 그에게 애착을 두고 추종해 나아가는 군중의 마음에 찬물을 끼얹기를 바랐습니다. 군중의 지지를 막을 수 있으면 좋겠다 하는 생각입니다. 바리새인들과 서기관들의 정직하지 아니한 사곡한 심정이 또한 여기에 보입니다. 그래서 그들 중 한 사람이 예수님께 나와서 묻기를, 크고 첫째 되는 계명이 무엇이냐고 한 것입니다.

이것은 우리에게 누가복음 10장에 있는 이야기를 생각나게 하는 대목입니다. 누가복음 10 : 25에 어떤 율법사가 일어나서 예수님을 시험했다는 기사가 나옵니다. 그것은 제3년 초막절이 지난 후에 예루살렘 부근 어디에서 어떤 율법사가 예수님 앞에 나와서 시험하여 물은 것입니다. 율법사가 단순히 답을 몰라서 물은 것이 아니라 예수님을 단단히 옭아서 넘어뜨리려는 악의를 가지고 질문한 물음이었습니다. 거기서 쓴 '시험'이라는 단어는 특별히 "주 너의 하나님을 시험치 말라"(마 4 : 7) 하는 말씀에서와 같이 강세 있는 단어를 썼습니다. 그런 악의를 가지고 묻되 마치 제가 몰라서 묻는 척하면서 위선적으로 물은 것입니다. "선생님이여, 제가 무엇을 하여야 영생을 얻겠습니까?" 그 질문에 대해서 예수님은 그로 하여금 자신이 묻는 말의 핵심을 잘 깨닫도록 하시려고 "율법에는 뭐라고 그랬으며 너는 그것을 어떻게 읽느냐"고 하셨습니다. 그때 그 율법사가 '율법에는 이렇게 이렇게 되어 있습니다' 하고 제일 큰 계명을 요약해서 말했습니다. 그런 것을 보면 역시 그도 율법의 전문가답게 잘 요약을 하여 잘 기억하고 있었던 모양입니다. 이것을 우리는 『예수님의 행적』 제6권에서 다루었는데 첫회(63강)에서는 율법사가 물은 문제와 그 대답에 관한 것을 다루었고, 둘째 회(64강)에서는 누가 내 이웃이 되리이까 하는 질문에 대해 주께서 '착한 사마리아 사람의 비유'를 베푸사 이웃에 대한 것을 바로 생각하도록 하신 것을 다루었습니다.

오늘의 이야기는 그때와는 좀 다른 환경에서의 이야기이고, 시기도 그때로부터 적어도 다섯 달이나 지난 후의 일입니다. 하지만 이 또한 우리에게 중요한 문제이므로 이를 다시 생각하고자 합니다.

계명의 경중에 대한 서기관의 질문

이 일도 아직 마지막 화요일 중에 있었던 일입니다. 지금 바리새인들과 서기관들과 사두개인들 및 대제사장들과 백성의 장로들은 헤롯당에게까지라도 서로서로 연락을 하여, 어떻게 하면 예수를 넘어뜨리고 옭아 넣을 수 있을까, 어떻게 하면 그에게 로마의 법규에 저촉되는 말을 하게 해서 로마 총독의 권한이 직접 미치는 곳으로 넘겨 버릴까 하는 악의와 음모를 계속적으로 진행시키고 있습니다. 그런 음모의 결과 그들이 이렇게 예수께 나와서 묻기도 하면서 괴롭게 하는데, 이때 어떤 서기관 하나가 나타나서, 예수께서 사두개인들에게 대답을 잘하신 것으로 알고 그 사두개인들에게 대답하신 그것을 가지고 이번에는 자기가 물었습니다.

이번에는 어떻게 하면 영생을 얻겠습니까 하는 그런 질문이 아니고, 아주 단도직입적으로 "예수님, 선생님은 계명 중에 어떤 계명이 제일 크다고 생각하십니까" 하고 계명의 크고 작은 것, 대소(大小)와 경중(輕重)에 대해서 따져 물었습니다. 서기관들이 가지고 있는 율법관에 의하면 율법에는 아주 큰 강령이 있고 또 그렇게 크지 않은 작은 강령이 있습니다. 말하자면 큰 줄기가 있고 지엽적인 것이 있습니다. 그들은 법률을 전문적으로 공부하는 사람들이니까 그것을 공부하노라면 자연히 율법을 분해해서 어떤 것이 대종(大宗)이 되는 말이고 어떤 것이 그 대종을 보좌하는 말인가를 나누었을 것입니다. 그것은 그렇게 나눌 수가 있는 것입니다. 율법 가운데 가장 크고 중요한 것이 있는 것입니다. 예수께서 대답하신 크고 중요한 두 계명은 신명기 6 : 4-5과 레위기 19 : 18의 말씀입니다.

두 계명의 특수한 상태

그런데 그 두 계명이 각각 홀로만 서 있지 않고 다 같이 동일한 기본적인 특수한 상태를 지니고 있습니다. 그 기본적인 특수한 상태란 '사랑을 품는 상태'입니다. 한 사람이 하나님께뿐 아니라 사람에게도 사랑을 품어야 한다는 것입니다. 그렇게 하신 것은 사람을 보고 하신 것인데 만일 그렇게 하지 않으면 사람들이 말을 휘갑쳐 가지고 잘못 생각하기 쉽기 때문입니다. '이것이 내가 보이지 않는 하나님께 대해서 사랑하는 방식이다' 하고 제 마음대로 하기가 쉽기 때문입니다. 사도 요한도 그것을 느끼고 경계하기를, 보이는 형제를 사랑치 못하면서 안 보이는 하나님을 사랑한다는 것은 빈말이다, 공허한 말이다고 했습니다(요일 4:20). 이렇게 사랑이라는 것을 막연하게 공기와 같은 것으로 생각해서는 안 된다 하는 것을 보이기 위해서 이 두 계명이 늘 붙어 다니게 한 것입니다. 첫째 가장 중요한 것은 하나님께 대한 사랑이고, 둘째는 사람에게 대한 사랑이다 해서 이 둘이 늘 붙어 다닙니다.

그러면 이제 거기에 대해서 묻는 이 사람은 어떤 사람인가부터 생각해 보십시다. 사두개인의 그 우둔한 부활론에 대한 예수님의 대답을 듣고 사람들의 반응이 어떠했는가 하는 것은 공관복음에 다 기록되어 있습니다. "무리가 듣고 그의 가르치심에 놀라니라"(마 22:33). "서기관 중 한 사람이 저희의 변론하는 것을 듣고 예수께서 대답 잘하신 줄 알고 나아와 묻되"(막 12:28). "서기관 중에 어떤 이들이 말하되 선생님이여 말씀이 옳으니이다 하니 저희는 아무것도 감히 물을 수 없음이러라"(눅 20:39-40). 그런데 지금 이 화요일에 서기관이 한 질문에 대한 대답의 기록이 누가복음에는 없습니다. 다만 아까 말한 다섯 달 전 초막절 직후에 예루살렘 부근에서 어떤 율법사가 일어나서 '무엇을 하여야 영생을 얻으리이까'를 묻고, 거기에 대해서 우리 주님께서는 서로 연결되어 있는 큰 계명 둘을 가르치신 다음에 다시 '착한 사마리아 사람'의 비유를 베푸셨는데, 그 내용이 누가복음 10장에 기록돼 있습니다.

이렇게 예수님이 대답 잘하셨다는 것을 저희들도 다 승인한 것입니다. 마태복음 22 : 34-35을 보면 "예수께서 사두개인들로 대답할 수 없게 하셨다 함을 바리새인들이 듣고 모였는데 그중에 한 율법사가 예수를 시험하여 묻되" 해서 다시 예수님 앞으로 모였다고 했습니다. 마태복음에는 "선생님이여, 율법 중에 어느 계명이 크니이까" 했고, 마가복음에는 "모든 계명 중에 첫째가 무엇이니이까" 했습니다. 그러나 옛날 다섯 달 전에 어떤 율법사가 물은 것은 그렇게 물은 것이 아닙니다. 그때는 "어떤 율법사가 일어나서 예수를 시험하여 가로되 선생님, 내가 무엇을 하여야 영생을 얻으리이까"(눅 10 : 25) 하고 물었습니다. 그러니까 예수께서 "율법에는 무엇이라 기록하였으며 네가 그것을 어떻게 읽느냐"고 하셨고, 율법사가 계명을 대답했습니다. 그가 대답한 첫째 계명은 신명기 6 : 4-5, 특별히 5절의 "마음을 다하고 목숨을 다하고 혹은 힘을 다하여 주 네 하나님을 사랑하라"는 것입니다. 그 다음 둘째 계명은 레위기 19 : 18에 있는 말씀으로 "네 이웃을 사랑하기를 네 몸과 같이 사랑하라"는 것입니다. 지금부터 다섯 달 전인 그때에 그 율법사가 그렇게 인용해서 말하니까 우리 주님이 "네 대답이 옳도다. 가서 이를 행하라. 그러면 네가 살리라"고 하셨습니다. 그러니까 이 사람이 저를 옳게 보이려고 묻기를 "그러면 이웃을 사랑하라 했으니 그게 누구오니이까" 한 것입니다. 그래서 예수님은 누가복음 10 : 30-37에 있는 '착한 사마리아 사람의 비유'를 말씀하신 것이올시다.

하나님을 사랑하라

그러면 이제 오늘의 본문으로 돌아가서, '하나님을 사랑한다'는 문제를 생각하십시다. 신명기 6 : 4-5에는 "이스라엘아 들으라. 우리 하나님 여호와는 오직 하나인 여호와시니 너는 마음을 다하고 성품을 다하고 힘을 다하여 네 하나님 여호와를 사랑하라"고 되어 있습니다. 예수님께서 이 말씀을 인용하신 것을 마태복음에는 어떻게 기록했는고 하니 "예수께서 가라사대, 네 마음을 다하고 목숨을 다하고 뜻을 다하여 주 너의 하나님을 사랑하라 했으니 이것이 크고 첫째 되는 계명이니라"고 기록했습니다. 마태복음에서는 성품이라는 말 대신 목숨이라는 말로 써놓았는데, 그것은 같은 말로서 그렇게도 생각할 수 있습니다. 네페쉬(נֶפֶשׁ)라는 말이 어느 때는 성품을, 어느 때는 사람의 육신의 생명을 표시하기도 합니다. 그 다음에는 힘이라는 말 대신 뜻을 다하라고 했습니다. 영어로 마인드(mind)라는 말로 썼어요.

다음으로 마가복음에 있는 말을 보십시다. "예수께서 대답하시되 첫째는 이것이니 이스라엘아 들으라. 주 곧 우리의 하나님은 유일한 주시라"고 했고, 그리고 신명기 6 : 5을 인용하셔서, "네 마음을 다하고 목숨을 다하고 뜻을 다하고 힘을 다하여 주 너의 하나님을 사랑하라 하셨다"고 해서 세 개가 아니고 네 개의 방향에서 그 태도를 나타냈습니다.

그 말을 듣고 이 서기관은 "선생님, 참 옳습니다. 하나님은 유일한 하나님이시라는 말이 옳습니다." 또 그 다음에 인용하기를 "또 마음을 다하고 지혜를 다하고"－이 사람은 지혜라는 말로 바꿔 놓았습니다－"힘을 다하여 하나님을 사랑하는 것이 희생 전체나 혹은 번제를 드리는 것보다 더 낫습니다"고 했습니다. 그런데 옛날, 다섯 달 전에 율법사는 뭐라고 했는고 하니 “네 마음을 다하며 목숨을 다하며 힘을 다하며 뜻을 다하여” 해서 마가복음에서 예수님이 하신 말과 같은 말로 이야기했습니다.

이것을 다 요약하면 “마음을 다하고 성품을 다하고 힘을 다하라”는 이 신명기에 있는 원문에 의해서 마태복음에서는 ‘마음과 목숨과 뜻’이라고 했고, 마가복음에서 예수님은 ‘마음과 목숨과 뜻과 힘’이라고 했으며 서기관이 그 말을 받아서 반복할 때는 ‘마음과 지혜와 힘’이라는 말로 했고, 다섯 달 전에 율법사는 ‘마음과 목숨과 힘과 뜻’이라는 넷을 다 넣어서 말했습니다.

마음을 다하라

‘마음’은 히브리어로 레브(לֵב), 헬라말로는 카르디아(*καρδία*)인데, 잠언 4 : 23을 보면 “무릇 지킬 만한 것보다 더욱 네 마음을 지키라. 생명의 근원이 이에서 남이니라”고 해서 마음이 생명의 근원이라고 했습니다. 그러면 이 말은 뭐냐하면, 우리 인생의 존재가 가만히 있는 정물(靜物)이 아니고 움직이는 바퀴와 같은데, 마음은 그 바퀴 살의 축(hub)이라는 말입니다. 그것이 한 가운데 있어서 거기서부터 살이 죽 뻗어서 바퀴가 지탱을 받아 돌게 되는 것입니다. 사람이 생각하는 것이나 말하는 것이나 무슨 행동을 하는 것의 근원이 마음이라는 말입니다. 모든 생명의 근원이 여기서부터 흘러 나오는 것이라고 했습니다. 그런고로 영혼의 가장 깊은 것을 이 성경의 심리학에서는 마음이라는 말, 레브 혹은 카르디아를 쓴 것입니다. 그래서 ‘마음을 다하라’고 한 것입니다.

목숨을 다하라

그 다음에는 ‘목숨’이라는 말을 보지요. 이 말의 원어인 히브리어

네페쉬(נֶפֶשׁ)나, 헬라어 프슈케(ψυχή)라는 말이 목숨이라는 뜻으로 성경에서 여러 군데 쓰였는데, 그것은 또한 그 외에도 여러 가지 뜻을 가지고 있습니다. 여기서 좀더 중요한 뜻은 뭔고 하니 그 사람의 심리상 정서 운동의 본좌(本座)가 있는 곳이라는 뜻입니다. 혹은 영어로 말하면 소울(soul), 우리 말로는 혼(魂)이라는 말입니다. 육신의 목숨이란 말도 이 자(字)를 많이 썼습니다. 마태복음 6 : 25에 나오는 "목숨을 위하여 무엇을 먹을까 무엇을 마실까"의 '목숨'은 활동하는 육신의 기본적인 원동력, 생명의 힘을 가리킵니다. 혹은 생명 자체를 표시합니다. 또 육신의 생명만이 아니고 그 위에 생명의 총화를 한마디로 표시할 때도 성경의 여러 군데에서 이 말을 썼습니다. 특히 정서적인 행동을 가리킬 때 이 말을 썼습니다. 또는 자기라는 한 인간을 통틀어 표시하려고 할 때도 이 프슈케란 말을 썼습니다.

히브리 말에는 사람이라는 말이 없습니다. 우리가 사람이라고 할 때는 남자고 여자고 아이고 어른이고 할 것 없이 인간 모두를 표시하는 것이지만, 히브리 말로는 사람이라는 말이 없고 남자인지 여자인지만을 표시하게 되어 있습니다. 영어로도 보통 맨(man)이라고 하면 인류의 대표는 될지언정 여성을 표시하는 말이 안 됩니다. 그런데 만일 남자고 여자고 할 것 없이 남녀 합해서 50명이든지 30명이라든지 이런 말로 표시하려면 소울(soul)이란 말을 씁니다. 50명이면 fifty souls라고 말합니다. 그러니까 소울이라는 말을 그냥 영혼이라고 할 때, 그 영혼 하나가 하나의 인격과 하나의 인간을 즉 살아 있는 한 육체를 가진 인간을 대표하는 말로 쓰인 것입니다. 이렇게 해서 '목숨'이라는 말은 곧 생명이라는 말입니다. 그러니까 fifty souls라고 하면, 거기에 50의 생명이 있다, 아마 이렇게 해도 말은 통할 것입니다. 거기에 30의 생명이 있다고 하면, 남자 여자 어른 아이 할 것 없이 30명이라는 말이 될 것입니다.

뜻을 다하여, 힘을 다하여

그 다음에 '뜻'이라는 말을 썼는데, 영어로는 그것을 마인드(mind)라는 말로 번역했습니다. 그것은 무엇보다도 사람의 지적인 생명의 활동을 의미하는 것이지만, 그 위에 또한 그의 성품의 경향까지를 포함하여 어떤 경향을 가졌다든지 어떤 성품의 태도를 취한다든지 하는 한 개의 기질적인 태도를 뜻하는 말입니다.

힘이라는 말은 능력이란 말입니다. 그것은 전력을 다 기울여서 하는 그의 힘 또는 능력을 말하는데, 영어로는 파워(power)든지 스트랭스(strength)든지 마이트(might)로 다 번역이 됐습니다.

하나님이 인격적인 존재인 것을 먼저 알아야

그런고로 하나님을 사랑한다는 것은 사람이 마음과 성품, 뜻, 힘을 모두 합하여 종합적으로 사랑하는 것입니다. 그 사람의 전영혼의 기능을 다 움직여서 사랑하는 것입니다. 그런데 사람이 이처럼 하나님을 사랑하려면, 하나님은 사랑을 받으시는 대상인 것을 알아야 합니다. 하나님이 그냥 허공과 같은 존재라고 생각할 때는 사랑할래도 할 수가 없습니다. 우리가 공기를 사랑한다 할 때는 자기가 공기를 마시고 취한다는 이해 관계를 이야기하는 것뿐이지 인격적인 사랑을 바칠 대상이라는 것을 이야기하는 것은 아닙니다. 우리의 인격의 가장 중요한 덕성의 발휘가 사랑이라고 하면, 그런 덕성의 발휘를 받아야 할 대상도 인격자라야 합니다. 그러므로 여기에는 어떠한 교리(教理)가 요구되는데, 자기의 영혼의 기능의 총화를 가지고 하나님께 자기의 전인격적 사랑을 바치려고 할 것 같으면, 하나님은 그런 사랑을 받으실 만한 분이라는 것을 알아야 합니다. 작은 그릇 속에 큰 그릇이 못 들어가는 것입니다. 그러니까 '나'라고 하는 한 인물이 한 인격적인 사랑을 하나님께 바친다면 하나님은 그 사랑을 넉넉히 받으실 명백하고 더 현실적인 인격자라야만 합니다. 이런 교리가 그의 안에 사상으로 자리를 잡고 확실히 서 있어야 비로소 자기의 인격적인 사랑을 하나님 앞에 드릴 수 있는 동작을 할 수 있습니다.

그러니까 이 첫째 계명이 우리에게 요구하는 것 가운데에는 하나님을 바로 알라는 것이 또 있는 것입니다. 하나님을 사랑한다고 할 때 너는 하나님을 어떤 분으로 알고 있느냐, 하나님을 바로 알아라 그것입니다. 하나님을 이신론(理神論)의 신으로 알지 말고, 초연신론의 신으로 알지도 말고, 또 하나님을 공기와 같이 알지 말고, 하나님을 관념 안에서만 막연하게 이렇다저렇다 생각지 말고, 네가 사람을 사랑하는 것같이 네 인격적인 사랑을 쏟아 부을 때 그 사랑을 받아 주시고 거기에 대해 받으셨다는 어떤 증명을, 어떤 응답을 너에게 해주실 만한 그런 현실적이고 구체적인 인격을 가지신 분인 것을 확신하고 있어야 합니다. 이것은 아주 중요한 사실입니다.

전적인 헌신, 절대적인 순종을 의미함

이런 전인적인 사랑을 하려면 어떻게 해야 하느냐? 그러려면 필연 그 사람은 심신으로 전적인 헌신의 생활을 해야 합니다. 왜냐하면 마음과 목숨과 또 뜻과 힘을 다하여 사랑한다면, 그것은 자기 인격 전부를 거기에 다 바치는 의미가 되는 까닭입니다. 이것을 뒤집어 말하면 전적으로 하나님 앞에 헌신했다는 뜻입니다. 전적으로 하나님 앞에 헌신을 하고 그리고 또 그분은 내가 헌신한 바를 충분히 받아서 의미가 있게 하시는 분이라는 것도 믿는 것입니다. 지금 내가 드리면 주께서는 아무 대답도 없는 그런 분이 아니라는 것을 믿는 것입니다. 내가 드렸을 때는 '오, 네가 나한테 주느냐 내가 이것을 받으마' 하고 받아 주시는 분임을 아는 것입니다. 이런 전적인 헌상(獻上)은 자기를 한 귀퉁이에다 남겨 놓고는 못 드리는 것입니다. 자아라는 것, 아상(我相)이라는 것이 없어야 합니다. 완전히 자기가 부인된 상태에 있어야 합니다.

하나님에 대한 정당한 사랑은 하나님을 인격신으로 믿는 동시에 자기의 아상이 없어야만 할 수 있습니다. 사람은 어떤 경우에나 자아라는 것이 늘 남아 있기가 쉽습니다. 자아가 없어지려면, 자기가 하나님께는 전연 아무 가치도 없다는 것을 깨달아야 합니다. 그렇게 해야 자기 부인이 됩니다. 자기가 무엇을 할 수 있다고 생각할 때는 자기 시인이 되는 것입니다. 그러니까 하나님께 자기는 전연 무가치한 자라는 것을 깨달아야 합니다. 하나님께는 장애물밖에 되지 못하는 무용지물인데도 불구하고 이를 받아 주시는 하나님의 자애를 깊이 감사하면서, '저를 하나님 앞에 드립니다. 그런고로 하나님의 뜻대로 쓰시옵소서' 해야 합니다.

이와같이 하나님의 거룩한 뜻에 따르고 하나님의 처리에 절대적으로 순종하는 것, 이것이 하나님께 대한 현실적인 사랑입니다. 그러나 사람이 그렇게 결심을 하고 하나님 앞에 그렇게 약속하고 또 그렇게 생활하려는 태도를 취하려고 하면 세상은 여러 가지로 나를 꾀어 갑니다. '그렇게까지 할 수가 있겠느냐? 그러지 말고 네가 원하고 좋아하는 것도 해라. 출세도 해야 하지 않겠느냐? 하나님은 세상에서 네가 원하는 것을 막으시는 분이 아니다' 하고 마치 하나님이 허용하시는 것같이 이 세상적인 여러 가지 것들이 와서 꾑니다. 이런 꾀는 것에 대해서 주님께 완전히 물리쳐 주시기를 늘 바라고 살아야 합니다. 왜냐하면 사람이 연약하기 때문에 하나님 앞에 전적으로 헌상한다고 생각을 해도 이 세상이 와서 또 꾀는 것입니다. '관념만은 그렇게 가져도 좋으나 현실 생활에서는 네가 이것도 해야 하고 저것도 해야 한다. 그렇게 해야 네게 유리하고 또 그것이 너에게 행복이 되는 일이니까 그렇게 복을 추구해 나아가거라' 하는 것입니다.

생명의 성신의 법에 의존해야

이런 경우 나는 그것을 뿌리칠 수가 없습니다. 그것을 뿌리칠 수 없다는 것을 성경이 가르칩니다. 죄와 사망의 법에 있는 나를 무엇이 해방해 주느냐 하면 생명의 성신의 법만이 해방해 줍니다. 그리스도 안에 있는 생명의 성신의 법이 죄와 사망의 법에서 우리를 해방하였는고로, 이제는 그리스도 예수 안에 있는 자에게는 죄를 정하지 않는다고 했습니다. "그러므로 이제 그리스도 예수 안에 있는 자에게는 결코 정죄함이 없나니 이는 그리스도 예수 안에 있는 생명의 성신의 법이 죄와 사망의 법에서 너를 해방하였음이라"(롬 8:1-2).

'나는 이제 죄와 사망의 법과 상관이 없다'는 그런 일은 없습니다. 아상이 있고 자기라는 것이 조금이라도 남아서 내가 하나님 앞에 다 드리겠다 할 때 아까운 생각이 나고 그래서 이것만은 보류해 두었으면 합니다 하는 이것이 벌써 죄와 사망의 법이 나를 꽉 누르고 안 놓아 주는 상태를 말합니다. 로마서 7장에서 바울 사도가 '내게 선을 행하려는 마음이 있어서 그것을 원하지만 그것을 행하려고 할 때 하지 못하게 하는 것이 있다. 모든 율법을 항상 지키다가 한 가지에 거치면 결국 다 거친 자가 되는 것이다. 오호라 나는 괴로운 사람이다' 한 것같이 조그마한 부분이라도 남는 것이고 그것은 사람의 능력으로 이길 수가 없는 것입니다. 그러나 생명의 성신의 법은 그것을 이길 수 있습니다. 그것은 그리스도 안에서 역사하는 법입니다. 그 법이 전적으로 하나님의 뜻을 따르지 않고 부분적으로 에누리해 가면서 따르게 하는 이 죄의 법에서 나를 해방해 주는 것입니다. 죄의 법의 결국은 사망입니다. 그런데 생명의 성신의 법이 죄와 사망의 법에서 나를 해방해 주는 것입니다.

율법이 이것 하라 저것 하라 하고 여러 가지 말을 했으나 육신의 연약으로 말미암아 할 수가 없는 그것을 하나님께서는 하십니다. 사람이 못 하는 것을 하나님은 하십니다. 하나님이 어떻게 하시느냐? 첫째는 나의 잘못을 용서하시고 공허를 메워 주시는데 그 근거는 예수 그리스도의 속죄의 죽으심입니다. 곧 죄를 인하여, 죄의 문제를 해결하기 위하여 자기 아들을 죄 있는 육신의 모양으로 보내서 그 육신에 죄를 정하사, 그 다음에는 우리로 하여금 육신을 좇지 않고 성신을 좇아 행하게 하십니다. 시험은 누구나 받습니다. 예수님도 시험을 여러 번 받으시지 않았습니까? 마귀가 외부에서 시험을 걸어 오든지, 그렇지 않으면 내 마음 가운데 있는 연약함을 인하여 자연히 육신의 것을 연연 불망(戀戀不忘)함으로 시험을 당하든지 하는 것입니다. 그러니까 이렇게 자기가 이 세상에 붙어 있어서 시험을 당하기도 하는 것입니다.

이렇게 사람이 육신의 모양으로 살고 있는 동안에는 그 육신을 좇기가 쉬운 것인데, 생명의 성신의 법은 그것을 포기해 버리고, 육신을 좇지 않고 성신의 가르치심을 좇아, 영을 좇아 행하게 합니다. 성신께서 '아니다. 요렇게 해라' 하고 하나님의 말씀과 도리를 가지고 그때 그때마다 깨우치십니다. 그런고로 "그의 영을 좇아 행하는 우리에게 율법의 요구를 이루어지게 하려 하심이니라"(롬 8 : 4). 율법이 하라는 그 요구를 육신으로는 못 했는데, 이제는 할 수 있게 만들어 주셨습니다. 그런고로 사람이 하나님 앞에 전부를 드린다는 헌신도, 하나님을 사랑한다는 것도 오직 생명의 성신의 법에 의존해서

만, 성신의 능력에 의존해서만 할 수 있는 것입니다.

이런 것들이 마음과 목숨과 뜻과 힘을 다하여 주 너의 하나님을 사랑하라 하는 말에 대해서 우리가 알아본 것입니다.

이웃을 네 몸같이 사랑하라

둘째의 큰 계명은 레위기 19 : 18에 있는데, 거기에는 세 가지의 내용이 들어 있습니다. "원수를 갚지 말며 동포를 원망하지 말며 그리고 이웃 사랑하기를 네 몸같이 하라. 나는 여호와니라." 여호와께서 이 명령을 내리신다 그것입니다. 그것을 마태복음 22 : 39-40에서 우리 주님이 인용하실 때는 "둘째는 그와 같으니 네 이웃을 네 몸과 같이 사랑하라 하셨으니 이 두 계명이 모든 율법과 선지자의 강령이니라. 혹은 축(軸)이니라. 거기에 모든 율법도 선지자도 다 매달려 있는 것이니라"고 하셨습니다. 마가복음 12장에는 "둘째는 이것이니 네 이웃을 네 몸같이 사랑하라 하신 것이라. 이에서 더 큰 계명이 없느니라"(31절)고 하셨습니다.

사랑이 제물을 드림보다 낫다

그러니까 그 묻던 서기관도 그때는 마음 가운데 깨달음이 생겨서 뭐라고 반복을 했는고 하니 "마음과 지혜와 힘을 다하여 하나님을 사랑하는 것과 또 이웃을 제 몸과 같이 사랑하는 것이 전체로 드리는 모든 번제물보다 나으니이다"고 했습니다. 여기서 제물보다 낫다는 말을 했는데 제사 드리라는 것은 하나님께서 내리신 명령입니다. 하나님을 사랑하는 자 같으면 마땅히 제사를 드려야 합니다. 제사는 드리지 않으면서 이 첫째 계명, 둘째 계명을 지킵니다고 말할 수 없습니다. 첫째와 둘째 계명을 지키는 것이 하나님을 사랑하는 것인데, 그런 사람이 하나님이 내리신 명령을 어기고 가겠다고 하면 그것은 벌써 하나님을 배반하는 것입니다. 그러한 까닭에 이 말씀은 하나님을 사랑하고 제사를 진실히 드리는 사람에게 해당하는 것이 아니고, 헛된 제물을 가져오는 자에게 해당하는 말씀입니다.

"헛된 제물을 다시 가져오지 말라. 분향은 나의 가증히 여기는 바요 월삭과 안식일과 대회로 모이는 것도 그러하니 성회와 아울러 악을 행하는 것을 내가 견디지 못하겠노라"(사 1 : 13). 이 말씀을 보면 헛된 제물을 가져오는 사람들이 있다는 것입니다. 시편 40 : 6에도 "주께서는 제물을 기뻐하시지 않는다"고 했고, 또 시편 51 : 16-17에도 "주는 제사를 즐겨 아니하시나니 그렇지 않으면 내가 드렸을 것이라. 주는 번제를 기뻐 아니하시나이다. 하나님이 구하시는 제사는 상한 심령이라"고 했습니다. 이 시편의 말씀들은 과거에 이스라엘에서 정신은 빠지고 형식만 행하면 족한 줄로 아는 그 형식주의적인, 형성주의적인 죄악을 지적하는 이야기입니다.

다섯 달 전에 어떤 율법사는, 예수님이 역으로 그에게 율법에 무엇이라 기록되었느냐고 물으셨을 때 뭐라고 답했는고 하니 "또한 네 이웃을 네 몸과 같이 사랑하라 하셨습니다"고 했습니다. 그러니까 주님은 "네 대답이 옳도다"고 하셨습니다. 그러면 이 계명을 지키는 것이 어느 정도로 중요한 것인가? 로마서 13 : 8-10을 우리가 주의해서 다시 들어 보십시다. "피차 사랑의 빚 외에는 아무에게든지 아무 빚도 지지 말라. 남을 사랑하는 자는 율법을 다 이루었느니라. 간음하지 말라 살인하지 말라 도덕질하지 말라 탐내지 말라 한 것과 그 외에 다른 계명이 있을지라도 네 이웃을 네 자신과 같이 사랑하라 하신 그 말씀 가운데 다 들었느니라." 율법을 종합적으로 이야기하면 그것이 바로 이웃 사랑이라는 것입니다. "사랑은 이웃에게 악을 행치 아니하나니 그러므로 사랑은 율법의 완성이니라"(롬 13 : 10).

인간 생활의 정점 : 사랑

여호와 하나님께서는 이스라엘 백성을 택하사 지상에서 하나님의 보배로, 제사장 나라요 거룩한 백성을 삼으시려고, 요컨대 인류 역사 위에 하나님 나라의 그 영광과 능력을 증시할 백성으로 세우시려고 민족으로 조직하여 세워 놓으셨습니다. 그 사람들이 그렇게 살면서 그러한 사회를 형성하도록 하기 위해서 율법을 주시고 그것을 행하라고 하신 것입니다. 그리고 그것을 정당하게 준수하는 방법은 성신님을 의지해서, 여호와를 의지해서 율법에서 하나님이 요구하시는 그 의를 행하게 하신 것입니다. 이스라엘 백성이 그것을 배워 가면서 그러한 사회를 구현하도록 하라고 하신 것입니다. 그렇게 하노라면 자기네가 할 수 없는 것을 깨달을 것이고, 할 수 없는데도 하나님이 하라고 명령하셨으면 거기에서 하나님만을 의지해야 한다는 것도 배워야 하는 것입니다. 여호와께서는 또한 때때로 그 종들, 선지자들을 이스라엘 백성에게 보내사 하나님의 말씀을 전하게 하여 그릇 가는 역사의 방향을 바로잡아 주시고, 율법을 지키는 생활의 참된 의미는 무엇인가를 깨닫도록 하신 것입니다. 그런고로 율법과 선지자, 토라와 느비임의 대강령, 그것이 의존하고 있는 이 최대의 계명은 하나님을 사랑하고 사람을 사랑하는 것입니다. 결국 사람의 모든 생활이 올라서야 할 정점은 사랑입니다. 사랑을 지향하고 모두 나아가야 하는 것입니다. 사람의 도덕 생활이 아무리 훌륭해도 거기에는 항상 결핍과 부족이 있습니다. 그러므로 사랑을 지향해서 자꾸 올라가야 합니다. 지상에 이러한 하나님 나라의 성격을 실현하는 것, 그것이 율법의 완성입니다.

진정한 하나님 나라의 자태

진실로 정순적(正純的)으로 또 정상적으로 하나님을 사랑하는 사람들은 또한 서로 사랑하되 자기 몸같이 사랑합니다. 그런 사회가 곧 영광스러운 하나님 나라의 자태입니다. 하나님 나라는 말에 있지 아니하고 능력에 있다고 했는데(고전 4:20), 그 능력은 하나님을 사랑하고 또 사람을 사랑하는 정순적인 사회상을 실현하는 능력입니다. 조금 전에 우리는 성신의 능력에 의지하지 않고는 율법의 요구를 채울 수가 없다는 것을 로마서 8:2-4에서 보았습니다. 거기 보면 먼저 아상(我相)이 없도록 성신을 의지해야 하고 그러고서야 능히 하나님께 전적으로 헌신할 수가 있습니다. 사람을 사랑한다 할 때 그것을 '이웃을 사랑한다'는 말로 썼는데, 그것은 '착한 사마리아 사람의 비유'에서 이미 배운 대로 자기가 정에 휩싸여서 남을 사랑하는 것같이 그렇게 어쩔 수 없이 떠내려가는 것이 아니라, 그것은 차라리 이지적이고 상식적인 건실한 토대 위에서 나의 친절과 도움을 필요로 할 때, 내가 해야 할 일로 내 앞에 기회가 주어졌을 때 조용하게 착실하게 실행하는 그것을 말합니다. 할 수 없는 것을 하라는 것이 아닙니다.

남에게 그렇게 적극적으로 행하는 동시에 또 하지 아니해야 할 것은 하지 않는 것이 참된 사랑의 태도입니다. 이런 것은 산상보훈에서 많이 나온 말입니다. 남을 폄론하지 말 것, 남을 헤아리지 말 것, 또 아첨하지 말 것, 또 다른 사람에게 해를 끼치거나 괴롭게 하지 말아야 할 것들을 모두 가르친 것입니다. 피차 사랑의 부채 외에는 지지 말라고 했으니까 내가 사랑으로 저 사람을 돕는 일을 했다면 도움을 받은 사람은 상대가 사랑으로 했으니 사랑으로 또한 반응을 해야 합니다. 이렇게 해서 사랑이 구현되는 나라가 하나님의 나라입니다. 그것 이외에 내가 남에게 괴롬이라는 부채를 져서는 안 됩니다.

인간의 노력으로 율법을 지키려 하다

하나님을 사랑하는 데는 아까 말씀과 같이 정당한 신관(神觀)이 필요하지만, 이웃을 사랑한다 할 때는 특별한 신관이 있어야만 하는 것은 아닙니다. 그런고로 가령 착한 사마리아 사람의 경우에도 그 사람이 어떤 종교를 가졌다든지 어떤 신관을 가졌다든지가 문제가 되지 않습니다. 기본적으로 인간은 마땅히 이런 따뜻한 심정을 가져야 한다는 것입니다. 인간이 본래 가지고 있는 덕성을 발휘하라는 것입니다. 그것은 안 믿는 사람에게도 해당하는 것입니다.

그런고로 이웃을 사랑한다 할 때 그 다음에 오는 문제가, 그러면 내가 사랑해야 할 그 이웃이라는 것은 누구를 의미하느냐 하는 것입니다. 예수님이 착한 사마리아 사람의 비유를 말씀하시기 전에도 그 율법사가 묻기를 '누가 나의 이웃입니까'고 물었습니다. 이웃을 사랑한다는 것은 현실적이고 구체적인 문제이기 때문입니다. 율법사들은, 하나님의 율법은 인간의 보통 정도의 능력을 가지고서 지킬 수 있다고 생각하였습니다. 말하자면 성심만 있으면 준수할 수 있다고 생각해 왔습니다. 그러한 까닭에 그 사람들은 그 번쇄(煩碎)한 장로의 유전이라는 실천 세목들이나 세칙들을 가지고 이렇게 하라 저렇게 하라고 했습니다. 또 그렇게 하면 율법을 지키는 것인 줄로 알았습니다. 그래서 그렇게 백성을 가르쳤습니다.

그러면 하나님의 율법은 그것이 현실적으로 의미를 안 가지느냐 하면 안 가지는 것이 아니었습니다. 그것은 이스라엘의 사회를 형성하는 법입니다. 율법이 존재할 수 있는 조건은 그것이 사람의 양심에 호소를 한다는 사실에 있습니다. 뭐냐하면 하나님이 계시로 그 우둔한 양심들을 깨우쳐 주시는 것이 하나님의 법입니다. 그런고로

'내가 탐내지 말라는 율법의 말이 없었더면 탐심을 알지 못했을 것이다'고 해서, 그것은 계몽도 하고 깨우쳐 주는 역사도 해온 것입니다.

그뿐 아니라 그 율법은 사람이 지키지 아니하면 안 될 필연성이 있습니다. 이스라엘 백성이 그 사회를 형성하고 같이 살아 나가는 그 세계에서 그러한 법이 꼭 필요했습니다. 다른 경우, 가령 무인고도(無人孤島)에서 혼자 산다 하더라도 그 사람에게 특별한 사명이 있을 때는 그 사명을 수행하기 위해서 이것이 필요한 것입니다. 이스라엘 민족은 사명을 지고 있습니다. 하나님의 소유, 제사장 나라, 거룩한 백성이 되어야 합니다. 이것을 이루어 가기 위해서 그 사람들은 율법을 꼭 지켜야 합니다. 또 내신 그 법을 지켜야만 그 사회는 정당히 유지되고 발전할 수 있습니다.

이렇게 율법은 절실히 필요한데 그들은 그것을 인간의 노력으로 지킬 수 있다고 생각하였습니다. 사람이 그것을 지킬 수 없다는 것을 발견할 때 하나님을 의지해야 하고, 그럴 때 하나님께서 그것을 이루어갈 수 있도록 능력을 주시는 것인데, 그들은 그렇게 생각지를 않은 것입니다. 그들은 자기네가 세목을 만들어 가지고 보통 정도의 노력을 하면 지킬 수 있다고 생각했습니다. 자기네에게 근본적인 변화가 있어야 한다는 것을 생각하지 못했습니다. 그러나 율법은 하나님께서 내려 주신 권위 있는 법입니다. 이것을 우리가 주의해야 할 것입니다.

이웃 사랑에 필요한 분별

많은 이스라엘 사람들은 그들의 통념상 이웃이라는 것은 그들의 주위에 있는 사람이라고 생각했습니다. 그리고 또 그러한 사람들 가운데에는 내가 누구를 어떻게 해야 사랑하는 것인가 하는 문제에 대해서 명확하지 못했습니다. 예수님께서 착한 사마리아 사람의 이야기를 가지고 그 문제를 바로잡게 하신 것입니다. 이 문제에 대해서는 과거에 우리가 이미 생각한 것이니까 다시 자세히 이야기하지는 않겠지만, 착한 사마리아 사람의 경우를 볼 것 같으면, 보통 사람들은 이웃은 자기 집 바로 가까이에 살고 있는 사람들이고, 그들에게는 친절하고 온화하게 대하여야 한다고 생각합니다. 그러나 주님의 가르침은 그 거주가 멀든지 가깝든지가 문제가 아니라고 하셨습니다.

내가 그의 인생의 기본적인 결핍에 대해서 어떤 심정으로 동정하는가에 따라서 내가 그의 이웃이 될 수가 있는 것입니다. 하나님께서 우리에게 친절을 베풀 수 있는 기회를 주시는데, 그럴 때 그 사건에서 무엇을 필요로 하는 이웃이라는 말이 상호적인 말인 까닭에 그에게는 내가 이웃이 되는 것입니다. 그리고 그 사람은 필연적으로 내 이웃이 되는 것입니다. 그러므로 내가 그의 이웃이 되는 것이 더 중요합니다. 이런 경우에 우리에게는 여러 가지 문제가 많은데, 할 수 없는 것도 많고 또 우리의 힘에 겨운 것도 많습니다. 세상에는 결핍이 있어서 무엇을 필요로 하는 사람이 많습니다. 또 그들 각각의 어려운 짐은 내가 반드시 다 져 줄 만큼 가볍기만 한 것도 아닙니다. 또 나의 도움이 반드시 그 사람의 문제 해결에 보탬이 될는지 알 수 없을 때도 많습니다. 또 나는 아무 할 일 없이 돌아다니는 사람이 아니고 하나님께로부터 받은 바 신성한 사명과 책임이 있는 사람입니다. 그런 까닭에 이런 면에서 이웃을 사랑한다 할 때는 현실적인 요구가 내 힘에 겨운 경우도 또한 많을 것인데, 나는 오직 하나님께 대한 나의 의무를 행하는 가운데 동시에 다른 사람에게 반드시 베풀어야 할 도움을 베푸는 것입니다. 이러한 분별이 반드시 필요합니다. 이런 것을 또한 착한 사마리아 사람의 이야기에서 함께 보아야 할 것입니다.

기 도

거룩하신 주님이여, 주께서는 저희에게도 마음과 목숨과 힘과 뜻을 다하여 아버님을 사랑하고 또한 이웃을 자기 몸과 같이 사랑하라는 이 거룩한 명령을 주셨사옵는데, 이 거룩한 명령의 참뜻을 바로 깨달아서 저희가 할 수 없는 딴세계의 이야기와 같이 생각지 말게 하시고, 또 이 현실 세계에서 사람이 가지고 있는 죄악과 무능력과 무기능을 가지고도 할 수 있는 일이라고 함부로 생각하지 않게 하옵소서.

주께서 저희에게 요구하시는 것이 무엇인가를 생각할 때에 세상에 어려운 일도 많고 저희가 가서 이웃을 돕는다고 하더라도 도움이 될는지도 모르는 많은 일들이 있는데, 이런 가운데에서 저희는 첫째는 하나님께서 주신 바 거룩한 사명, 그것을 충성스럽게 이행하는 데서부터 시작하여, 그 다음에 저희의 하나님께 대한 그 사랑을 가지고 사람을 대하는 것이 정당한 것임을 저희가 아옵나이다. 또한 아버지께서 저희에게 지혜를 주시고 깨닫게 하시고 거룩한 감화를 주심에 따라 저희가 진정으로 그 일을 하나님을 섬기는 일례로서 감당해 나아가는 이것이 정당한 사실인 것으로 믿사옵니다. 이와같이 바로 생각하여 이웃 사랑의 문제를 사람이 할 수 없는 것, 어려운 성자와 같은 생활을 하라는 것으로 생각하고, 그런 것을 표준인 것같이 생각하는 이런 과람한 생각이나 지나친 생각에서 저희로 벗어나게 하사 항상 현실적인 착실한 생활을 해나가게 합소서.

구주 예수 그리스도의 이름으로 기도하옵나이다. 아멘.

第 100 講
바리새인을 꾸짖으심 (1)

이에 예수께서 무리와 제자들에게 말씀하여 가라사대 서기관들과 바리새인들이 모세의 자리에 앉았으니 그러므로 무엇이든지 저희의 말하는 바는 행하고 지키되 저희의 하는 행위는 본받지 말라 저희는 말만 하고 행치 아니하며 또 무거운 짐을 묶어 사람의 어깨에 지우되 자기는 이것을 한 손가락으로도 움직이려 하지 아니하며 저희 모든 행위를 사람에게 보이고자 하여 하나니 곧 그 차는 경문을 넓게 하며 옷술을 크게 하고 잔치의 상석과 회당의 상좌와 시장에서 문안받는 것과 사람에게 랍비라 칭함을 받는 것을 좋아하느니라 그러나 너희는 랍비라 칭함을 받지 말라 너희 선생은 하나이요 너희는 다 형제니라 땅에 있는 자를 아비라 하지 말라 너희 아버지는 하나이시니 곧 하늘에 계신 자시니라 또한 지도자라 칭함을 받지 말라 너희 지도자는 하나이니 곧 그리스도니라 너희 중에 큰 자는 너희를 섬기는 자가 되어야 하리라 누구든지 자기를 높이는 자는 낮아지고 누구든지 자기를 낮추는 자는 높아지리라 (마 23:1-12)

제 100 강

바리새인을 꾸짖으심(1)

마 23 : 1-12

오늘부터 우리가 상고하는 내용은 서기관들과 바리새인들에 대한 우리 주님의 엄한 비판과 책망입니다. 전에도 예수께서 그렇게 책망하신 일이 없었던 것은 아니올시다만 이때에 와서는 아주 크게 엄책하시는 것을 우리가 보게 됩니다. 오늘 본문의 내용은 아직 엄책하시는 그 부분까지 나가지는 않았지만, 나중(13절 이후)에는 '화 있을진저, 화 있을진저' 하고 말씀하시는 데까지 나아가게 됩니다. 그들에게 화가 있을 수밖에 없다는 것을 우리 주님께서 보신 것이고, 또한 이를 탄식하신 것입니다. 우리가 바리새인들과 서기관들에 관해서 그동안 여러 번 생각해 왔는데, 특별히 「예수님의 생애」 제78회 (『예수님의 행적』 제7권 78강)에서 공부한 내용－우리 주님께서 바리새인들에 대해 지적하신 내용－은 잘 기억할 수 있을 것입니다.

주께서 어떤 바리새인 두령의 집에 청함을 받아 가셨을 때 거기에 온 많은 바리새인들이 가급적이면 상좌를 택해 앉으려고 하는 것을 보시고, '혼인 잔칫집에 청함을 받아 갔을 때 상좌를 택하지 말라' 고 하셨습니다. 우리는 그때 그 말씀을 생각할 때 그것이 예수께서 '혼인 잔치에 갈 때 처신은 어떻게 하고 태도는 어떻게 취하라'는 그런 종류의 말씀을 하신 것이 아니라는 것을 배웠습니다. 예수님께서 일일이 그런 것이나 가르치시겠습니까? 우리 주님은 어디에 가서 항상 자기를 높이지 말고 자기를 낮추는 형식을 취하라는 그런 예(禮)의 처신, 소위 작법(作法)이라는 것을 가르치는 교사가 아닙니다. 그때에도 우리가 배운 것이지만, 그들의 표면적인 행동은 그들 속에 있는 어떤 중요한 사실들이 드러난 것입니다. 그런 까닭에 주께서는 그들의 속에 있는 중요한 사실을 지적하시되 표면에 나타난 문제를 가지고 이야기하신 것입니다. 그렇게 하심으로써 그것을 들은 제자들이나 다른 사람들도 자신들의 속에 있는 잘못된 점을 깊이 생각하고 반성하게 하신 것입니다.

그런고로 오늘날 우리도 성경에 그러한 사례가 기록된 것을 볼 때 그냥 표면만 훑어 보고 지나가서는 아니됩니다. 대체 이러한 식으로 예수님께서 말씀하셔서 당대 사람들에게 가르치시려는 것이 무엇이고, 또 우리에게 전해 주셔서 깨우쳐 주시고 정신 차리라고 하시는 것은 무엇인가를 알아야 합니다. 예수께서는 그 당시에 서기관들이나 바리새인들이 실제로 차지하고 있는 자리, 특별히 이스라엘 민족 역사상 그들이 지고 있는 책임이 무엇이고, 그런 가운데 그들은 무엇을 하고 있으며 실은 어떻게 했어야 하는가 하는 점들을 다 명확히 보고 계셨습니다. 예수께서는 표면적인 문제를 이야기하심으로써 실상은 바리새인들 본인들이나 거기에 있는 제자들과 그 밖의 다른 사람들이 자신들의 내부에 있는 문제점들을 생각하도록 이끌어 주신 것입니다. 우리가 그때 본 것을 한두 가지 다시 한 번 생각하겠습니다.

바리새인들과 서기관들

바리새인들이나 서기관들은 스스로 이스라엘 민족의 지도자로,

그들의 독특한 민족적 문화사의 안내자로 자임하고 열정적으로 헤브레이즘의 발전을 꾀하며 노력했던 사람들입니다. 그 시기에 바리새인들과 서기관들이 주축이 돼서 조성하여 가던 히브리적인 특색, 요컨대 그들이 살고 있던 시대의 헤브레이즘은 어떠했던가? 그들은 소위 '장로들의 유전'이라는 것을 가지고 있었는데, 거기에는 모세와 함께 산에 올라갔던 70인 장로들이 전해 준 것이라는 전설까지 붙어 있습니다. 그들은 이전 세대부터 내려오는 그 전통적인 교훈과 율법 해석을 그대로 고수해 나갔고, 그것을 엄수하는 것을 자기네의 특색과 자랑으로 삼고자 했습니다. 서기관들은 그것을 백성들에게 가르치면서 그들이 그것을 지켜 가도록 명령했습니다.

의식을 위한 의식

예컨대 결례(潔禮)라는 것을 보십시다. 이 결례라는 행위는 하나의 상징적인 의식(儀式)에 지나지 않는 것입니다. 그러나 그들은 그것을 죄의 오염으로 더러워진 데서 실제로 정결케 하는 것으로까지 생각하고, 그 의식을 열심히 행해 왔습니다. 그들이 인텔리겐치아가 아닌 것이 아닙니다. 덮어놓고 맹목적으로 미신적으로 그런 일을 하는 사람들이 아닙니다. 그들에게도 상당한 이론이 있어서 그 이론에 의해서 그렇게 한 것입니다. 하나님께서 명령하신 것인 까닭에 이 의식을 지키는 것이고, 이 의식을 지킴으로써 하나님께 순종한다고 생각한 것입니다. 즉 그렇게 하는 것이 하나님의 뜻을 행하는 것이라고 생각했습니다. 또 그렇게 함으로써 회개한 것을 표시하였다고 생각했습니다. 후대에 이르러서 이 사람들에게 점점 명확해진 사상은 사람이 사죄함을 받는 것은 어느 누구의 공로를 의지하여 이룰 수 있는 것이 아니라, 첫째는 자기의 회개요 둘째는 선행을 함으로써 이룬다고 하는 생각입니다. 회개와 회개에 상당한 덕의를 나타내는 선행을 하는 데서 죄는 속량함을 받는다는 것입니다. 이것이 나중에는 확연한 사상으로 나타났습니다. 예수님 당시에는 이미 그만한 사상적인 배경이 명확해져 갔습니다.

그러한 까닭에 그들은 결례와 같은 이런 의식을 생각하기를 상징으로만 유효한 것이 아니라 실제로 자기네의 오염을 씻는 데 유효한 것으로 생각했습니다. 그 의식 자체가 효과를 낸다고까지 생각하게 되었습니다. 때문에 나중에는 의식 자체를 위한 의식이 되는 경향조차 띠게 되었습니다. 소위 오푸스 오페라툼(opus operatum)이라는 것인데, 그 자체를 위한 의식에 빠지는 경향이 생긴 것입니다. 따라서 그들은 그와 같은 의식을 늘 존중하고 아주 세세하게 주의해서 지켰습니다. 마가복음 7 : 3-4에서 보면 "바리새인들과 모든 유대 사람들이 장로들의 유전을 지켜서 손(팔뚝까지)을 부지런히 씻지 아니하면 먹지 아니하며 또 시장에서 돌아와서는 물을 뿌리지 않으면(즉 목욕을 하지 아니하면) 먹지 아니하며 그 외에도 여러 가지를 지켜 오는 것이 있으니 잔과 주발과 놋그릇을 씻음이러라"고 했습니다. 이렇게 그 의식 자체를 효과가 있는 것으로 생각하고 거기에 의미를 부여하면서 세세하게 준수해 나갔던 것입니다.

외식

그뿐만 아니라 그들은 여러 가지 외식(外飾)을 취했습니다. 마태복음 6 : 1을 보면, 예수께서는 기도할 때 거리나 회당에 서서 기도하지 말라고 하셨는데, 대체 거리나 회당에 서서 기도하는 사람이 누구겠는가 하면 그 성격으로 보아서 서기관들이나 바리새인들입니다. 누가복음 18 : 9-14에 우리 주님께서 베푸신 비유('바리새인의 기도와 세리의 기도')를 보면 거기에 기도와 금식이라는 문제가 들어 있습니다. 바리새인들은 성전에 서서 큰 소리로 기도를 하였습니다. 누가복음 20:47을 보면, 그들은 다른 사람들 들으라고 기도를 길게 하였습니다. 또 그렇게 하는 것을 효과 있는 것으로 생각하였습니다. 마태복음 6:7에 보면 "너희는 기도할 때 중언부언하지 말라"고 하셨는데, 기도를 길게 하려니까 그들로서는 많은 말을 할 수 밖에 없었습니다. 이 말도 끄집어다 대고 저 말도 끄집어다 대고 하는 것입니다. 자기의 중심이 자신의 결핍을 생각하여 간절히 간곡하게 하나님 앞에 호소하는 것이 아니라, 이것 끄집어다 대고 저것 끄집어다 대고 하는 것입니다. 끄집어다 대는 것마다 모두 간절하다는 소리를 붙이기도 합니다.

금식하는 문제도 누가복음 18:12 상반절을 보면 바리새인이 성전에서 기도하는 말 가운데 나타나는데, 자기는 이레에 두 번씩 금식한다고 크게 광포(廣布)했습니다. 그러나 마태복음 6:16-18을 보면 예수께서 "금식할 때 남 앞에 흉한 모습을 하여 '내가 금식합니다'고 뵈지 말라"고 하셨습니다. 그런 외식을 하지 말라는 것입니다. 오히려 "너는 금식할 때 머리에 기름을 바르고 얼굴을 씻고 은밀한 가운데 보시는 너의 하나님이 너의 실상을 보시도록 하라"고 하셨습니다. 우리가 아는 바와 같이 구약에서 가르친 유일의 법정(法定) 금식일은 일 년에 한 번밖에 없습니다. 그날은 성력으로 7월 열흘날, 대속죄일입니다. "그날 너희는 스스로 괴롭게 하라" 하는 말이 있습니다(레 16:29,31; 23:27,32). 스스로 괴롭게 하려니까 밥을 안 먹고 금식을 하는 것입니다. 이날 금식한 사례가 사도행전 27:9에도 나옵니다. 그러나 바리새인들과 서기관들은 그런 것 행하는 것을 자기네가 중요한 덕을 쌓는 일로 생각하여 하나님이 보아주시기를 바라고 해나간 것입니다.

누가복음 18:9-12을 보십시다. "또 자기를 의롭다고 믿고 다른 사람을 멸시하는 자들에게 이 비유를 말씀하시되 두 사람이 성전에 올라가 기도를 하는데 하나는 바리새인이고 하나는 세리라. 바리새인은 서서 따로 기도하여 가로되 하나님이여 나는 다른 사람들 곧 토색 불의 간음을 하는 자들과 같지 아니하고 또 이 (옆에 있는) 세리와도 같지 아니한 것을 감사합니다. 나는 이레에 두 번씩 금식하고 또 소득의 십일조를 드리나이다 하고, 세리는 멀리 서서 감히 눈을 들어 하늘을 우러러 보지 못하고 다만 가슴을 치며 가로되 주여 저를 용서하옵소서. 저는 죄인이로소이다 하였느니라."

이 바리새인은 십일조에 대해서도 자기를 뽐냈습니다. 이 다음에 우리가 보겠지만 마태복음 23 : 23을 보면 주께서 "서기관과 바리새인은 화 있을 것이다. 너희는 박하와 회향과 근채의 (즉 시시하고 작은 것들의) 십일조는 드리면서 율법의 더 중한 의(義)와 인(仁)과 신(信)은 다 버렸다"고 하셨습니다. 사실상 바리새인들은 관대하지도 않았고 또 돈에 대해서 구애가 없는 사람들도 아니었습니다. 누가복음 16 : 14을 보면 '바리새인들은 돈을 좋아하는 자들'이라는 말이 있습니다. 이 말씀은 주님께서 불의한 청기기에 대한 비유를 베푸실 때 하신 말씀이올시다(눅 16 : 1-14). 그리고 누가복음 20 : 47과 마가복음 12 : 40을 보면 "저희(서기관)는 과부의 가산을 삼키며" 하는 말이 있습니다. 그리고 그들은 긴 옷을 입기를 좋아한다고 했습니다. 그들은 차는 경문(經文)을 넓히고, 옷 네 귀퉁이에다가 큰 수술을 달았다고 했습니다. "저희 모든 행위를 사람에게 보이고자 하려 하나니 곧 그 차는 경문을 넓게 하며"(마 23 : 5). 또 푸른 수술을 달아서 그것을 보는 사람들로 하여금 '너희는 항상 이것을 보고 여호와의 계명을 생각하라'고 한 것입니다. 구약에 있는 법에 의하면 경문을 넓게 하라기보다는 경문을 차라고 했습니다(출 13 : 9; 신 6 : 8; 11 : 18). 옷 수술을 다는 것도 민수기 15장에 있는 법입니다. 아무튼 그들은 이러한 외식을 하는 무리들이었습니다.

차는 경문과 옷에 다는 수술

이와 같은 법들에 대해서는 우리가 과거에 이야기한 바 있지만 여기서 잠시 다시 한 번 보고 넘어가겠습니다. 출애굽기 13장을 보면, 하나님께서 이스라엘 백성을 가나안 만족들의 땅에 들어가게 하신 다음에, 이스라엘 백성이 거기를 점령한 다음에, 그들에게 유월절과 무교절을 지키게 하신 내용이 나옵니다. “유월절 무교절에는 모든 누룩 넣은 떡을 다 제거하라. 너는 그날에 네 아들에게 이것을 뵈어 이르기를 이 예식은 아비인 내가 애굽에서 나올 때 여호와 하나님께서 나를 위하여 행하심을 인함이라 하고 이것으로 네 손에 기호와 네 미간에 표를 삼고 여호와의 율법으로 네 입에 있게 하라”(7-9절).

신명기 6장에서도 “이는 곧 너희 하나님 여호와께서 너희에게 가르치라고 명하신 바 명령과 규례와 법도라. 너희가 건너가서 얻을 땅에서 행할 것이니 곧 너와 네 아들과 네 자손으로 평생에 네 하나님 여호와를 경외하며 내가 너희에게 명한 그 모든 규례와 명령을 지키게 하기 위한 것이다”(1-2절)고 하였고, 또 “오늘날 내가 네게 명하는 이 말씀을 너는 마음에 새기고 네 자녀에게 부지런히 가르치며 집에 앉았을 때에든지 길에 행할 때에든지 누웠을 때에든지 일어날 때에든지 이 말씀을 의논할 것이며 너는 또 그것을 네 손목에 매어 기호를 삼으며 또 네 미간에 붙여 표를 삼고 또 네 집 문설주와 바깥문에 그것을 기록할지니라”(6-9절)고 했습니다. 이렇게 손목에 매고 미간에 붙이는 것이 바로 경문(經文)이라고 하는 것입니다. 이마와 손목에다 작은 상자를 붙이고 테를 매는 것입니다. 서기관과 바리새인들은 그것을 넓게 붙여서 ‘우리는 이렇게 한다’ 하고 남에게 전시하였습니다. 그리고 그러한 글을 자기들이 사는 집의 문에

써 붙이고 들어가며 나오며 그것을 쳐다보았습니다.

옷술에 대해서는 민수기 15장에 나옵니다. "여호와께서 모세에게 일러 가라사대 이스라엘 백성에게 명하여 그들의 대대로 그 옷단 귀에 술을 만들고 청색 끈을 그 귀의 술에 더하라. 이 술은 너희로 보고 여호와의 모든 계명을 기억하여 준행하고 또 너희로 방종케 하는 자기의 마음과 눈의 욕심을 좇지 않게 하기 위함이니라"(37-39절). 신명기 22 : 12을 보면 "입는 겉옷 네 귀에 술을 만들지니라"고 했습니다.

바리새인들과 서기관들의 맹목

이렇게 하라고 한 것들을 바리새인들과 서기관들은 자기들이 그렇게 하고 있다는 것을 다른 사람들 앞에 과시하고 있는 것입니다. 그런데 바리새인들이나 서기관들이 고집하는 전통은 그것이 계시로 말미암은 것인 듯하지만 사실은 그렇지가 않습니다. 잘못된 율법 해석에서 나온 것입니다. 서기관과 바리새인들의 잘못이 어디에 있느냐? 예수께서 "너희의 의가 서기관들과 바리새인들보다 낫지 아니하고는 하나님 나라에 들어갈 수 없다"(마 5 : 20)고 하신 것을 보면 바리새인들과 서기관들의 의는 하나님 나라에 들어갈 만한 것이 못된다는 것을 알 수 있습니다. 그 사람들은 하나님 나라를 소유해서 남에게 증거하고 보이는 일을 하지 못하고 있는 것입니다. 그런데도 불구하고 그들이 전통만을 고집하고 거기에만 매달려 있다는 데 그 사람들의 큰 잘못이 있습니다. 규례와 명령의 본의도 모르고 맹목적으로 전통을 고수하고 있는 것입니다. 생각건대 그들이 가지고 있는 가장 큰 잘못은 인간의 지혜와 능력으로 율법을 지키려 하는 데 있었고 또 그렇게 해서 하나님을 기쁘시게 할 수 있다고 생각하는 데 있었습니다.

그뿐더러 자기네가 율법을 준수하고 있는 것을 큰 자랑으로 여겨서 그렇게 하지 못하는 다른 사람을 논죄하고 비난했습니다. 그들의 기계와도 같은 외형적인 율법 준수들을 보십시오. 안식일을 성수하는 것도 다 어떤 세목을 만들어 놓고 기계적으로 지키는 것입니다. 본질적인 것은 생각지 못하는 것입니다. 또 자기들은 다른 사람들로부터 항상 우대받아야 할 신분이라고 생각했으므로 자기들을 높은 사람으로 대접지 아니하는 곳에는 가지도 아니할 뿐 아니라 그런 사람들을 나쁜 사람들이라고 했습니다. 잔치에서도 가급적 상석에 앉아 은연중 자기를 높이 대접받아야 할 사람으로 과시해 나갔습니다. 물론 거기에는 정치적인 목적도 들어 있었다는 것을 우리가 전에 배웠습니다. 거기에 곁들여서 그들은 명리욕(名利慾), 명예욕에 사로잡혀 있는 것입니다. 그들은 다른 사람들이 자기네를 율법을 잘 지키고 사는 사람으로 존중해 주기를 바랐는데, 늘 자기네를 향한 다른 사람들의 존중이 그리 넉넉하지 못하다고 생각했습니다.

교회의 개혁

오늘날에도 우리가 교회 혹은 하나님의 나라를 나타내는 일에서 거기에 무엇이 잘못됐는가는 생각지 않고 그냥 많은 교회들이 다 하니까 우리도 그렇게 한다고 함으로써 그릇된 전통과 잘못된 것을 그대로 고수하고 나아가는 경우가 많습니다. 하나님의 말씀에 뿌리를 둔 명확한 인식론하에서 움직이는 것이 아니고 남이 하니까 나도 한다는 식입니다. 그러한 식이라면 아무리 잘하려 한다 해도 의미 있는 일을 하기가 어렵고, 오히려 어느 때 오무(誤謬)와 미망(迷妄)이 스며들면 그것을 척결할 능력도 없어지게 되는 것입니다. 그릇된 것일지라도 그것이 처음에는 바른 것처럼 위장(camouflage)을 하고 들어와 가지고 나중에는 한목 그릇된 길로 이끌고 나아가는 것입니다. 따라서 우리는 항상 하나님의 말씀에 의해서 무엇이 진실인가, 무엇이 하나님의 뜻인가를 생각해야 합니다. 만약 그렇게 하지 않았다면 종교 개혁은 일어나지도 않았을 것입니다. 그 당시 대부분의 교인들은 '교회가 이래도 되는가' 하는 물음은 갖지 못하고, 그냥 '교회가 이렇게 명령했으니까' '교회가 그렇게 하라고 하니까' 하고서는 끌려갔지만, 그러나 개혁자들은 분명한 각성 가운데 교회의 권위가 첫째가 아니라 하나님의 말씀이 첫째라고 부르짖었습니다. 말씀에 의해서 교회는 비판받아야 한다고 주장했습니다.

바리새인들을 인정하신 부분

바리새인들의 잘못에는 또 이런 것도 있습니다. 누가복음 20 : 45-47을 보면 "모든 백성이 들을 때 예수께서 그 제자들에게 말씀하시기를 긴 옷을 입고 다니는 것을 원하며 시장에서 (즉 장 마당에서) 문안받는 것과 회당의 상좌와 또 잔칫집의 상석을 좋아하는 서기관들을 삼가라. 저희는 과부의 가산을 삼키며 외식으로 길게 기도하니 그 받는 판결이 더욱 중하리라"고 했습니다. 마가복음 12 : 38-40에도 보면 "예수께서 가르치실 때에 가라사대 긴 옷을 입고 다니는 것과 시장에서 문안받는 것과 회당의 상좌와 잔치의 상석을 원하는 서기관들을 삼가라. 저희는 과부의 가산을 삼키며 외식으로 길게 기도하는 자니 그 받는 판결이 더욱 중하리라 하시니라"고 했습니다. 오늘 읽은 마태복음 23장 말씀의 병행구들이올시다.

이때는 바리새인들이나 서기관들이 예수께 크게 적대하던 때인데, 그중 괴악한 분자들은 대제사장들, 사두개당 기타 심지어 헤롯당까지라도 끌어들여서 함께 수군거리며 음모를 하여 예수님을 살해하려 하던 때올시다. 비록 그렇다 하더라도 이때까지라도 우리 주님께서는 그들을 아주 괴악하고 나쁜 놈들이라고 일방적으로 매도

하지는 않으셨습니다. 그들을 모세의 자리에 앉은 사람들이라고 하셨습니다. 저희들이 뚜벅뚜벅 가서 그 자리에 앉았다고 지적하시는 것이 아닙니다. 역사의 흐름 가운데서 이제는 그들이 모세의 자리에 앉아서 헤브레이즘을 바로 세우기 위하여 백성을 가르치고 끌고 나아가는 그러한 현실이 됐다고 하시는 것입니다. 우리 주님은 그러한 역사적인 상태를 무시하자고 하시거나 두드려 부수자고 하시지 않았습니다. 주께서는 몇 사람의 괴악한 서기관들이나 바리새인들만을 지적해서 이야기하시는 것이 아닙니다. 현재의 실상을 놓고 볼 때 그 사람들이 모세의 자리에 앉은 것은 사실이고, 따라서 모세의 자리가 가지고 있는 권위를 그 사람들이 쥐고 있고 그 의무와 책임도 또한 그들이 가지고 있다고 하신 것입니다. 그러니까 저들이 모세의 자리에 앉아 있다고 하신 것은, 그 사람들이 가지고 있는 권위를 덮어놓고 부인하고 파괴하지는 말아야 할 것을 가르치신 것입니다. 모세가 전에 하나님의 말씀을 가르쳤듯이 저들이 하나님의 말씀에 있는 대로 여러 가지 법률의 조문들을 우리들에게 전해 주고 가르칠 때 그것을 받아들이라고 하신 것입니다. 그리고 역대의 이족(異族)과 이교(異教)의 탄압하에서도 저들이 불굴(不屈)하고 히브리인의 특색과 영광을 유지하기 위해 노력해 왔다는 것을 승인해야 한다고 하신 것입니다. 주께서는 저들이 이 유대 사회에서 그동안 차지해 온 지도자 계급으로서의 위치와 민족의 교사라는 자리, 히브리 민족 전체로 하여금 하나님께서 주신 거룩한 특색을 유지하도록 이끌고 나아가는 그런 인도자의 위치에 있음을 시인하신 것입니다.

예수께서 오신 목적

예수께서는 지금 이 사회에 혁명이라도 일으켜 가지고 현재의 지배 계급을 전부 괴멸해 버리고 새로운 사회를 건설하자는 것이 아닙니다. 예수께서는 인간의 가장 근본적인 문제, 곧 흑암의 큰 세력의 억압을 제거하시기 위해 오신 것입니다. 흑암 세력의 큰 주관자는 마귀입니다. 정사와 권세와 또 어둠의 세상 주관자들과 공중의 권세 잡은 자들, 그 무서운 세계의 큰 억압이 인류 역사에 들어와서 하나님의 오이코노미아로 서서 나아가는 백성을 사로잡아 어둡게 하고 있는 이 현실에서 인류를 그러한 어둠에서 벗겨 주는 것이 가장 중요한 일이지, 어떤 사회에 분란(紛亂)을 일으키고 혁명을 일으켜서 체제를 뒤집어 엎는 것이 중요한 일이 아닙니다. 예수께서 그런 일을 위해 오신 것이 아닙니다. 사도 바울은 하나님의 백성이 흑암의 권세에서 빛으로, 마귀의 권세에서 하나님께로 오게 하는 이것이 주님께로부터 받은 자기의 사명이라고 했습니다.

이와 같은 큰 사실을 생각할 때, 한때 이교의 세력이나 로마 세력이 히브리 민족이 가지고 있는 독특한 종교와 문화 혹은 민족의 정치적 경제적 세력을 탄압하여 누르고 끌고 가면서 착취를 한다고 해서, 예수께서 그러한 세력을 뒤집어 엎고 그 억눌림에서 백성을 구해내는 데 주력하신 것이 아닙니다. 우리 주님은 절대로 서기관들이 모세의 자리에 앉은 것을 부인하시거나, 그놈들 아주 교만한 놈들이라든지 그놈들 아주 건방진 놈들이라든지 그렇게 말씀하지 않으셨습니다. 그들이 그런 자리에 앉아서 모세가 가르치듯이 하나님 말씀의 내용들을 일러주고 가르치거든 너희는 그것을 잘 배우고 지키라고 했습니다. 오히려 그들의 가르침을 배우고 지키라고 말씀하신 것입니다.

그러니까 오늘 하나님의 말씀에 의해서 우리가 다시 보면 "서기관들과 바리새인들이 모세의 자리에 앉았으니 그러므로 무엇이든지 저희의 말하는 바는 행하고 지키되" 하셔서 여기까지는 승인하신 것입니다. 그러나 "저희 하는 행위는 본받지 말아라." 즉 그들이 말하는 바는 행하고 지키되 그들을 모범으로 삼지는 말라고 하신 것입니다. 저들은 말만하고 행치 않는 사람들이니까 본받을 것 없다고 명확하게 일러주셨습니다. 모세의 뒤를 이어 백성 앞에 나서서 하나님의 말씀을 전하고 가르치는 그 사람들의 권위와 직위는 십분 존경하고, 또 가르치는 그 하나님의 말씀을 높이고 순종하는 것만은 가하다고 하신 것입니다.

바리새인들과 서기관들이 지닌 문제점

그러면 바리새인들과 서기관들이 지닌 근본적인 문제점은 어디에 있는가? 여기에 열거된 말씀을 통하여 우리는 이 서기관들과 바리새인들의 저급한 행동이나 그들의 명예욕이나 혹은 세력을 자꾸 추구하는 권력욕을 볼 수 있는데, 그러나 사실상 주의해서 보면 이런 것들은 표면상의 문제들입니다. 가령 잔치의 상좌를 택했다는 문제를 지난번에도 말씀했지만 잔치의 상좌를 택하는 것이 그리 대단한 문제는 아닙니다. 그 사람이 자기를 그만큼 승인하니까 상좌에 가 앉은 것이고 또 상좌가 있으면 누군가는 가서 앉아야 하는 것 아닙니까? 그 자리가 자기 자리가 아니라고 처음부터 부인하고 나설 것까지는 없는 것입니다. 그런 문제도 문제를 삼으려면 문제가 되겠지만 사실상 그것이 사회를 부패시키는 죄악이라고 볼 수는 없습니다. 회당에 가서 거기에 또한 상좌가 있어서 가서 앉는다면 '그 사람 제가 잘났다고 생각해서 그러는가 보다.' '저 사람 자기가 어떤 직위에 있으니까 그런가 보다' 하고 지나칠 수도 있는 것입니다. 일일이 상하를 따져 가면서 '제가 자격도 없으면서, 그 자리에 해당도 않는데 왜 거기에는 앉았는가' 하고 시비할 것이 없습니다. 또 예수님도 저희가 자격도 없는데 왜 거기에 앉았느냐고 비판하신 것이 아닙니다. 또 장바닥에 많은 사람들이 모여 있다가 '아이고, 선생님 오셨습니까' 하고 인사를 하면 그들은 '어이, 어이' 하고서는 문안받는 것을 좋아한다고 했는데, 그런 것 좋아하는가 보다 하면 그뿐이지 '저것 아주 못돼먹었다'고 비난할 이유가 없습니다. 그러면 문안하는데 대답 안 합니까? 그런고로 이런 것들은 어떻게 생각하면 아주 사소한 문제이지 거론할 만한 중대한 문제가 되지 못합니다.

연회석이나 회당에서 상좌를 취하는 것은 큰 잘못이라고 논죄할 만한 큰 문제가 아니라는 것입니다. 또 긴 옷을 입고 수술을 크게 만들어서 달고 다니면 자기 멋에 겨워서 그러고 다니는 것인데, 그것을 뭣이라고 자꾸 말할 것도 없고, 차는 경문을 넓게 하고 다닌다고 하지만 이스라엘 백성에게는 누구나 경문을 차라고 했으니까 다 차는 것 아닙니까? 경건한 유대인들이 그 차는 경문을 넓혔다고 뭐라고 할 게 없는 것입니다. 그러니까 과연 이런 것들이 논란할 만한 가치가 있는 문제냐? 우리 주님이 그런 예의 작법이나 가르치는 선생님인가 하는 것입니다. 우리 주께서 이런 개인의 기호나 취미와 같은 것이 사회에 무슨 큰 해를 끼친다고 '화 있을진저' 하는 말씀까지 하시겠습니까? 그런 문제를 가지고 '이제 너희들 이제 화를 받을 수 밖에 없다'고까지 맹렬하게 논죄하신 것이 아닙니다.

이스라엘 백성을 뽑으신 목적

참으로 큰 문제는 그런 데 있는 것이 아닙니다. 먼저 우리는 당시의 이스라엘 백성의 정형을 생각해야 합니다. 가령 정치적인, 경제적인, 문화적인 정형이나 현실도 각각 중요한 문제 가운데 하나가 되겠지만 그보다 훨씬 더 큰 문제가 있습니다. 그것은 무엇인고 하니 이스라엘 백성에게 '천하 만국 가운데서 내가 오직 너희를 알았다'고 하나님께서 인류의 역사 가운데 그들을 가장 독특하게 뽑아내시어 하나님의 오이코노미아로 삼으신 사실입니다. 그것은 사람들이 아무리 자기네의 구상을 가지고 힘을 다 합쳐서 이루어 보려고 해도 이룰 수 없는 것으로서 오직 하나님만이 특별한 능력으로 이루실 큰 사실입니다. 그것은 인류 역사에 하나님의 은혜의 나라를 명확하게 증거하고 나타내 보이시려는 하나님의 의도의 실현입니다. 그 나라는 하나님의 오이코노미아니까 하나님 당신이 직접 다스리시고 경영하십니다. 그렇게 하시려고 그들을 빼내신 것입니다. 그래서 그들은 하나님의 소유가 된 것입니다. '너희는 하나님의 보배다, 또 너희는 제사장 나라다, 거룩한 백성이다' 하는 이 큰 사명을 이 민족은 특별히 띠고 나왔습니다.

이 세상에 여러 민족들이 있고 종족들이 있으나 그들 중 특별히 하나님의 가려냄을 받아 위대한 역사적인 사명을 가진 백성이 이 백성 이외에는 없습니다. 때로는 어떤 민족 중에 선각자가 더러 있어서 위대한 역사적 사명을 부르짖기도 하지만, 민족이 전체로 어떤 큰 사명이나 위대한 목표를 향해서 늘 전진하는 예는 별로 없습니다. 존재하니까 사는 것뿐이고, 때로는 다스리는 사람들 가운데 좋은 지도자가 나와서 위대한 사명을 부르짖으며 모두가 잘 살도록 노력하는 것뿐입니다. 현재의 세상에서 보면 경제 문제가 제일 큰 문제입니다. 그 나라가 돈이 많고, 생산을 많이 하고, 먹을 것이 풍성하면 사람들이 다 행복스럽다고 합니다. 옛날 고대에는 철학이라는 것이 있어서 어떤 사상이나 정신을 가지고 어떻게 해본다 하는 것이 중요한 과제가 되던 시대도 있었습니다. 특별히 헬라에서는 소위 철인정치(哲人政治)를 하던 시대가 있었습니다. 그러나 그런 것은 다 옛날 이야기입니다. 오늘날의 제일 중요한 문제는 철학의 문제가 아니고 항상 경제의 문제입니다. 이런 것을 제일 큰 문제로 삼고 살아가는 사람들이 하나님의 오이코노미아라는 것이 무엇인지 하나님이 다스리시는 거룩한 나라의 그 여러 가지 은혜의 내용과 법과 그 성격과 궁극적인 목표가 무엇인지에 대해서 생각하겠느냐? 그런 것 생각 않는다 말입니다.

그러나 그런 것을 생각하고 그렇게 나아가야겠다고 하나님께서 뽑아 놓으신 백성이 히브리 민족입니다. 노예 상태에 있는 종족들을 끄집어내서 시내 산 밑에서 한 민족으로 형성하고 그들에게 민족 사명을 주시고, 그 민족 사명의 독특한 성격을 나타내게 하기 위해서 그들에게 하나님의 법을 주셨습니다. '이 법을 너희들이 바로 깨닫고 바로 알고 바로 준행하도록 노력하는 데서 한 사회가 형성될 것이다.' 그들로 하여금 하나님의 오이코노미아로서의 성격을 띠는 한 사회를 만들도록 하신 것입니다.

가르치는 자를 세우심

그러면 그러한 백성에게는 그러한 내용들을 가르치는 사람들이 있어야 할 것입니다. 백성은 그들로부터 배워야 할 것입니다. 여기에 보면 가령 손목에 매어 기호를 삼고 미간에 붙여 표를 삼으라고 했지만, 그렇게 경문을 차고 붙이는 것만으로 그칠 것이 아니라, 무엇보다도 부모 된 사람은 자식들이 그 거룩한 도리 가운데 살도록 가르쳐야 하는 것입니다. 오늘날 그리스도인들도 집에서 자식들을 가르칠 큰 의무가 있습니다. 가르치지도 않으면서 자식들이 저절로 깨닫게 되기를 바라서는 안 됩니다. 세상의 학교에 보내는 것은 학교에 보내는 것이고, 하나님 나라의 도리와 하나님 나라의 법을 가르치는 것은 부모가 할 일입니다. 또 자식들을 교회의 주일학교에만 맡겨 놓지 말고 부모 자신이 배우고 그 다음에는 자식을 가르쳐야 합니다. 이렇게 해서 후생들도 연면히 하나님 나라의 거룩한 백성으로 살아 가도록 해야 합니다. 이는 매우 중요한 일입니다. 이것이 이스라엘 백성에게도 매우 중요한 일이었습니다.

물론 이스라엘 백성이 그렇게 하지 못하고 사라져 버리면 인류 역사는 공백으로서 그냥 암암한 흑암 상태일 것이냐 하면 그것은 아닙니다. 이스라엘 백성에 이어 하나님의 은혜 왕국의 실증자로서 교회가 그대로 계속 존재하기 때문입니다. 그러나 한 민족이 그렇게 하고 있으려면 그 민족이 그것을 할 수 있을 만한 정도에, 경제적인 문화적인 정치적인 위치가 그것을 할 수 있을 만한 정도에까지 올라가 있어야 합니다. 어떤 목표를 위해서는 그것을 할 수 있을 만한 건전한 상태가 필요합니다. 그렇게 건전한 상태가 필요할 때에 하나님께서 정치 제도도 주셨습니다. 신권 정치를 할 때에, 왕이라는 것도 세상 다른 나라의 왕과 같은 것이 아니었고 하나님의 종으로서 하나님이 쓰시는 목백(牧伯)의 하나였습니다. 즉 관료의 하나였습니다. 그렇게 하여 가장 하나님의 눈에 맞는 왕 노릇을 한 사람은 다윗입니다.

이렇게 나라를 시작해서 하나님께서 친히 다스리시면서 그 나라가 정치, 경제 혹은 문화적으로 얼마만큼 자유로워야 하고 또 얼마만한 규제 가운데서, 질서 가운데서 살아 가야 하는가? 경제적으로는 어떠한 상태 가운데서 살아 가야 하느냐, 문화적으로는 얼마만큼 교육을 받고 또 얼마만큼 깨달아야 하느냐? 그리고 깨달은 그것을 어떻게 실행해야 하느냐? 이런 것들을 가르쳐 주시고, 그에 의해서 하나님이 땅 위에서 경영하시는 거룩한 오이코노미아의 참 내용을 나타내게 하시는 것입니다. 그러기 위해서 거기에 교사들이 있었습니다. 제사장들이 바로 그런 교사 노릇을 했습니다. 레위 사람들도 그러했습니다.

그러나 그 사람들이 하나님의 말씀에 대한 깨달음이 연약하여서 오히려 하나님의 말씀을 제도화하고 또 형식화해 나가면, 그때마다 하나님께서는 선지자를 보내서 경책하여 그들의 잘못을 깨닫게 하셨습니다. 이렇게 선지자들은 거룩한 하나님의 말씀을 그들에게 바르게 전할 뿐만 아니라 자신들이 직접 가르쳤고, 또 가르칠 뿐 아니라 크게 경고를 하여 깨우쳐 나갔습니다. 이렇게 했음에도 불구하고 그 나라의 형편은 항상 백성들이 세상의 찬란한 문화에 그만 끌려나가 흑암의 세력으로 들어가는 때가 많았습니다.

예수님 당시는 이런 가르치는 사람들, 선지자들의 자취도 끊어진 암암한 시대였습니다. 그 이전에도 적어도 몇 백년 동안 그렇게 암암한 가운데 지낼 때에 이들 바리새인들이나 서기관들이 말씀을 맡아 가지고 가르치고 전하는 임무를 수행한 것입니다. 그들이 과거에 선지자들이 한 일을 그대로 잘 계승하여 선지자 노릇을 한 것은 아닐지라도 그들은 착실하게 학파를 이루어 가지고 연구를 하고, 연구한 것을 가지고 가르쳤습니다. 그러나 연구해서 가르치기 이전에 더 중요한 것이 있는데 그것은 모세의 613조의 법전(法典)입니다. 모세의 법전이 있을 뿐 아니라 선지자들의 글이 있습니다. 토라(율법서)가 있고 느비임(예언서)이 있고 나중에 케투빔(성문서)까지 다 있습니다. 이렇게 하나님의 계시의 말씀이 구약으로, 즉 성경 말씀으로 거기에 있었던 것입니다. 이것을 열심으로 배우고 열심으로 베끼고 열심으로 전하고 열심으로 가르쳐야 할 위치에 놓여 있는 사람들이 서기관들입니다. 바리새인들은 자기네가 경건한 운동을 해서 이스라엘이 가지고 있는 이 종교의 아름다운 것과 숭엄한 것을 잘 증거해야겠다고 나선 사람들입니다. 경건주의자들입니다. 그래서 그들은 자기네를 하시딤, 즉 경건파의 후예라고 자부하고 세상의 오예(汚穢)와 더러운 것에서 구별된 사람들로 자처했습니다.

이렇게 서기관과 바리새인들은 하나님의 계시의 말씀을 잘 배워 가지고 그 민족을 바르게 이끌고 나아가야 할 큰 책임이 있는 사람들입니다. 우리 주님께서 그 사람들을 보고 모세의 자리에 앉았다고 하신 것은 그들이 이러한 신성한 의무를 가지고 있다는 것을 말씀하신 것입니다. 모세가 민중을 가르치고 하나님의 백성에게 그 지표를 보여 주었듯이 지금은 서기관들이나 바리새인들이 그 모세의 자리에 앉아서 그 일을 하고 있지 않느냐고 하신 것입니다. '누군가가 너희를 가르치는 자리에 있어야 하지 않겠는가? 바로 이들이 그 자리에 앉아 있는 사람들이다.' 예수께서는 바리새인과 서기관들을 그렇게 허용하고 있는 사회 제도를 부인하지 아니하고 승인하신 것입니다.

예수님이 엄책하신 이유

그들이 모세의 자리에 앉아서 일하고 있는 사람들로 승인을 받았으면 그만큼의 책임이 있는 것이고, 또 그들로서는 그 의무를 잘 감당할 만한 기능이 있어야 합니다. 그러한 깨달음이 있어야 하고, 그만한 지식이 있어야 하고, 또 실제로 그런 책임을 수행하는 움직임이 있어야 합니다. 그런데 그들에게 그만한 지식이 있느냐 할 때 실제로는 그렇지 못했습니다. 그릇된 전통에 꽉 절어 가지고 참신하고 신선한 것을 받아들이지 못한 것입니다. 물론 그들 가운데 아주 예외적인 사람도 있었습니다. 니고데모 같은 사람입니다. 그는 예수님이 행하신 것을 보고 '당신은 참으로 하나님께로부터 온 스승님입니다' 하고 고백했습니다. 그러나 대부분의 바리새인들은 예수님이 나오셔서 하나님의 말씀을 율법에 의거해 가르치셨어도, 그 말씀에서 무엇을 배워 보려고 하지 않았습니다. 오히려 시기하고 미워하고 나중에는 죽이려고 나섰던 것입니다. 이러하니까 예수께서는 저들에게 화를 받을 것이라고 말씀하신 것입니다. '너희가 앉아 있는 그 자리에 상당한 의무와 책임을 다 감당했어야 하는데 책임도 못 지고 또 거기에서 당연히 해야 할 최소한의 것들도 하지 못하고 오히려 악의 세력에 잡혀 그 도구가 되어서 진리와 거룩한 계시를 말살하려고 했도다.' 그러니 이들이 화를 안 받을 수 있겠습니까? 그런고로 주께서 '화로다' 하신 것입니다.

지금이 화요일이니까 이제 내일 모레면 예수님이 십자가에 달려 돌아가십니다. 이제 그들에게 남아 있는 것은 화밖에 없습니다. '화 있을진저' 이것이 그때 그 사람들에게는 아주 역력하고 분명한 사실입니다. 그전에도 그런 얘기를 아니 하신 것은 아닙니다. 전에도 더러 그런 경고를 하셨지만, 이제는 참말로 그들에게 화밖에 남을 것이 없는 때가 됐습니다.

이 사람들이 자기들의 책임을 분별하지 못하고 오무 가운데 방황하는 사실이 어떻게 나타났느냐 하면, 잔칫집에서 상좌나 택하고 시장에서 문안 같은 것을 받는 것으로 나타났습니다. 요컨대 강한 명예욕, 또 자기네의 위치와 계급을 잘 유지하려고 하는 강한 권세욕, 재리욕, 이런 것들이 그 사람들을 주로 지배해 나갔습니다. 자기를 높이기를 원해서 어디 가서나 문안받는 것을 좋아했습니다. 문안받는 것을 누가 뭐라 할 수는 없습니다. 그러나 우리 주님은 지금 그들 서기관이나 바리새인들의 속에 무엇이 들어서 그러는가를 잘 아십니다. 하라는 것, 해야 할 의무는 감당치 못하면서 딴것에 지배받고 있는 것을 보셨던 것입니다. 주님께서는 그것을 타매하신 것입니다. 그들 하나하나가 흑암의 세력에 잡혀 가지고, 끝까지 회개함이 없이, 자기네의 책임과 의무가 어떻게 중한 것인지 그것은 전연 생각도 하지 못하고 있는 그것을 타매하신 것입니다.

예수께서 보시는 이스라엘 백성 : 목자 잃은 양

그 당시의 이스라엘 백성들의 상태는 참으로 걱정스럽고 불쌍한 상태였습니다. 공생애 제3년 초에 예수께서 제3차 갈릴리 전도 여행을 하실 때 이런 말씀을 하신 일이 있습니다. "무리를 보시고 민망히 여기시니 이는 저희가 목자 없는 양같이 고생하며 유리함이러라"(마 9 : 36). 이 말씀은 '이런 백성을 눈앞에 놓아 두고 지금 너희가 무엇을 해야 할지를 모르고 있으니 너희가 청맹과니 같은 사람들이 아니냐'고 말씀하시는 것입니다.

마가복음 6 : 34도 거의 같은 무렵의 이야기입니다. 이때는 오천명을 먹이시기 바로 전인데, 전도를 나갔던 열두 제자가 돌아와 보고를 드린 후의 일입니다. "예수께서 나오사 큰 무리를 보시고 그 목자 없는 양 같음을 인하여 불쌍히 여기사 이에 여러 가지를 가르치시더라." '목자 없는 양과 같이 흩어져서 이리저리 방황하고 돌아다닌다'는 이것은 그 당시의 이스라엘 백성의 상태를 예수님이 한마디로 말씀하신 것입니다. 또 마태복음 10 : 6을 보면 이것도 제3년 초인데, 열두 제자를 보내시면서 하신 말씀이 있습니다. "너희는 이방인의 길로도 가지 말고 사마리아 사람들의 고을로도 들어가지 말고 차라리 이스라엘 집의 잃어버린 양한테로 가거라." 이스라엘 집에 잃어버린 양이 많다고 보신 것입니다. 또 수로보니게 여인이 예수께 나와서 자기 딸을 좀 낫워 달라고 할 때, 제자들이 "아, 어떻게든지 해서 보내시지요" 하니까, 예수께서 대답하시되 "나는 이스라엘 집의 잃어버린 양 외에는 보내심을 받지 아니했다" 해서 예수님 당신이 찾는 사람들이 이스라엘 집의 수많은 잃어버린 양들이라고 하셨습니다.

거기에는 방황하는 양들만 있는 것이 아닙니다. 악의에 찬 사람들, 또 악한 자의 도구가 된 자들이 이리와 같이 버티고 있습니다. 열두 제자를 전도하라고 보내실 때 주께서는 "보라 내가 너희를 보내는 것이 양을 이리 가운데 보내는 것과 같도다"(마 10 : 16)고 해서 이리와 같이 악한 사람들이 있다고 하셨습니다. 그래서 '너희들은 뱀과 같이 지혜롭고 비둘기같이 순결해야겠다'고 특별히 경고를 하셨습니다. 그들은 로마의 억압과 착취를 하루 이틀 당한 것이 아니고 벌써 근 백년 동안이나 당하고 있습니다. 그 이전에도 그런 억압의 상태 가운데 있을 때에 메시야가 오기를 바랐고 지금도 그들이 바라고 있는 것은 오직 메시야뿐입니다. 요한이 사역을 시작했을 때 "백성들이 바라고 기다리므로 모든 사람들이 요한을 혹시 메시야인가 그리스도인가 심중에 의논했다"(눅 3 : 15)고 했습니다. 지금은 정치 정세가 아주 고통스러운 시절입니다. 그런고로 그 사람들의 희망이라고 하면 그것은 메시야가 오는 것뿐입니다. 민중의 교사의 위치에 있는, 백성들의 지도자의 위치에 앉아 있는 바리새인들과 서기관들이 이스라엘 백성이 이러한 상태 가운데 있다는 것을 제대로 보았다면, 그들은 자신들이 무엇을 해야 할 것인가를 알았을 것입니다. 그러나 그들은 그런 것은 전혀 모르고 딴것을 가지고 떠들고 다닌 것입니다. 명예욕이나 권세욕에 휩쓸려 돌아다닌 것입니다. 그런 것 하나하나가 하나님 앞에서 큰 죄를 저지르는 것이고, 하나님 나라의 일에 오히려 장애를 놓는 것입니다. 주께서는 이러한 것을 보시고 그렇게 엄책하여 말씀하신 것입니다.

기 도

거룩하신 주님이여, 바리새인들과 서기관들을 아버님의 영광을 위하여 증거자로 세우셨을 때에 그들은 충실히 그 증거자의 임무와 책임을 다하고 사명을 다했어야 할 터인데, 큰 사명을 지는 모세의 자리에 앉았던 저들은 자기들의 사명에 대해서 아무 각성 없이 스스로 만들어 놓은 허구와 형식적인 종교 하나만을 꾸미고 그것만 하면 자기들의 임무를 다한 것같이 암매하게 생각하고, 그렇게 해나가는 도중에 오히려 진리가 나타났을 때, 우리 주께서 오셨을 때 주님께

적의를 가지고 악을 행하고 그렇게 하던 끝에 결국은 스스로 화를 자초하였나이다.

주님이여, 이와같이 그 시대에 민족을 이끌고 나아갈 책무를 가진 자들이 그릇되이 나아갈 때 하나님 앞에서 얼마나 큰 책임을 지는 것인가를 저희가 생각하게 되나이다. 특별히 하나님의 백성을 이끌고 하나님의 거룩한 경영을 나타내야 할 서기관들이나 바리새인들이 이와같이 한 것을 보시고 주께서 맹렬하게 비난하시고 비판하신 이 거룩한 사실을 생각하고, 저희들도 오늘날 주께서 이 교회를 왜 세우셨는가, 그리고 하나님 나라의 역사 위에서 우리는 무슨 의무를 지고 있으며 무슨 책임을 져야 할 것인가를 각성하게 하시고, 그렇게 각성한 것에 대해서 책무를 다하게 하시옵소서.

주 예수 그리스도의 이름으로 기도하옵나이다. 아멘.

第 101 講
바리새인을 꾸짖으심
(2)

화 있을진저 외식하는 서기관들과 바리새인들이여 너희는 천국 문을 사람들 앞에서 닫고 너희도 들어가지 않고 들어가려 하는 자도 들어가지 못하게 하는도다 (14절 없음) 화 있을진저 외식하는 서기관들과 바리새인들이여 너희는 교인 하나를 얻기 위하여 바다와 육지를 두루 다니다가 생기면 너희보다 배나 더 지옥 자식이 되게 하는도다 화 있을진저 소경 된 인도자여 너희가 말하되 누구든지 성전으로 맹세하면 아무 일 없거니와 성전의 금으로 맹세하면 지킬지라 하는도다 우맹이요 소경들이여 어느 것이 크뇨 그 금이냐 금을 거룩하게 하는 성전이냐 너희가 또 이르되 누구든지 제단으로 맹세하면 아무 일 없거니와 그 위에 있는 예물로 맹세하면 지킬지라 하는도다 소경들이여 어느 것이 크뇨 그 예물이냐 예물을 거룩하게 하는 제단이냐 그러므로 제단으로 맹세하는 자는 제단과 그 위에 있는 모든 것으로 맹세함이요 또 성전으로 맹세하는 자는 성전과 그 안에 계신 이로 맹세함이요 또 하늘로 맹세하는 자는 하나님의 보좌와 그 위에 앉으신 이로 맹세함이니라 화 있을진저 외식하는 서기관들과 바리새인들이여 너희가 박하와 회향과 근채의 십일조를 드리되 율법의 더 중한 바 의와 인과 신은 버렸도다 그러나 이것도 행하고 저것도 버리지 말아야 할지니라 소경 된 인도자여 하루살이는 걸러내고 약대는 삼키는도다 화 있을진저 외식하는 서기관들과 바리새인들이여 잔과 대접의 겉은 깨끗이 하되 그 안에는 탐욕과 방탕으로 가득하게 하는도다 소경 된 바리새인아 너는 먼저 안을 깨끗이 하라 그리하면 겉도 깨끗하리라 화 있을진저 외식하는 서기관들과 바리새인들이여 회칠한 무덤 같으니 겉으로는 아름답게 보이나 그 안에는 죽은 사람의 뼈와 모든 더러운 것이 가득하도다 이와같이 너희도 겉으로는 사람에게 옳게 보이되 안으로는 외식과 불법이 가득하도다 화 있을진저 외식하는 서기관들과 바리새인들이여 너희는 선지자들의 무덤을 쌓고 의인들의 비석을 꾸미며 가로되 만일 우리가 조상 때에 있었더면 우리는 저희가 선지자의 피를 흘리는 데 참예하지 아니하였으리라 하니 그러면 너희가 선지자를 죽인 자의 자손 됨을 스스로 증거함이로다 너희가 너희 조상의 양을 채우라 뱀들아 독사의 새끼들아 너희가 어떻게 지옥의 판결을 피하겠느냐 그러므로 내가 너희에게 선지자들과 지혜 있는 자들과 서기관들을 보내매 너희가 그중에서 더러는 죽이고 십자가에 못박고 그중에 더러는 너희 회당에서 채찍질하고 이 동네에서 저 동네로 구박하리라 그러므로 의인 아벨의 피로부터 성전과 제단 사이에서 너희가 죽인 바라갸의 아들 사가랴의 피까지 땅 위에서 흘린 의로운 피가 다 너희에게 돌아가리라 내가 진실로 너희에게 이르노니 이것이 다 이 세대에게 돌아가리라 (마 23:13-36)

제 101 강

바리새인을 꾸짖으심(2)

마 23 : 13-36

지난 주일에 이어 바리새인과 서기관들을 엄하게 꾸짖으신 일에 대하여 계속해서 생각하겠습니다. 이 일은 물론 주님의 최종 주간 화요일에 일어났던 여러 가지 일 가운데 하나입니다. 지난 주에 본 대로, 오늘 우리가 읽은 본문의 말씀을 하시기 전에 예수께서는 제자들과 혹은 주님을 따르는 사람들을 앞에 놓으시고 먼저 이렇게 가르치셨습니다. "서기관들과 바리새인들이 모세의 자리에 앉았으니 그러므로 무엇이든지 저희의 말하는 바-즉 율법에 의해서 이렇게 해야 한다고 명하는 것 혹은 이렇게 해서는 아니 된다고 금하는 것-는 행하고 지키되 저희의 하는 행위는 본받지 말라"(마 23 : 2-3).

이러한 내용의 말씀을 하신 다음에 계속하여 말씀하신 것이 오늘 낭독한 내용입니다. 주께서 말씀하신 내용이 일곱 가지로 구분되어 있는데 그 하나하나가 '화 있을진저' 하는 말을 가지고 시작했습니다. 그리고 그 일곱 가지의 '화 있을진저' 가운데 여섯 번은 '화 있을진저, 외식하는 서기관들과 바리새인들이여' 하고 나서 그 다음에 그들의 큰 잘못과 죄악을 지적하셨습니다.

제자들을 가르치시기 위한 말씀

지난번에도 말했듯이, 이때는 주님의 이 말씀으로 혹시 이들 서기관과 바리새인들이 회개하지 않을까 하는 그런 기대를 할 수 없는 때입니다. 물론 우리 주께서는 서기관들이나 바리새인들이 이 말씀을 듣고 그들이 어떻게 할 것에 대해 알고 계셨습니다. 이미 우리가 본 바와 같이 그들은 예수님의 지상 생애 마지막 주간에 이르기까지 회개하지 아니하고, 오히려 예수께 대하여 강한 적의(敵意)를 가지고 대항하는 가운데 점점 더 그 적의가 무르익어서 악계를 구체화하는 단계에 있었습니다. 앞으로 불과 며칠 내에 그들은 예수님을 잡아 십자가에 못박는 일을 하고 마는 것입니다.

그런고로 지금 예수께서 바리새인과 서기관들을 향하여 말씀하시는 것은, 그러한 적의와 악의를 가진 그들을 회개시키는 일을 주안으로 해서 말씀하시는 것이 아닙니다. 거기에 있는 제자들과 또 주를 따르는 사람들이 듣고 깨닫고 생각하도록 이 말씀을 하시는 것입니다. 그런 목적으로 '화 있을진저, 너희……' 하는 이런 수사적인 표현법을 쓰셨습니다. 마치 바리새인들과 서기관들이 눈앞에 있는 것같이 그런 표현을 쓰셨습니다. 그러나 꼭 그 자리에 바리새인과 서기관들이 임석(臨席)하고 듣고 있다는 의미보다는 아주 효과 있고 능력 있는 표현을 하시고자 눈앞에 그들을 보는 듯이 그렇게 말씀하신 것입니다.

지난번에도 얘기했듯이 주께서 서기관들이나 바리새인들을 보고 '화 있을진저' 하고 말씀하신 것이 이번이 처음은 아니올시다. 생각건대 제2년 중간 제2차 갈릴리 순회 전도를 하실 때도 한번 그런 일이 있었습니다. 그때 어떤 바리새인이 예수님한테 점심을 잡숫자고 청한 까닭에 주님이 그 집으로 가셨습니다. 다른 바리새인들이 주님이 잡수시기 전에 손을 씻지 않는 것을 보고 이상하게 여겼습니다. 이에 주께서는 그들에게 교훈을 내리셨습니다. "너희의 잔과 대접의 겉은 깨끗하지만 너희 속에는 탐욕과 악독이 가득하다"고 하시면서 "화 있을진저" 하는 말씀을 계속하셨습니다(눅 11 : 42-52). 그때에도 여섯 번이나 '화 있을진저'라고 하신 것이 기록되어 있습니다. 처음에 세 번은 "화 있을진저 너희 바리새인들이여" 하셨지만, 중간에 어떤 서기관이 예수님께 나와서 "선생님 이렇게 말씀을 하시니 그것은 우리들까지 모욕하시는 것이올시다" 하니까, 그 다음부터는 "화 있을진저 너희 율법사들아－교법사들아－혹은 너희여" 하고 그렇게 또 세 번을 더 하셨습니다. 바리새인에게 세 번, 율법사인 서기관들에게 세 번…….

그런데 이제 많은 세월이 흐른 후에도 이렇게 '화 있을진저' 하는 표현을 또 하시는 것이올시다. 누가복음 11장에 있는 바리새인들과 율법사들을 향하여 하신 이 말씀은 여러 가지 점에서 오늘 읽은 말씀과 병행하는 내용이 많습니다. 그러나 시기적으로는 같은 때로 보기가 어렵습니다.

'화 있을진저'

다시 마태복음으로 돌아와서 '화 있을진저' 하는 말씀을 보십시다. 먼저 볼 것은 세번째의 '화 있을진저, 소경 된 인도자여'를 제외하고는 여섯 번 모두 '화 있을진저, 외식하는 서기관과 바리새인들이여' 해서 외식한다는 말을 붙였다는 사실입니다.

그러면 첫번째의 화는 무엇 때문인가? 서기관과 바리새인들이 천국 문을 닫고 저희도 안 들어가고, 들어가려고 하는 사람도 못 들어가게 한다는 것 때문입니다. 너희가 이런 짓을 하니까 화 있을 것이라.

또 두번째 화는, '너희가 열렬하게 개종자를 얻으려고 바다와 육지로 돌아다니면서 사람을 만나 개종시켜서 결국 그가 유대교로 들어오면 너희보다 배나 더 지옥의 자식이 되게 만든다. 그게 화 있을 일이다.'

세번째로, 여러 가지 것을 가리켜서 맹세하는 문제로 화가 있을 것이다. 저들은 성전을 가리켜서 맹세하는 것은 안 지켜도 괜찮지만, 성전에 있는 금(金)을 가리켜서 맹세하면 그것은 지켜야 한다고 했습니다. 또 그 다음에 제단을 가리켜 맹세하면 구속력이 없어 안 지켜도 문제가 없지만 제단 위에 있는 제물을 놓고 맹세했으면 그것은 꼭 지켜야 한다고 했습니다. 이 말은 결국 그들이 무엇을 가리켜서 맹세했을지라도 그것을 지키지 않아도 된다는 이야기밖에 안 됩니다. 피할 길을 만들어 놓은 것밖에 안 되는 것입니다. 그렇게 교활하게 가치를 전도(顚倒)시키는 짓을 한 것입니다. 그래서 우리 주님은 그것에 대해서도 가르치셨습니다. '무엇이 더 거룩하냐? 금을 거룩하게 하는 성전이 더 중요한 모태냐? 아니면 성전 안에 있는 한 부분품 금이 더 중요하냐?' 여러분은 금으로 성전 벽이나 성전 기물 무엇이나 싼 것을 아실 것입니다. 또 그 밖에 '예물이 크냐, 예물을 거룩하게 하는 제단이 크냐? 예물은 제단 위에 놓고 제사를 드리는 물건이라는 가치를 부여하니까 거룩하지, 그렇지 않으면 보통 물건에 불과하지 않느냐? 예물을 거룩하다고 하는 것은 그것이 거룩한 자리에, 거룩한 제단 위에 있는 까닭에 그런 것이 아니냐? 그렇다면 거룩한 것의 모태가 되는 제단이 더 크고 중요한 것이 아니냐? 너희는 이렇게 본말을 전도하고 가치를 역도(逆倒)하는 자들이다.' 가치를 역도하는 그들의 평가 방법, 평가의 태도 때문에 화가 있을 것이라는 지적이십니다.

네번째의 화는, 율법의 더 중요한 것을 소홀히 한다는 것 때문입니다. '박하와 회향과 근채 같은 것은 텃밭에 심어서 양념으로 쓰거나 약채로 쓰려고 조금 심는 것인데, 너희들은 율법을 가장 정확하고 치밀하게 지키는 체하느라고 그런 것까지라도 십일조를 다 드리고 있으면서도 사실상 율법이 더 강조하여 요구하는 의로운 행동, 바른 마음, 자비를 베푸는 것, 또 하나님께 대해서 신실성 있는 생활태도를 취하는 것 등은 버렸다. 그런고로 너희들은 소경들이다. 약대는 통으로 삼키면서도 하루살이는 걸러 먹는 식으로 아주 사소한 말단의 것을 가지고는 콩이야 팥이야 해가면서 머리터럭을 가르듯이 갈라 놓지만 정작 생각해야 할 큰 문제는 그냥 지나쳐 버리고 만다.'

다섯번째의 화 있을진저는, 말하자면 결례의 방법에 대한 것입니다. '너희가 잔과 대접, 즉 주발 혹은 놋그릇의 겉은 분주히 씻지만 그 안에는 탐욕과 방탕이 가득하다. 사실상 결례는 상징적인 것에 불과한 것이다. 결례가 표시하고 있는 실상은 무엇이냐? 실은 잔과 대접 속에 담아야 할 것들이 깨끗해야 할 터인데 속에는 방탕과 탐욕이 가득하다.' 탐욕이란 물질에 대한 강한 욕심을 말합니다. 그들은 과부의 재산을 삼켰습니다. 예수께서는 그런 것을 아시는 까닭에 그렇게 말씀하신 것입니다. 방탕이라는 것은 절제할 줄 모르는 것을 말합니다. 조절을 해가면서 하나님 앞에 지혜를 받은 사람다운 생활을 하지 못하는 것을 말합니다. 그것이 소경이 하는 짓이 아니고 무엇이냐고 하시는 것입니다.

여섯번째의 화 있을진저는, 겉으로는 사람들에게 옳게 보이되 안으로는 외식과 불법이 가득한 데 대한 타매(唾罵)입니다. 그들을 회칠한 무덤과 같다고 했습니다. 누가복음에서는 '너희들은 평토장(平土葬) 무덤이라. 그래서 속에는 송장이 있지만 아무것도 없는 것처럼 그 위를 잔디로 싹 덮어 버렸다'고 했습니다(11 : 44). 이렇게 겉으로 보기에는 아무렇지 않은 것처럼 아름답게 꾸며 놓았지만, 속에는 가장 더러운 것들을 품고 있다고 하셨습니다.

그리고 마지막 일곱번째 화 있을진저는, 선지자들과 의인들을 향한 그들의 태도에 대한 타매입니다. '너희 조상은 선지자들과 의인들을 죽였는데, 너희는 그 무덤을 쌓고 기념비를 세우는 자식들이로구나. 너희들 스스로 하는 말이 우리가 조상 때 살았더면 그렇게 선지자들을 핍박하지 아니했을 것이라고 하는데, 그것은 너희 조상이 과연 선지자를 핍박한 사람이라는 것을 증명하는 말이 아니겠느냐? 너희 조상들이 하다가 다 못 하고 죽은 그 악행을 너희들은 아주 멱이 차도록까지 채워라. 너희가 지옥의 판결을 어떻게 피하겠느냐? 결국은 선지자들과 의인들의 그 의로운 피가 너희들에게 다 돌아가리라. 의인 아벨의 피로부터 너희들이 미워해 가지고 핍박하여 성전과 제단 사이에서 죽인 바라갸의 아들 사가랴까지 모든 의로운 선지자들과 의로운 종들이 흘린 피에 대해 너희는 다 하나님의 공의로운 심판을 받는다. 이 세대에 그 심판은 올 것이다.'

중요한 단어 : 외식하는 자, 소경 된 인도자

또 보면 '화 있을진저' 하고 여러 가지를 논죄했는데 그 논죄하는 말 중에는 공통으로 중요한 단어 두 개가 있습니다. 그것은 '외식하는 자'라는 말과 '소경 된 인도자'라는 말입니다. 먼저 외식이라는 도덕악(道德惡)이 거기에 확실히 나타납니다. 주께서 화 있을진저 하고 지적하신 그들의 여러 가지 죄악을 통틀어 종합적으로 이야기할 때 항상 외식이라는 점이 현저하게 드러난다는 것입니다. 그래서 '외식하는 자'라는 말로 표현한 것입니다. '화 있을진저, 외식하는 서기관들과 바리새인들이여'가 여섯 번이나 나와 있습니다. 오직 한 번, 세번째에서만 가치를 전도하고 있는 것을 지적하시면서 거기에 적응하게 서기관과 바리새인들이라는 말 대신 '소경 된 인도자'라고 하셨습니다. 소경이면서도 자기가 소경인 것을 알지 못하고, 깜깜한 밤에 절벽에서 떨어질지 어떨지도 모르면서 다른 사람까지 인도한다고 하셨습니다. 이 '소경'이라는 말을 다섯 번이나 쓰셨습니다. 이렇게 해서 첫째의 현저한 말은 외식하는 자라는 말이고, 둘째의 현저한 말은 소경 된 인도자라는 말입니다. 종합적으로 바라볼 때 이 두 가지가 중요한 말들이올시다.

일곱 가지 화(禍)라는 것이 마태복음 23장 13, 15, 16, 23, 25, 27, 29절 이렇게 일곱 번이나 죽 나타납니다. '소경'이라는 말도 또 다섯 번이나 죽 나타납니다. 세번째 화(16-22절)의 이야기 가운데 세 번 (16, 17, 19절), 그 다음에 네번째 화(23-24절)의 십일조 드리는 문제(24절)에서 한 번, 그 다음에는 다섯번째 화(25-26절)의 결례의 문제에서 한 번(26절) 나옵니다. 이렇게 해서 그 사람들이 하고 있는 일을 정확하게 표현하셨습니다.

외식한다는 표현은 특별히 여섯번째 화, 즉 '회칠한 무덤과 같다'는 말 속에 외식과 불법이 가득하다고 가장 강하게 쓰셨습니다. 회칠한 무덤 속의 죽은 송장이나 그 뼈나 더러운 것들이 무엇을 상징하는고 하니 외식이라는 사실, 불법이라는 사실을 상징한다고 하셨습니다.

오늘은 먼저 간단하게 그들의 외식의 현실에 대해서 잠깐 보겠습니다. 외식(外飾)이라는 말은 헬라어로 휘포크리시스(ὑπόκρισις), 마스크(mask)를 썼다, 어떤 가면(假面)을 썼다는 뜻입니다. 그런고로 외식자란 가면을 써서 자기의 바른 모습을 안 보이는 사람입니다. 그러니까 가면 속에는 별다른 사람이 들어 있는 것입니다. 이것이 외식이라는 말의 뜻이올시다. 그러면 바리새인들과 서기관들이 외식자라는 말을 듣게 된 그 현실을 잠깐 생각해 보세요.

바리새 운동의 유래

바리새 운동은 원래 이스라엘 백성이 포로로 잡혀 있다가 바벨로니아에서 돌아왔을 때 일어난 운동입니다. 이스라엘인들이 포로에서 돌아온 이후 개혁을 하려고 했을 때, 그들 중에는 바빌로니아 땅에다가 식민(殖民)을 해놓은 외국 사람, 즉 히브리 사람이 아닌 사람들과 뒤섞여 사는 가운데 혼인을 하여 혼혈이 된 사람들－사마리아인들도 그렇게 해서 생긴 것인데－의 문제에 대하여서도 물론 에스라와 느헤미야는 강하게 개혁을 하려고 했습니다. 또한 그들은 예루살렘 성전을 다시 짓고 성을 중수했을 뿐만 아니라 자기네 생활 가운데 이교에 감염받고 그 영향 가운데 있는 것들을 철저하게 제거하려 하였습니다. 그런 결과의 하나로 외국인 아내를 맞이한 사람의 경우 그 아내를 내보내는 운동까지 생기게 되었던 것입니다. 이 순결 운동, 순화 운동을 열렬하게 앞장 서서 하던 사람들이 하시딤이라는 경건주의자들입니다. 바리새인들은 그 후에 이들의 운동을 정신적으로 계승하겠다고 나선 사람들입니다. 말하자면 그들은 이스라엘 백성이 이교의 풍습이나 사상에 물드는 것을 방지하여 이스라엘을 순결히 보존해야겠다고 한 것입니다. 여기서부터 바리새 운동이 시작되었습니다.

한마디로 말하면, 하나님께서 자기네 백성을 이 땅에 두신 데에는 신성한 뜻이 있고 하나님의 거룩한 계획이 있는데, 그것을 바르게 나타내도록 하기 위해 자기네가 민족을 이끌고 나가야겠다고 한 것입니다. 어떤 의미에서 이것은 처음부터 그 민족을 인도하는 하나의 민족주의적인 정신입니다. 그냥 히브리 민족이니까 내 동포니까 사랑한다는 그것만이 아니고, 하나님의 택하심을 받아서 하나님의 거룩한 오이코노미아로서 맡은 바 임무가 있고 사명이 있다는 사실을 생각한 것입니다. 세계의 다른 여러 민족들은 자기네가 왜 이 세상에 나와서 한 민족을 형성하고 살아 가는가에 대해서 명확하게 어떤 목표와 사명감을 가지고 사는 것이 아닙니다. 그저 잘살아보자 그것 뿐입니다. 그러나 히브리 사람들은 원래 민족으로 조직되면서부터, 즉 출애굽 이후 불과 3개월 만에 시내 산 밑에서 모세를 통하여 하나님의 말씀을 받고서 거기서 그 민족적 특성을 분명히 배우고, 새로운 제도를 받고, 또 앞으로 나아갈 목표도 다 알게 되었습니다. 그들은 이렇게 훨씬 구체적이고 이상적인 문화 현실을 건설할 목표를 가진 민족으로 조직되어 그러한 역사를 시작한 것입니다. 그런 까닭에 그들은 그러한 민족의 순결성, 독특성, 또 그들의 사명을 잘 유지하고 살아 가야 했습니다.

그러나 인간 자체 내에 있는 타락과 죄악과 정욕과 맹목 때문에 이것이 다 왜곡되고 흐려져 버릴 수 있습니다. 또한 외부의 정치 문화적인 현실 때문에도 무너질 수가 있는 것입니다. 즉 사위(四圍)에 있는 이교의 민족들이 오히려 인간적인 문화의 수준으로 보아서는 자기네보다 훨씬 찬란하고 화려하고 볼품이 있으므로 거기에 항상 유혹당할 처지에 있었습니다. 이들이 노예로 살다가 이제 새로운 의기를 가지고 나오기는 나왔어도 어디에 정착해 살면서 문화를 발전시킨 것이 아니고, 광야에서 40년 즉 반세기나 가까이 두루두루 세월을 소비하고 난 후에야 겨우 가나안으로 들어온 사람들입니다. 그러니 그들은 가나안 선주민의 발달한 문화에 현혹되지 않을 수가 없었습니다. 그리고 주위에 있는 다른 이족들은 이미 오랫동안 거기에 정착하고 살면서 발전시킨 여러 가지 문화적인 내용을 가지고 있었고, 또한 인간적인 타락성이 저변에 깔린 정욕에 호소하는 여러 제도나 종교나 풍습이 있었습니다. 그래서 이스라엘 사람들은 이런 것들이 자기네를 질질 잡아서 끌고 나아가는 사실들을 많이 경험하게 되었습니다. 그러한 환경에 들어가면 사람은 그렇게 빨려들어가는 것입니다.

예를 들면 그 후 그들이 바벨론으로 포로되어 갔을 때도 그러했고, 거기서 돌아왔을 때도 그 땅에다가 이족들을 식민해 놓은 까닭에 이족과의 혼인으로 그러했습니다. 포로로 잡혀가 강력한 바벨론 제국의 감시와 통제하에서 사는 그것과 어떤 땅에서 자유롭게 살면서 힘껏 자기네의 기능을 발휘해 가면서 문화를 건설하고 연구하고 새로운 것을 발명하고 발전적으로 사는 그것과는 그 결과에 있어서 비교가 안 되는 것입니다. 역사상 히브리 민족은 자칫 이교의 문화와 사상과 행습에 감염되기 쉬운 정치 환경을 몇 차례나 겪었습니다.

그러므로 히브리 민족은 타민족과 접촉하다 혹은 교제하다가 자칫 잃어버리게 될 민족 사명이나 민족의 순결성을 다시 일으키는 것이 중요한 일이었고, 무엇보다 사전에 방어하는 것은 중요한 일이었습니다. 이를 위해 종교적 결사를 만든 것이 바로 바리새 운동입니다. 그래서 그들은 한동안 백성의 그 불순한 사실들을 제거하고 숙청하는 일에 온 힘을 다 기울였던 것입니다. 그들이 이렇게 개혁 정신을 고취하는 데 많은 사람들이 호응을 해서 민족의 독특성을 찾으려는 민족주의적인 경향과 그런 인간의 경향도 자연히 덧붙게 되어 이 바리새 운동이 어느 때는 아주 날개가 돋힌 듯 융성하였습니다.

바리새인들의 종교적 성격 : 외식

그러나 그것은 시간이 흐를수록 세월이 갈수록 이 세상의 인간적인 여러 운동, 특히 대중 운동에서 흔히 볼 수 있는 여러 가지 폐단을 나타내기 시작했습니다. 이 폐단과 잘못이 굳어져 버려서 그것이 이 사람들, 즉 서기관들과 바리새인들의 성격처럼 되어 버렸습니다.

이것이 우리가 늘 중요히 관심을 두어야 할 문제입니다. 우리가 그 사람들의 성격을 무엇이라고 규정해야 할 것인가? 그들을 일컬어 훨씬 신령하고 고귀한 도덕적 가치를 발휘하는 사람들이라고 해야 할 것인가? 그렇지 않으면 그들의 성격을 독특한 종교를 갖기는 하였으되 도덕적으로 반드시 우수하지는 않다고 말해야 할 것인가? 그 사람들의 성격을 생각할 때 우리가 이런 것들을 다시 생각해야 할 것입니다.

'바리새인이다', '서기관이다' 하면 그들을 특색 짓는 여러 조항들이 있습니다. 사람들을 일컬어 '저건 바리새인 같군', '저건 또 서기관 같군' 하고 말할 수 있는 조건들은 그들의 도덕적인 우수성이나 예술적인 특성들이 아니고, 그것은 주로 종교적인 성격입니다. 그들 계급이 가지고 있는 종교적 성격을 개괄할 수 있는 말은 무엇이냐 할 때 그것은 한마디로 외식(外飾)이라는 말입니다. 그 사람들의 성격을 개괄적으로 혹은 통칭해서 한마디로 말하면 그것은 외식입니다. 그래서 우리 주님도 그것을 꼬집어 지적하셨습니다. 제2년 중간에도, "바리새인들의 누룩 곧 외식을 주의하라"고 하셨습니다(눅 12 : 1). 바리새인들의 누룩은 외식입니다. 그러면 서기관은 어떠냐? 주께서는 '화 있을진저 외식하는 서기관들과 바리새인들이여' 해서 서기관들도 바리새인들과 같이 외식자라고 하셨습니다. 서기관이 철저하게 다 바리새인은 아니지만 대부분은 바리새인에 속해 있습니다. 그리고 바리새인과는 같이 마음이 잘 맞았습니다.

결례에서의 외식

이들 서기관들이나 바리새인들의 종교적 특성인 외식을 그들이 하는 일을 통해서 몇 가지를 볼 수 있습니다. 첫째는 결례에서 나타납니다. 마가복음 7 : 3-4의 말씀과 같이 "손을 부지런히 씻지 않으면 먹지 아니하며 또 시장에서 돌아와서는 물을 뿌리지 않으면 먹지 아니하며 그 외에도 여러 가지로 지켜 오는 것이 있으니 잔과 주발과 놋그릇을 씻었다"고 했습니다. 몸에 물을 뿌리는 것은 목욕을 하거나 아니면 더워서 샤워를 하듯이 하는 것을 말하는 것이 아닙니다. 물을 갖다가 조금 뿌리는 것뿐입니다. 먹을 때 손을 씻는 것도 손을 깨끗이 하기 위해서 씻는 것이 아니고, 손끝에 물을 부어 팔꿈치에 물이 한번 닿도록만 하면 되는 것입니다. 그러므로 의식 자체가 직접 효과를 내는 것은 아닙니다. 만일 손이 더러워서 씻어야 할 때는 또 별도로 씻는 것입니다.

그들이 예수님께 손을 안 씻고 뭘 잡수신다고 탄한 것은 왜 더러운 손으로 먹느냐는 의미가 아니라, 밥을 먹기 전에－마치 그리스도인들이 식사 기도를 하듯이－의식(儀式)으로 결례를 행해야 하는데 그것을 왜 않느냐는 것입니다. 결례에는 그릇들을 씻고 손을 씻고 몸을 씻고 하는 것뿐만 아니라, 먹을 음식과 접촉한 것이 정한 것인가 부정한 것인가를 따져서 부정한 것은 안 먹는 것입니다. 오늘날까지라도 유대교에서는 음식을 사먹으려고 할 때 '코셔(kosher)'했느냐 안 했느냐를 다 따집니다. 이것은 법대로 마련한 것인가, 혹 부정한 것은 아닌가를 묻는 것입니다. 그리고 부정한 것에 접촉해서는 안 된다 해서, 무엇과 접촉은 했는데 그것이 얼마나 부정한 것인지 알 수 없으니까 시장에서 돌아와서 또 씻습니다. 씻는다고 해도 물만 끄트머리에다 조금 묻히면 결례가 된 것입니다. 그렇게 정·부정을 가려서 먹고 접촉하려고 하는 것입니다. 예수님 당시의 바리새인이라 하면 먼저 이런 것들을 생각하게 합니다.

우리는 지금 예수님께서 외식이라고 지정한 것들을 바로 알기 위해서 대체 무엇이 어떠하기에 외식이란 말로 표현하셨는가를 알아보고 있는 중입니다.

금식에서의 외식

둘째로는 금식에서 나타납니다. 레위기 16 : 29이나 혹은 23 : 27-32에 있는 말씀을 보면 일 년에 한 번 '욤 키푸르', 즉 대속죄일(大贖罪日)에 자기 몸을 스스로 괴롭게 하라, 절제를 하라는 법적인 요구가 있습니다. 거기서 한 번 금식을 요구한 것입니다. 그 외에는 꼭 금식을 해야 한다는 규정이 없습니다. 그러나 누가복음 18 : 14에 주께서 베푸신 비유를 읽어 보면 두 사람, 즉 바리새인과 세리가 성전에 가서 각각 기도하는데 바리새인은 서서 큰 소리로 하늘을 향해서 기도를 할 때 자기는 이레에 두 번씩 금식을 한다고 했습니다. 예수께서는 금식하는 것을 내색하지 말라고 하셨는데 이 바리새인은 금식하는 것을 떠들어 대고 있는 것입니다. 이레에 두 번씩 금식한다는 그 사실만을 이야기하는 것이 아니라, '내가 이렇게 금식을 하니 좀 보아 다오. 얼마나 훌륭한가 바로 판단해 다오' 하는 것입니다. 마태복음 6 : 16 이하를 보면 주께서 이르시길, 금식할 때 다른 사람 보라고 흉하게 꾸미지 말라고 하셨습니다. 지금 내가 금식하고 있다는 것을 뵈지 말라고 하셨습니다. '그런 것 뵐 것 없다, 다 몸을 씻고 머리에 기름도 바르고 해서 평상시와 같이 하고 자기가 금식을 하는지 않는지 아무도 모르게 하라. 은밀한 가운데 보시는 너희 하나님께서 갚으시게 하라'고 하셨습니다.

기도, 십일조, 자기 전시 등에서의 외식

기도도 그렇습니다. 마태복음 6 : 5에 보면 거리에서나 회당에 서서 중인 환시리(衆人環視裡)에 크게 기도하는 사람이 거기에 나옵니다. 또 누가복음 18 : 9-12의 비유에도 성전에 가서 큰 소리로 기도를 한다고 했고, 또 누가복음 20 : 47을 보더라도 바리새인과 서기관들은 긴 옷을 입을 뿐 아니라 기도도 길게 하여 말을 많이 한다고 했으며, 또 마태복음 6 : 7에는 기도할 때 이방 사람같이 중언부언한다고 했습니다. 긴 기도를 하려니까 무슨 말이 그렇게 많은지 많은 말을 하는 것입니다. 이런 것도 그 사람들의 한 특성입니다.

그 다음에 제넷째로 보면 십일조 내는 일에도 외식이 나타납니다. 누가복음 18 : 12에 보면 "나는 소득의 십일조를 냅니다"고 해서 박하와 회향과 근채의 십일조도 내는 것을 자랑합니다.

또 다섯째로 그들은 다른 사람보다 유난히 자기들을 전시하기를 잘합니다. 거기에는 정치적 목적도 있다고 했습니다. 항상 자기네가 현저한 위치에 서서 '여기에 지도자가 있다. 나를 따르라. 다른 데로 가지 말아라. 그러지 않으면 이 민족은 도무지 살 수 없다. 이 민족은 강력한 이교의 영향과 억압 속에서 끝까지 자기 정신을 차리지 않으면 안 된다. 그런고로 모두 내가 가는 이 길을 따라 같이 가야 한다'고 했습니다. 그래서 자기네 헤브레이즘의 독특성이라는 것을 과시하기 위해서 남들 앞에서 늘 현저한 자리를 차지했습니다.

그뿐 아니라 그 사람들은 안식일을 엄수한다고 해가지고 안식일에 행보할 거리를 가령 2,000규빗으로 정하고, 그리고 하나하나를 따졌습니다. 예수께서 안식일에 불쌍하고 불행한 사람, 병에 갇혀 있거나 악마에 갇혀 있는 사람을 풀어 주어 온전케 해주셨는데, 그들은 그것을 가지고도 일일이 따졌습니다. 이스라엘 백성의 지도자 자리를 자기네가 확보하고자 항상 주의를 기울였고 또 그 일에 주력하였습니다.

예수님의 평가

그런 것이 그들의 한 독특한 성격입니다. 물론 그들은 그 성격으로 인해 남들로부터 불의하고 추하다는 좋지 못한 평가를 받기 원치 않았습니다. 그 성격으로 인해 오히려 의롭고 훌륭하다는 평가를 받기 원했습니다.

그러나 예수께서는 그것을 의롭고 훌륭하다고 보시지 않았습니다. 오히려 "너희의 의가 바리새인들과 서기관들의 의보다 낫지 못하면 결단코 천국에 들어가지 못하리라"(마 5 : 20)고 하셨습니다. 저희가 아무리 야단을 내고 있지만 그렇더라도 그들은 천국과는 상관이 없다, 천국에 들어갈 만한 아무런 능력이 없다, 저희의 행위는 천국에 들어갈 조건과는 전혀 거리가 멀다고 하셨습니다. 그들의 의는 그러한 정도의 질(質)이었을 뿐입니다.

어쨌든지 그들은 항상 남이 보는 현저한 자리에 앉기를 좋아했습니다. 시장에서는 문안받고, 거리와 회당에서는 큰 소리로 기도하고, 또 연회나 회당에서 상좌를 차지하고, 긴 옷을 입고 차는 경문을 넓히고 옷 수술은 큰 것을 달면서, 다른 사람 앞에서 자기네가 솔선수범을 했습니다. 자기네 민족이 이교의 사상과 행습과 그 세력에 감염되지 않도록 해야겠다는 그 간절한 히브리적 열정이 이런 형식으로서 나타난 것입니다. 물론 민족의 특성을 유지하고 순결성을 보존하려고 이렇게 열의 있게 노력한 그들은 그만큼 히브리적 특성을 유지하는 면에 있어서 기여를 하기는 한 것입니다.

헤브레이즘의 부족한 점

그러나 그런 특성을 가지고는 하나님 나라를 형성하지 못합니다. 하나님 나라를 형성한다는 것은 하나님의 나라가 어떻다는 것을 증거하기 위하여 그 나라의 영광과 능력을 부분적으로라도 실현하는 것을 말합니다. 그리고 히브리 민족이 부르심을 받은 본래의 의미가 거기에 있습니다. 하나님 나라의 영광과 능력을 실현하는 그것이 이 민족의 본래의 의의(意義)라면 헤브레이즘은 그 부르심의 뜻을 이루는 것이어야만 합니다. 그렇지 못하다면 그것은 가치가 없는 것입니다. 그런데 헤브레이즘은 어떤 독특한 것이기는 하나 자기네의 민족의 종교요 자기네의 행습이요 자기네의 특성일 뿐입니다. 그것은 자기네 민족의 독특한 색채였던 것입니다. 그러나 거기에 그냥 주저앉아 있는 것은 아무런 의미가 없습니다. 결국 그들의 부족은 그런 점에 있었습니다. 그것으로 그들의 독특성을 유지하려 노력했으나 그것이 가지고 있는 도덕적 가치는 그다지 우수하지 못했습니다. 하나님께서 원래 그 백성을 내신 본의에서는 멀었던 것입니다.

그러니까 이제 그들은 그 부족이 무엇인가를 따져 보아야 할 때입니다. 그래서 그 부족이나 결핍을 채워서 하나님이 보시기에 쓸 만한 그릇으로 온전히 활동을 해야 할 터입니다. 그러나 그들은 그것을 그렇게 하지 못했습니다. 많은 백성들을 앞에 놓고 입으로만 '나를 따르라. 이 길로 가자'고 하였습니다. 소경이 다른 소경들을 인도하고 나간 것입니다. 본래의 하나님 나라의 척도와 위치에서 판단할 때 그들의 독특성은 부족한 것이 많았습니다.

그러면 그들의 부족은 무엇인가?

첫째, 종합적으로 말해서 그들의 그러한 의를 가지고는 하나님 나라를 형성하지 못한다는 것입니다. 그들은 하나님께서 히브리 민족에게 주신 그 신성한 사명의 정도(正道), 정목표(正目標)에서는 멀리 벗어난 인간 종교를 형성하고 만 것입니다. 그들은 '회개와 선행으로 구원을 받는다. 구원은 여호와 하나님께서 하신다'고 믿는 사람들입니다. 그러나 그리스도의 의를 입지 않고서는 아무도 구원받을 자가 없습니다. 회개는 당연히 해야 할 것이지만 우리의 선행과 의를 가지고는 구원을 받지 못합니다. 그런즉 예수님을 구주시요 우리를 구원하실 분으로 믿어야만 하는 것입니다. 결국 구원론에서 그들의 종교는 우리와 다릅니다. 그들은 회개와 선행으로 구원을 받는

다, 즉 율법을 지켜서 구원을 받는다고 믿었습니다. 행(行)으로 말미암은 득구(得救), 그것을 믿고 가르칩니다. 그들은 성경이 가르치는 참된 의미를 알아보려고는 하지 않고, 자기네 종교를 계시에 입각한 종교라 하여, 여호와께서 주신 것이라 하여 거기에 자기네식 해석을 붙여서 그것을 유일의 것으로 생각합니다. 그런 완고한 고집을 가지고 있었습니다. 그들은 자기 민족의 사명인 하나님 나라의 능력과 사실들을 증거하는 일을 하지는 못하고, 도리어 천국 문을 닫고 저희도 그 천국에 못 들어가고 들어가려는 다른 사람에게도 그릇된 것을 가르쳐서 그 정신을 어둠에 갇혀 있게 만들었습니다. 백성들에게 빛을 비추어 각성케 하여 복음의 사실 가운데로 들어가게 해야 할 터인데 오히려 빛을 차단하여 어두움에 갇혀 있게 한 것입니다. 그런 까닭에 예수님께서 "화 있을진저 너희는 천국 문을 사람들 앞에서 닫고 너희도 들어가지 않고 들어가려고 하는 사람들도 들어가지 못하게 한다"(마 23 : 13)고 하신 것입니다. 이것이 첫째 화입니다.

둘째는, 그들은 사명감을 가지고 필연적으로 오고 말 천국에 대한 복음을 전인류 사회에 전파해야 할 것인데, 그들은 열심으로 개종자를 얻으려고 바다와 산으로 다니면서 전하는 열정은 가졌으면서도 일단 사람을 만나서 가르치면 그릇된 것을 가르쳤던 것입니다. 개종자가 오히려 그릇된 주의(主義)에 붙어 있게 하였습니다. 개종자는 새로 받은 가르침에 익은, 면역성이 생긴 사람이 아닌지라 더 열렬해지는 것입니다. 그래서 그 잘못된 주의를 더 열렬히 믿고 나가니까 지옥의 자식으로도 배나 더한 사람이 되는 것입니다. 그들이 이러한 역효과를 내는 일들을 한 것입니다. 이것이 둘째 화입니다. 바다와 육지로 다니면서 교인 하나를 얻으면 저희보다 배나 더 지옥의 자식이 되게 한다는 것입니다.

셋째는, 가치의 전도와 외식의 문제입니다. 하나님 나라에는 질서가 있습니다. 무엇이 먼저고 무엇이 그 다음이다 하는 것이 있는 것입니다. 성전이 먼저 있고 성전의 금 같은 것은 나중입니다. 성전이 먼저 있은 다음에야 성전의 금에 대한 가치 평가가 있는 것입니다. 성전이 없을 때 그 금은 재화에 불과합니다. 그런 금은 하나님 나라에서는 의미가 없다는 말입니다. 이렇게 하나님 나라에는 무엇이 근본이고 무엇이 끝이다, 무엇이 크고 무엇이 작다 해서 본말(本末)이 있고 대소(大小)가 있는 것입니다. 그러나 그들은 그것을 전부 뒤집어 놓고 백성들이 그 암흑 속에서 우맹(愚氓) 노릇을 하게 했습니다. 그래서 백성들은 그 속에 그대로 주저앉아 나오지 못하는 상태가 된 것입니다.

사람이 어떤 일을 확증하거나 확정하려고 할 때, 즉 자기가 무슨 일 하나를 해야겠다고 개인적으로 혼자 마음을 다지든지 다른 사람 앞에 분명히 그렇게 하겠다고 말하든지 할 때에는 거기에 약조, 맹세가 붙습니다. 맹세는 다른 사람보고 이야기하는 데만 붙는 것이 아니라 자기 혼자라도 자기의 연약한 의지를 격려시키거나 아니면 자기의 의지를 절제하느라고 '나는 하나님 앞에 이것은 맹세코 하겠다'든지 '나는 결코 이것은 하지 않겠다'든지 할 수 있는 것입니다. 또 어느 때는 다른 사람과 어떤 약조를 하든지 맹세를 할 수도 있습니다. 요컨대 하나님 앞에 기도하고 하나님께 작정할 때 여러 가지를 놓고 맹세를 하는데, 성전을 가리켜서도 맹세하고 금을 가리켜서도 맹세하고 제단이나 제물을 가리켜서도 맹세를 합니다. 그러면 이렇게 맹세한 것이라면 결코 그것을 뒤집어서 무효케 할 수 없어야 할 것입니다.

그러나 이 사람들은 그렇지 않았습니다. 맹세한 것은 무효케 할 수 없어야 할 터인데도 그들은 오히려 그것을 뒤집어 가지고 결국 맹세한 효과가 없어져도 괜찮다는 편한 길을 만들어 냈습니다. 교활하게 묘안을 고안해 낸 것입니다. 성전이나 제단으로 맹세하면 그것은 별로 지키지 않아도 괜찮다는, 도피할 길을 만들어 낸 것입니다. 이러한 생각은 물론 좋지 않은 생각입니다. 그것은 결국 사람 앞에서만 나타내 뵈려고 하고, 정작 맹세의 효과는 별로 생각 않는 짓입니다. 그러니까 주님께서 말씀하셨습니다. '너희가 무엇을 놓고 맹세하느냐? 성전을 가리켜서 맹세하는 것은 성전과 그 안의 모든 것과 그 안에 계신 이를 두고 맹세하는 것이다. 제단을 가리켜서 맹세한다면 그것은 제단과 그 위에 있는 모든 것을 놓고서 맹세하는 것이다.' 그들은 성전에 있는 물건과 성전 자체인 건물을 나누어 생각하고 있는데, 이것은 그릇된 생각으로 그 발상법이 틀린 것입니다. 물론 성전은 독특한 의미를 지니고 있고 그 가운데 지성소에는 하나님의 영광의 쉐키나가 있습니다. 그러나 결국 성전도 이 땅 위에서는 형식적인 것, 곧 상징(symbol)이지 하늘에 있는 성전 자체가 땅에 내려온 것은 아닙니다. 그런데 그들은 상징적인 것, 형식적인 것을 가지고 그 자체가 최종적인 가치를 가지고 있는 듯이 생각하였습니다. 그래서 그 상징적인 것의 공효를 극대화하면서 실제로 그보다 더 중요한 의(義)나 인(仁)이나 신(信) 같은 정신적인 것, 하나님이 내신 실질적인 신령한 도덕은 무시했던 것입니다. 이렇게 그들은 약대는 통으로 삼키고 하루살이는 걸러 먹는 짓을 한 것입니다.

외식의 유래

그 외식의 유래를 생각해 보십시다. 그들은 하시딤 운동의 초창기 얼마 동안은 백성들이 자기네 민족의 사상과 생활에 있어서 특별히 종교에 있어서 정화와 순결을 유지하도록 노력해 왔습니다. 백성들이 그 정신을 가장 구체적으로 볼 수 있고 혹은 가히 따를 수 있도록 그 민족의 생활 양식 안에 여러 가지 형식과 규례를 세웠습니다. 이로써 그 정신을 생활 행동에서 표현하고 실행하도록 한 것입니다. 그것은 물론 그 민족이 가지고 있는 바른 정신을 그런 형식으로 나타내고 살아 가도록 한 것이지요. 그러나 시간이 지나감에 따라 그러한 진심과 바른 정신은 점점 퇴색해 가고 외형만 남게 되고 그나마 자꾸 외형을 꾸미고 나가게 됐습니다. 제사도 그 정신이 점점 퇴색해 가면서 큰 소나 제물로 드리는 식으로 외형적인 것들만 찬란하고 화려하게 커나갔습니다. 그런 겉치레만이 남게 된 것입니다.

백성들이 이러한 상태에 있다면 그들의 교사인 바리새인들과 서기관들은 먼저 자각을 하고 백성의 그러한 상태를 교정하여 바른 정신을 가지도록 할 책임감을 느껴야 하는 것입니다. 신성하고 거룩한 도리와 규칙을 하나님의 말씀 안에서 배워서 깨닫고, 자기네만 깨달을 뿐 아니라 남들에게도 가르쳐서 깨닫게 해야 하는 것입니다. 그렇게 해야 할 터인데도 불구하고 그 책임을 맡고 있는 바리새인들과 서기관들은 그렇게 하지 않았습니다. 그들은 열심으로 시행 세칙과 외형적인 것들만을 무수히 만들어 냈습니다. 그것을 가지고 백성들에게 '이것을 준수해야 한다. 저것을 준수해야 한다' 하면서 오히려 그들이 질 수 없는 짐만을 잔뜩 짊어 지웠습니다. 그러면서도 자기네는 냉혹하게도 손가락 하나 까딱하지 않았습니다. 백성들이 진리를 각성하는 데는 조그마한 도움도 주지 못하고 그저 무거운 짐만 지도록 만든 것입니다.

그들 속에 이러한 완고가 있는 한 그들의 내부는 점점 타락으로 떨어질 수밖에 없습니다. 내부에 진리와 바른 정신이 들어가지 아니하니 회개할 길이 없습니다. 그러면서도 형식적인 것은 늘 붙들고 나갔습니다. 내부의 심상(心狀)이 따라가지 않는 외형의 의(義)는 필연적으로 외식을 낳습니다. 바리새 운동은 원래 자기 민족이 여호와 하나님께 대한 신앙의 절조를 순결하게 유지하고, 또 여호와를 믿고 의지하는 것이 더욱 향상해야 한다는 것을 주장하여 나타난 운동입니다. 그러나 이 운동은 그 내심(內心)에는 아무 향상을 주지 못하고 오히려 생기 없는 외형만 자꾸 조작적으로, 조성적으로 만들어 놓았습니다. 그들은 그것이 바리새주의를 바르게 실현한 것으로 착각했던 것입니다.

외형주의의 종국

그러면 역사의 현실은 무엇을 보여 줍니까? 저들의 이런 외형주의는 하나님의 열납을 받지 못하였습니다. 그런 까닭에 그 민족은 나중에 하나님의 진노 가운데 무섭게 심판을 받고 말았습니다. 지금 이들 바리새인들과 서기관들은 눈이 어두워서 역사의 그러한 명확한 성격을 보지 못하고 있는 것입니다. 이러한 점에서 볼 때 오늘날 교회의 역사에서도, 하나님 나라의 인류 역사에서도 주의해야 할 것들이 많습니다. 역사는 어떤 사실을 하나님께서 열납하시고 그것으로 영광을 받으셨는가 아니면 하나님이 진노로써 심판하셨는가를 보여 줍니다. 우리는 그런 사실들을 주의해서 보아야 할 것입니다.

이 사람들은 역사의 현실 앞에서 자기네가 불과 한 세대 내에 받을 큰 심판의 사실도 전연 예기치 못하고 또 자기네가 하는 일을 조용히 판단하고 평가하고 비판해 보는 일을 하지 않았습니다. 자기네가 하는 일을 그냥 맹목적으로 계승해서 지키고 또 지키고 한 것입니다. 그러므로 예수께서 그들에게 화가 있을 수밖에 없다고 하신 것입니다. 그러나 나중에는 그 외형마저도 더 꾸밀 수 없는 큰 심판에 이르고 만 것입니다. 오늘날 그들의 그 외형은 다 어디로 갔습니까? 아무것도 남아 있지 않습니다. 단지 소수의 유대교인들이 그것을 지키고 있을 뿐입니다.

주 예수께서는 회개 없는 이 백성의 지도자들, 지배 계급의 소행을 하나님이 그대로 보아 넘기시는 일이 없이 필연 심판하실 것을 마지막 화요일에 말씀을 듣고 있는 제자들과 대중에게 선언하신 것입니다. 그들이 듣고 심각히 생각하도록 '화 있을진저' 하고 선언하신 것입니다. 그들은 주님의 판단과 선언을 듣고 '아, 이런 일들은 화가 있을 일이로구나' 하고 깊이 생각했을 것입니다.

기 도

거룩하신 주님이여, 주께서는 그때 주의 말씀을 간절히 사모하고 듣는 대중들과 제자들에게, 바리새인들로서는 자기네들이 하는 일들이 히브리주의의 특색을 지닌 민족의 살길로 생각하고 열렬히 주장하고 또 지켜오고 했지만, 그것은 화 있을 것이라고 판단을 내리시고 선언하시사 그것을 강하게 비판하셨사옵고, 이로 인하여 후대의 많은 사람들이 주님께서 요구하시는 것이 무엇인가를 바로 생각할 수 있게 하시고, 종교의 외형만이 남고 내부의 정신이 퇴색해 나간즉 그것이 얼마나 무서운 심판을 자초할 조형적인 것이 되는가를 가르치셨나이다. 오늘날 여기서 저희가 큰 교훈을 받게 하여 주시고 저희들도 저희의 현실을 바로 바라볼 수 있게 하여 주셔서 주의 가르치심이 저희에게 거룩한 명령과 말씀과 깨우침으로 확실히 임하게 하시옵소서.

주 예수 그리스도의 이름으로 기도하옵나이다. 아멘.

성 구 색 인

창세기
3:15 / 46
49:8-12 / 22

출애굽기
3:6 / 230
13:7-9 / 269

레위기
16:29,31 / 267
19:18 / 252
23:27,32 / 267

민수기
15:37-39 / 270

신명기
6:1-2 / 269
6:4-5 / 244
6:6-9 / 269
22:12 / 270

시편
11:4 / 43
15:4 / 45
40:6 / 253
51:16-17 / 253
127:1 / 214

잠언
4:23 / 245

전도서
8:11 / 45

이사야
1:13 / 253
5:1-7 / 134
56:7 / 43

예레미야
7:11 / 43

스가랴
9:9 / 21,24

마태복음
3:11 / 112
4:7 / 240
5:20 / 270,303
6:7 / 267
6:16-18 / 267
6:25 / 246
7:15-16 / 68
7:16 / 68
7:19-20 / 67
9:36 / 99,283
9:37-38 / 99
10:6 / 283
10:16 / 283
18:19-20 / 177
21:9 / 15
21:32 / 119
21:34-39 / 140
21:43 / 79,151
22:1 / 174
22:8-10 / 182
22:33 / 242
22:34-35 / 243
23:1-4 / 101
23:2-3 / 289
23:5 / 208
23:13 / 305
23:23 / 268

마가복음
6:34 / 99,283
7:3-4 / 266,299
11:9-10 / 15
11:15 / 43
11:16 / 45
11:21 / 60,66
11:27 / 86
11:27-28 / 86
11:29-33 / 86
12:15 / 202,208
12:28 / 242
12:31 / 252
12:38-40 / 272
12:40 / 268

누가복음
3:15 / 284
9:51 / 12
10:25 / 243
11:44 / 293
12:1 / 299
13:22-24 / 13
16:14 / 268
17:11-14 / 13
17:20-21 / 85
18:9-12 / 267
18:12 / 302
18:31-33 / 13
18:34 / 13
19:11 / 13
19:28 / 13
19:38 / 15
19:42-44 / 28,47
19:47 / 89
19:47-48 / 22
20:1 / 86
20:10-15 / 141
20:13 / 139
20:20 / 196
20:20-22 / 197
20:21 / 198
20:34-36 / 229
20:39-40 / 242
20:45-47 / 272
20:47 / 268
22:2 / 22
23:1 / 197

요한복음
1:27 / 112
1:29 / 112

2 : 13-17 / 41
2 : 14-17 / 35
2 : 16 / 43
8 : 48 / 97
9 : 39-41 / 102
11 : 50 / 173
11 : 53 / 22
12 : 13 / 15
12 : 16 / 27
14 : 6 / 120
15 : 1-6 / 71
15 : 2 / 67
15 : 6 / 67
15 : 18-19 / 168
19 : 26 / 73

로마서
2 : 28-29 / 77
8 : 1-2 / 250
8 : 4 / 251
11 : 20-21 / 150
13 : 1 / 214
13 : 2 / 214
13 : 3-7 / 215
13 : 8-10 / 253
13 : 14 / 186
14 : 17 / 85

고린도전서
4 : 20 / 177
9 : 1-3 / 94

에베소서
6 : 11 / 146

빌립보서
2 : 6-8 / 25

골로새서
1 : 13 / 182,186
3 : 9-10 / 187

디모데전서
2 : 1-2 / 215
2 : 3-6 / 216

베드로전서
1 : 16 / 46

요한일서
3 : 12 / 167
3 : 13 / 168
3 : 15 / 166
5 : 19 / 168